KB001403

어떻게
일어설
것인가

어떻게
일어설
것인가

리비 길 지음 | **권혜아** 옮김

파주Books

수렁에 빠져있다면 이 책을 읽고 당당하게 빠져나와라.
두려움을 이겨내고 반드시 성공할 수 있도록 이끌어 줄 것이다.

켄 블랜차드, 《1분 경영 수업 The One minute Manager》의 저자

아주 훌륭하다. 만약 당신이 수렁에 빠져있다면
이 책이 다음 단계로 나아가게 해 줄 것이다

토니 쉐, 자포스 Zappos CEO

마음을 움직인다. 저자는 지금까지 당신을 억누르고 있던 문제들에서
벗어날 방법들을 단계적으로 알려준다.
나는 저자가 제시하는 방법과 지식을 매일 활용한다.

마사 피니 《다시 시작하기: Rebound》의 저자

과학적인 연구 성과와 상식적인 조언을 결합한 훌륭한 작품이다.
강력 추천한다.

수잔 제퍼스 박사, 《도전하라 한 번도 실패하지 않은 것처럼
Feel the Fear and Do It Anyway》의 저자

Prologue

당신은 직업과 돈, 건강, 혹은 대인 관계에서 보이지 않는 장벽에 갇혀 있는 듯한 느낌을 받을 수도 있고, 또는 해고나 이혼에 큰 충격을 받을 수도 있다.

그렇다면 당신은 이런 때 어떻게 하겠는가? 경영 코치이자 베스트 셀러 저자인 리비 길은 자신의 입증된 방법을 통해 당신이 명확한 비전을 세우고, 과정을 간소화하고, 계획을 수행할 수 있도록 도와준다. 당신이 어려운 시기에 있더라도, 자신의 개인적인 열정과 목표를 깨닫게 되면, 자유로워지는 법을 배울 수 있다.

저자는 사람들을 방해하는 사고 방식과 행동들을 극복하도록 도와줌으로써 진정한 변화를 이룰 수 있도록 도와준다. 내면의 두려움의 목소리를 차단하고, 도전을 회피 하는 우리의 뇌를 변화시킬 강력한 방법을 제시한다.

- 평범한 사람으로 머물도록 하는 잘못된 믿음에서 빠져나오는 방법.
- 자신과의 부정적인 대화를 멈추는 방법.
- 일, 사랑하는 사람, 또는 수입을 잃은 후 마음을 다잡는 방법.
- 좀 더 여유롭고 유능해지기 위해 스트레스를 피하는 방법
- 현명하고 자신감이 넘치는 방식으로 위험을 감수하는 방법.

Contents

당신이 집착하는 믿음이
새로운 것은 아무것도 들을 수 없게 만든다.

— 페마 초드론 —

CHAPTER 01

제자리 걸음

사람은 누구나 수렁에 빠질 수 있다. 인간이기에 어쩔 수 없는 일이다. 어쩌면 현재의 당신도 직업이나 재정, 건강, 애정 문제로 수렁에 빠져있을지 모른다. 해고나 이혼과 같이 치명적인 일격을 당했을지도 모른다. 그렇다면 여기서 가장 중요한 질문이 있다. 이제부터 당신은 어떻게 일어설 것인가?

이 책은 당신이 수렁에서 빠져 나올 수 있도록 희망과 방법들을 알려준다. (희망은 당신이 일과 인생을 살아감에 있어서 반드시 필요하니까) 그런데 당신은 지금까지 써왔던 도구들을 너무도 잘못 사용해 왔다. 그래서 애초부터 잘못된 길을 가고 있다. 그렇지 않았더라면 이렇게 꼬일 리가 없지 않겠는가? 마치 공구도 없이 타이어를 바꾸려는 것과 같았다. 노력하면 할수록 희망은 사라지고, 희망이 없어 질수록 더 깊은 수렁에 빠진다. 이제는 그런 패턴을 바꾸고 싶지 않은가!

나는 깊은 수렁에 빠진다는 것이 얼마나 고통스러운 일인지 잘 알고 있다. 알코올 중독과 정신질환으로 일그러진 가정환경에서 자란 유년 시절 때문이다. 성인이 되고 나서는 비만과 망가진 몸으로 나에게 맞지 않는 결혼생활을 해야 했다. 스트레스로 죽을 것만 같던 회사생활도 해야 했다. 많은 시행착오를 거쳤지만 나는 인내심 하나로 버티며 내 인생에 모든 부분을 변화시키고, 지금의 건강을 되찾을 수 있었다. 현재의 나에겐 행복이 넘치는 건강한 두 아이가 있다. 또한 훌륭한 인간관계와 나를 감성적으로는 물론이고 재정적으로도 채워주는 비즈니스가 있다.

수렁에서 빠져나오기란 쉽지 않다. 나는 올바른 도구나 지침이 없었기 때문에 빠져나오는데 오랜 시간이 걸렸다. 하지만 나는 무한한 희망을 갖고 있었고, 그 희망으로 힘차게 나아갈 수 있었다. 그때 얻을 수 있었던 검증된 방법들을 활용하면 당신도 변할 수 있다.

먼저, 이 중 자신에게 해당하는 사항이 있는지 체크해 보기 바란다.

■ 무엇을 바꿔야 할지는 알고 있지만 행동으로 실천하지 못하고 있다.

■ 무엇을 원하는지 알고 있지만 그것을 어떻게 실현할 수 있을지 방법을 전혀 모른다.

■ 변화에 대해 생각하기만 해도 부담스럽다.

■ 기본적인 생활은 순조롭지만 자꾸 회피하게 되는 부분이 있다.

■ 현재 자신의 생각은 무시하고 남이 생각하는 이미지대로 살고 있다.

■ 지금의 자신은 평생 동안 같은 이유로 변화를 망설이고 있다.

■ 일과 사랑하는 사람, 또는 수입을 잃은 후 마음의 문을 완전히 닫았다.

■ 다른 사람에게 인생에서 원하는 게 무엇인지를 말하는 것이 부끄럽다.

■ 다른 사람들이 당신의 이야기를 듣고 싶어 하지 않는다고 생각한다.

■ 인생에서 무언가를 놓치고 있는 것 같고, 지금 따라가서 잡지 않으면 평생 후회할 것 같다.

■ 진정으로 원하는 무언가에 집착하거나 그것을 얻지 못할까봐 두렵다.

■ 실패한다면 자신이 실패자가 될 것 같아 두렵다.

■ 성공하면 아무도 더 이상 자신을 사랑해 주지 않을 것 같아 두렵다.

사실 당신은 인생을 변화시키려면 행동부터 바꿔야 한다는 것을 알고 있다. 직장에서 해고 되었거나 현재의 일이 싫다면, 다시 이력서를 준비해 면접을 보기 시작하라. 연애 상대를 찾고 싶다면 솔로들의 모임에 참석하거나 온라인 사이트를 이용하라. 살을 빼고 싶다면 개인 트레이너를 고용하거나 적게 먹고 많이 움직여라.

답은 간단하다. 하지만 이렇게 쉬운 일임에도 불구하고 왜 당신은 실행하지 않고 있는가? 아니면 실행을 해도 왜 효과가 없는 것일까?

이는 수렁에서 빠져나오기 위해서는 행동뿐만 아니라 믿음까지 바꿔한다는 것을 의미한다. 물론 행동은 실천으로 옮겨야 한다. 현재 유행하는 다이어트가 무엇이든 간에 15킬로그램이 마술처럼 저절로 감량되는 것은 아니다. 꿈꾸던 직장도 스스로 찾아 나서지 않으면 무릎 위로 떨어지지 않는다. 하지만 당신이 믿음 없이 행동 한다면 효과도 그만큼 적을 것이고, 어쩌면 상황을 더 악화시킬지 모른다. 그것이 다이어트를 한 사람들의 90%가 요요 현상을 겪는 이유이다.

이 책의 중간 중간에는 중요한 요령, 도구와 개념 등이 소개되어 있다.

첫 번째는 모험가의 조언 Risk-Taker's Tips 으로 도전에 관한 관점을 넓힐 수 있도록 도울 것이다.

두 번째는 모험가의 도구 Risk-Taker's Tools 로 간단한 문제들을 도구로 활용해서 도전에 대한 의식을 높일 것이다.

그리고 마지막으로 실천 도우미 Risk Reinforcement 를 통해, 이 책에서 배워야 할 중요한 핵심 내용을 강조할 것이다.

이 책은 새로운 철학을 제공하고 사고의 순서를 재구성하여 당신의 믿음을 변화시킬 것이다. 믿음을 바꾸면 행동이 변하고 그 변화한 행동에서 당신의 삶도 달라질 것이다. 나도 당신과 같은 상황을 겪어 봤기 때문에 잘 알고 있다. 나는 이 책이 당신의 삶을 변화시킬 것이라고 확신한다. 혹 그렇지 않다면 www.LibbyGill.com으로 연락하라. 내가 개인적으로 코치가 되어 줄 것이다. 나는 당신을 수렁에서 꺼낼 줄 자신이 있다. 이제 당신 차례다.

선명하고 간결하게 실행하라.

문제를 해결하려면 가장 먼저 문제를 정확히 파악해야 한다. 수렁에서 빠져나오기 위해서라면 그 중요성은 두 배가 된다. 특히 변명과 회피로 지금까지 발전이 없었던 당신이라면 더욱 그렇다. 변명에 대해서는 제3장에서 더 자세히 언급할 것이므로, 지금은 빠져나오기에 대한 핵심 방법, 일과 인생에서 발생하는 모든 문제의 해결책인 '선명하고 간결하게 실행하라'에 대해 살펴보자.

"선명하고 간결하게 실행하라(Clarify, Simplify, Execute. 줄여서 CSE)"는 간단한 문제해결 방식이다. 어떤 문제든지 거기에 끼워 맞춰 해결할 수 있는 방법을 제공한다. 'CSE'를 어떻게 활용할 것인지는 아래의 사례를 통해 설명하겠다. 이야기의 범위를 넓히기 위해 내용을 요약하지만, 요점을 이해하는 데는 문제가 없을 것이다. 또한 설문지를 작성할 때 시간을 들여 천천히 생각한 뒤 답변하길 권한다. 그냥 머릿속으로 생각하지 말고 종이와 펜을 들고 답을 적도록 하자. 손가락과 키보드를 이용해도 좋다. 이것이 변화의 시작이 될 것이다. 지금 고등학교 때의 지루한 수업을 하는 것이 아니라 인생이 걸린 것이다.

나는 10년 동안의 인생 코치를 해 왔고 15년 동안 기업을 경영해 보았다. 이 경험으로 볼 때, 기초적인 일에서부터 중대한 일까지 팔을 걷어붙이고 뛰어드는 사람만이 성공한다는 것을 깨달을 수 있었다. 이제 당신도 그런 집단에 합류해야 하지 않겠는가?

나는 대기업의 여성들을 위한 워크숍을 통해 아만다라는 여성을 지도한 적이 있다. 그때 'CSE'가 얼마나 유용한 도구인지 확인할 수 있었다. 미국 전역의 수많은 여성들이 다이어트, 연인 찾기, 수줍음 극복, 사업성공 등의 목표와 꿈을 이루는 방법을 알고자 한 자리에 모였다. 나는 그들을 지도하면서 특별히 아만다라는 여성을 응원했다. 그녀는 상냥하고 사려 깊고 자기 통제가 잘 되고 있었다. 또한 아픈 어머니를 모시고 살면서도 일을 잘 해내고 있었다. 그러니 어찌 그녀를 응원하지 않을 수 있겠는가? 하지만 그녀에게도 넘기 힘든 장애물이 있었다. 오랫동안 습관적으로 담배를 피어왔고 이제는 간절하게 담배를 끊고 싶어 했다.

나는 'CSE'를 이용해 아만다에게 자신의 금연하는 모습을 '선명하게' 상상해 보라고 했다. 목표를 선명하게 상상하는 것은 매우 중요한 시작 단계이다. 머릿속에 선명하게 그려지는 것들은 현실성 있고 이룰 수 있다고 믿게 되기 때문이다. 목표가 너무 추상적이면 현실과 너무 동떨어져 이룰 수 없다고 생각해서 열정이 생기지 않을 수 있다. 흡연은 가장 끊기 어려운 습관인 만큼 엄청난 노력이 필요했다.

나는 아만다에게 숨을 크게 내쉬면서(이 방법이 진부하다고 생각하겠지만 이것이 왜 중요한지 제5장에서 설명) 눈을 감고 금연에 성공한 자신의 모습을 상상하라고 했다. 그녀는 곧 바로 자신의 성공을 선명하게 그릴 수 있었다.

- 머리카락과 옷에서 항상 좋은 냄새가 날 것이다.
- 어머니가 자랑스러워 할 것이다.
- 미각을 되찾을 것이다.
- 집안이 담배 냄새가 아닌 향기가 가득할 것이다.
- 습관의 노예가 되어 담배 피울 시간만을 기다리지 않을 것이다.
- 활력이 생기고 폐활량이 좋아져 운동을 시작할 수 있다.
- 친구들과 동료들 앞에서 부끄럽지 않을 것이다.
- 자신이 자랑스럽고 강한 사람이라고 느낄 것이다.

■ 향기로운 향수를 뿌릴 수 있다.

아만다의 상상은 너무나 선명했다. 나는 전화로 설명을 들으면서 그녀의 상상 속으로 들어가는 듯했다. 가장 중요한 것은 그녀는 이제 금연을 현실로 느낄 수 있었고, 큰소리로 원하는 목표를 말함으로써 자신이 금연을 얼마나 절실히 원하는지 알게 되었다. 그녀는 긍정적인 일들에 초점을 맞추면서, 나약했던 자신의 모습을 탓하기보다 무한한 가능성들을 느낄 수 있었다.

나는 다음으로 아만다에게 금연을 실행할 수 있는 가장 빠른 길을 '간결하게' 그려 보라고 했다. 대부분 이 단계에서 어려움을 겪게 된다. 그래서 분명한 목표를 갖고 자신의 의욕을 불태우는 것이 중요하다. 아만다도 나를 만나기 전까지 아무런 결실이 없었던 노력들을 떠올리며 또 다시 두려움과 거부감을 느끼기 시작했다. 나는 그런 그녀의 생각에 존재하는 문제점들을 지적했다. 당신도 이 책을 통하여 생각의 문제를 파악하는 방법을 배우게 될 것이다. 아만다가 지금까지 했던 노력을 살펴보고, 그녀가 겪었던 성공과 실패에 대해 알아보자.

그녀는 처방받은 약을 복용하던 기간이 짧기는 했지만 성공적이었다는 것을 기억했다. 나는 그녀에게 왜 포기했는지 물었다. 그러자 그녀는 금연 약속을 지키지 못하고 다시 담배를 피우게 될 때마다 주변 사람들을 실망시키는 것 같아서 더 이상 도움을 청할 수 없었다고 했다. 특히 그녀는 주변 사람들을 마주하기 부끄러워 아예 담배에 대한 이야기를 꺼내지 않게 되었다.

나는 그녀가 더 이상 도움을 받을 수 없다고 생각한 부분 즉, 단정적인 추측을 지적했다. 단정적인 추측limiting assumptions 이란 증거나 근거도 없이 추측으로 자신을 수렁에 빠트리는 행동을 말한다. 이 책에서 계속 언급될 중요한 포인트다. 나는 아만다에게 그런 생각을 하게 된 이유를 물었다. 자신의 추측을 뒷받침해줄 만한 증거가 있는지 말이다. 혹시 친구들에게 도움을 거절당한 적이 있는가? 친구들이 자신을 무시한 적이 있는가? 어쩌면 그녀는 거절당하는 것이 두려워 자신의 머릿속에서 섣불리 결말을 지은 것은 아닐까? 만일 그녀의 생각이 사실이 아니라 단정하는 추측일 뿐이라면, 다시 친구들에게 도움을 요청할 기회가 있을 것이다. 블로그나 비디오를 통해 공개적으로 금연 계획을 알리고 자신의 노력을 친구들에게 보여주는 것을 통해서 말이다. 아만다는 생각을 바꿔, 진정한 친구들이라면 자신의 노력을 보고 다시 도움을 줄 거라고 확신했다.

그녀와 나는 의사에게 받은 처방전에 대해서도 대화를 나눴다. 그녀는 처방받은 약을 복용하면서 아무런 부작용 없이 담배를 끊을 수도 있었다. 약이 떨어져 다시 처방을 받기 위해 의사를 찾아가야 했을 때 그녀는 갑자기 예약을 취소해 버렸다. 그녀는 단정적인 추측을 함으로써 그런 결정을 내렸고, 그 선택이 흡연이라는 수렁에서 빠져나오지 못하게 했다. 내가 보기에 아만다의 잘못된 논리는 너무나도 당연했지만 자기 스스로 인식하지 못했다. 그녀는 약을 복용하는 건 나쁜 일이라고 생각했다. 그러면서 오랜 흡연으로 자신의 몸에 축적된 니코틴이 더 나쁘다는 사실을 애써 무시했다. 담배를 끊기 위해 처방된 약을 잠시 복용하는 것이 몸에 주입해 온 해로운 니코틴보다 더 나쁘다고 생각한 것이다. 혹시 지금 아만다가 자신의 잘못을 깨닫지 못한 것에 놀랐다면, 당신 역시 자신의 문제와 대면할 때까지 기다려 보라.

당신을 포함해 우리 모두는 잘못된 추측으로 인해 섣불리 결정을 내린다. 그리고 그 결정이 옳다고 자신과 주변 사람들을 설득시키기 위해 여러 가지 억지스러운 증거를 모으기도 한다. 매우 안타깝게도 이것은 우리 주변에서 흔히 볼 수 있는 반응이다. 하지만 아만다는 자신의 선택이 잘못 되었음을 인정했고 새로운 시도를 하기로 마음먹었다. 이것이 그녀의 실천을 위한 첫 걸음이 되었다.

CSE 중 '간결하게'의 단계는 결코 쉽지 않다. 자신의 목표에 닿을 수 있는 가장 가까운 길을 찾는 것이 중요 포인트이다. 따라서 복잡하고 불필요한 단계를 없애고 최대한 빨리 목표를 향한 지름길을 모색하라. 새로운 방식을 찾아가면서 과거의 성패를 복습하여 난관을 뛰어넘고, 전문가의 도움을 받거나 개인적인 연구를 하는 것 모두 당신의 성공을 위한 지름길이 될 수 있다. 목표를 선명하게 보고 지름길을 찾았다면 이제 남은 것은 행동 실천뿐이다.

마침내 나와 아만다는 실천에 대해 이야기 할 수 있었다. CSE중 '실천하기' 단계는 자신의 행동을 책임지고 힘들더라도 포기하지 않는 방법을 찾는 것이다. 아만다의 첫 실천은 자신의 주치의에게 전화를 걸어 상담 예약을 하는 것이었다. 그러고 나서 과거의 실패에 대해 자신을 비난하지 않는 신뢰 할 수 있는 친구와 동료들에게 도움을 요청했다. 가능성에 대한 믿음을 바꾸고 주위의 도움을 받아들이면서 아만다는 인생을 변화 시킬 수 있었다. 그녀는 에너지가 넘치고 좋은 향수를 뿌리며 맛있게 밥을 먹는 상상 속 자신의 모습을 현실로 바꾸었다. 현재는 어머니가 자랑스러워하는 딸이 되고자 금연 생활을 이어가고 있다.

당신도 '선명하고 간결하게 실행하라' 계획을 머릿속에 그려보라. CSE를 토대로 이 책을 꼼꼼히 읽고 배우면 큰 도움이 될 기술을 손에 넣게 될 것이다. CSE를 준비하고 주어진 질문에 답하면서 모든 장애물을 극복하고, 문제를 해결할 방법을 찾게 될 것이다. 이 책을 통해 올바른 선택을 하는 것이 얼마나 쉬운 일인지 깨닫길 바란다.

올바른 방법과 잘못된 방법

수렁에서 빠져나오는 것이 쉽다고 말한다면 거짓말일 것이다. 아만다의 금연의 꿈도 단칼에 이루어 지지 않았다. 그녀는 지속적으로 의사와 상담을 하고 친구들의 도움을 받았음에도 2번의 실패를 겪었다. 하지만 실패한 이유를 인정하고 그것에 대한 책임을 진다면 결국 수렁에서 빠져나올 수 있을 것이다. 세상 모든 사람들이 실패에 대한 변명을 생각하는데 쏟는 에너지를 변화를 위한 실천에 쏟는다면 어떨까? 물론 좋겠지만, 나는 백수가 될지도 모르겠다.

우리는 뛰어난 지식과 재능을 갖고 있으면서도 자신을 수렁으로 밀어 넣기도 한다. 이 책을 읽고 있는 와중에도 자신은 수렁에 빠진 것이 아니라고 믿는 사람들이 많을 것이다. 그러나 좋은 직장과 화목한 가정이 있으면서도 무언가 부족하다고 느끼지는 않는가? 당신은 잠시 스트레스로 인해 슬럼프에 빠졌거나, 자신감을 상실했다고 생각하며 이 상황을 쉽게 넘겨버릴지도 모른다. 어쩌면 현재의 상황이 그리 나쁘지 않으며, 아이들이 다 크고 난 후, 또는 돈을 더 벌고 난 후에 변화를 시도해도 늦지 않을 거라고 믿고 있는지도 모른다. 혹은 이와 정 반대로 수렁에 빠져있는 기분을 너무나도 잘 알고 있는 사람들도 있을 것이다. 당신 역시 미래가 없는 직장, 망가진 생활 패턴, 엉망인 재정 상태와 진정한 사랑이 없는 인생에서 허우적거리고 있을지도 모른다.

당신은 왜 완벽한 인생을 상상만 하고 있는가? 왜 주변 사람들이 행복과 기쁨이 넘치는 인생을 누릴 때, 구경만 하고 있는가? 당신은 왜 수렁에 빠져있는가?

성공은 계속되는 실패 속에서도 열정을 잃지 않는 힘으로 이루어진다.

– 윈스턴 처칠

이 질문의 가장 쉬운 답은 '두려움'이다. 정확히 집어 말하자면 모험에 대한 두려움이라고 할 수 있다. 나는 이것을 모험공포증riskophobia라고 부른다. 제2장에서 당신은 자신의 모험공포증을 진단하는 방법과 공포증을 이겨낼 해결책을 배우게 될 것이다. 대부분의 사람들은 자기개선을 필요로 한다. 그리고 그 사람들은 굳이 내가 말해주지 않아도 자신의 어느 부분을 개선해야하는지 이미 알고 있다. 하지만 그들도 불가능하다고 느껴지는 변화를 마주하고, 새로운 것에 도전하거나, 어려움을 극복하는 노력을 피하려고 한다.

출발점을 찾는 것이 가장 힘들다. 우리는 단정적인 추측에 너무 익숙해져있어 자신의 선택을 입증하기 위해 그릇된 믿음과 거짓을 쌓는다. 이제 편견은 잠시 뒤로하고 객관적인 시각으로 자신의 인생을 바라보자. 지금까지의 인생에서 성공적이었다고 생각되는 부분과 도움이 필요하다고 생각되는 부분을 나눠 보자. 편견을 버리고 나면 수렁에서 빠져나올 수 있는 길이 보이기 시작할 것이다.

RISK TAKER'S Tools

〈성공 & 만족의 자가 진단〉

셀 수 없이 많은 사람들에게 도움을 준 자가 진단 툴을 소개하겠다. 이것을 통해 당신은 인생과 일의 10가지 핵심 영역에서 성공과 만족 수준을 알아낼 수 있다. 또한 구체적인 점수를 통해 인생에서 제일 불만족스러운 부분을 찾아 우선적으로 해결 할 수 있는 좋은 출발선이 될 것이다.

밑에 보이는 평가표는 리더십 세미나에서 만난 마케팅 팀장인 제리의 것이다. 이것은 성공적인 인생을 살면서도 불행하다고 느끼는 직장인의 자가 진단을 잘 보여주는 평가표이다. 당신도 자신을 평가하는 점수가 낮다고 해서 크게 낙심하지 말라. 대부분의 사람들의 평가표에는 높은 점수와 낮은 점수가 섞여있다. 어쩌면 당신은 예상외로 자신의 삶에 대한 만족도가 높다는 결과에 놀라게 될 수도 있다.

이 툴을 몇 년 동안 사용하면서 삶의 모든 부분이 만점이라는 사람을 딱 한번 본적이 있다. 그는 방안의 모든 사람들의 미움을 한 번에 받으며, 싸늘한 질투의 시선을 피해야했다. 나는 세미나의 참가자들이 금융업에 종사하는 매너 좋은 프로들이 아니었다면 그가 바로 왕따가 되지 않았을까 생각한다.

이제 평가를 시작해보자. 진단 표를 보면 당신의 인생에서 중요한 10가지의 주제가 적혀있을 것이다. 하나하나 신중하고 객관적이고 솔직하게 생각하여 자신의 만족도를 1부터 10 사이의 숫자를 이용해 평가한다. 이때 10이 가장 높은 만족도를 나타낸다. 만약 주제가 자신의 인생에서 중요하거나 적용되지 않다면 이를 참작하여 점수를 매긴다. 예를 들어 현재 솔로이지만 충분히 만족한다면 굳이 연인/배우자에 낮은 점수를 매길 필요가 없다. 연인/배우자가 있는지를 평가하는 것이 아니라 당신이 얼마만큼 자신의 상황에 만족하는 지를 평가하는 것이기 때문이다.

다음으로 진단 표에 자신의 점수를 적어라. 표를 완성했다면 높은 점수에서 낮은 점수 순으로 리스트를 만들고 그 이유를 적어라. 신중하게 진단을 하고 자신의 문제를 눈으로 직접 확인한다면 이를 무시하기 힘들어진다. 건강이 10점 만점에 2점이라면 아무런 문제가 없다는 듯이 행동하기 어려울 것이다. 부모님과 형제들이 자신의 인생에 지나치게 참견해 피곤하다고 불평을 해도, 가족 부분에 9점을 주었다면 당신은 가족과의 생활에 만족하고 있는 것이다.

〈성공& 만족의 자가 진단〉

직업	재정	건강&스스로 관리	가족과의 관계	친구들과의 관계
2	7.5	7	6	8
연인/배우자	목적/신앙	개인의 성장	취미/휴식	집, 사무실
3	6	7	8	3

1. 직업- 매출 하락에 대해 걱정 한다. 2

2. 연인/배우자- 데이트를 할 시간이 없다. 3

3. 생활공간- 구조 변경을 끝내야한다. 3

4. 가족- 한동안 만나지 못했다. 6

5. 목적- 미래의 큰 그림을 그리기엔 현재의 일이 너무 벅차다. 6

6. 개인성장- 독서량을 늘렸으면 좋겠다. 7

7. 건강/관리- 건강한 편이다. 7

8. 재정- 현재 상황에 만족한다. 7.5

9. 취미/휴식- 스포츠와 영화를 즐긴다. 8

10. 친구들과 관계- 좋은 친구들이 주위에 많다. 8

당신도 대부분의 사람들처럼 인생에서 만족스러운 부분과 지금 당장 주목해야 할 부분이 있을 것이다. 혹시 낮은 점수를 받은 주제가 더 심각한 심리적 문제와 관련되어 있다면 당장 전문의의 도움을 받기를 추천한다. 또한 주변 사람들에게 최근 당신의 행동 변화를 느낀 적이 있는지 물어보라. 주변 사람들이 상담을 추천하거나 의사를 만나보라고 이야기한 적이 있는가? 그렇다면 당신의 주치의, 목회자, 혹은 심리치료사와 만나보라. 혹은 믿을 수 있는 친구나 가족에게 도움을 요청하고 필요하다면 병원으로의 동행을 부탁하라.

당신이 이 책을 가이드로 삼아 수렁에서 빠져나올 준비가 되었다면 이 평가표가 아주 좋은 시작이 될 것이다. 가장 낮은 점수를 받은 주제를 보라. 의외인가? 자신의 리스트에 1점이나 2점이 있었다는 것이 충격이었는가? 설마 했는데 0점도 있었는가? 걱정하지마라. 이 평가표는 그저 출발점일 뿐이다. 자신의 문제에 집중하는 것이 익숙해지면 당신은 새로 얻은 치료법을 이용해 인생의 여러 문제를 해결할 수 있는 방법을 알게 될 것이다. 하지만 모든 문제는 한 번에 해결되지 않는다는 걸 명심하라. 만약 재정문제가 3점이였다면 우선 4점을 목표로 노력해야 한다. 갑자기 10점으로 올리기란 불가능하다. 10점을 목표로 노력하겠지만 지금은 한 번에 한 발씩 내딛는 것이라는 걸 명심하라.

진실보다 위대한 신은 없다.

– 마하트마 간디

제리도 자가 진단 테스트를 하는 모든 사람들과 비슷하게 높고 낮은 점수가 뒤섞여있었다. 그의 경우에는, 직업이 2점으로 가장 낮았고 친구들과의 관계가 8점으로 가장 높았다. 그는 자가 진단을 마친 뒤, 처음에는 직장생활의 문제점을 개선하는 것에만 집중했다. 그러나 상황이 조금씩 좋아지면서 그는 연애를 시작하고 집수리 끝내는 것을 목표 리스트에 더할 수 있었다. 우리는 도전을 하기 위해서는 모든 일을 멈추고 그 도전 자체에만 집중을 해야 한다고 지레 겁을 먹는다. 하지만 그것은 사실이 아니다. 당신이 문제점을 조각으로 나눌 수 있다면 –실천 행동을 작은 단계로 나누는 것이 포인트– 한 조각씩 작은 걸음으로 정복 할 수 있다. 제리의 경우를 예로 들자면, 배우자/연인의 점수를 높이기 위해 관심 있던 여자에게 데이트 신청을 하는 것이 첫 걸음이었다. 그는 항상 연애의 시작이 큰 목표물이라고 생각해 왔지만, 생각을 달리하니 그저 한 번의 전화통화일 뿐이라는 것을 알게 되었다. 그는 지금 당장 모든 것을 뒤로 하고 꿈에 그리던 여자를 만나, 결혼식을 올리고 가정을 꾸리는 것이 아니라, 그저 가벼운 데이트에 나가는 것뿐이었다. 그 전화 한통으로 제리는 '배우자/연인' 부분의 점수가 3점에서 4점으로 한 단계 상승했다. 이것은 그가 걱정했던 것보다 쉽고 간단했다. 당신도 그렇다는 것을 곧 알게 될 것이다. 문제를 조각내서 실천하는 것을 기억하라!

RISK TAKER'S TIP

성공과 만족 자가 진단을 끝냈다면 가장 급한 문제부터 해결하도록 하자. 보통 가장 낮은 점수를 받은 부분의 해결이 시급하다. 우선, 문제 해결을 위해 취할 수 있는 행동을 생각해보자. 아이디어를 쉽고 위협적이지 않은 실천 가능한 사이즈로 조각을 내는 것이 중요하다. 그리고 만족 레벨을 올리기 위해 다음 24시간 내에 실천 할 수 있는 것들이 무엇인지 확인하라. 자, 이제 실천하라!

감사의 시간

진단 평가가 끝나고 난 뒤, 나는 제리와 함께 친구들과의 관계, 건강, 취미생활처럼 만족도가 가장 높았던 부분에 대해 대화를 나누었다. 나는 인생에서 성공한 부분을 확인하는 것이 얼마나 중요한지를 항상 강조한다. 수렁에서 빠져나오는 일은 목표를 세우고 그 목표를 달성한 뒤 성취감을 느낄 수 있어야 가능하기 때문이다. 결과에 만족한다면 자신의 성공을 인정하고 스스로를 격려할 시간을 갖는 것도 중요하다. 아주 작은 일이라도 성공이 또 다른 성공을 낳으며, 인생을 변화시키는 일이 습관처럼 될 것이다. 앞으로의 발전에 대해 생각하며 자신이 인정받을 자격이 있다는 것을 느낄 때 변화를 이어갈 수 있을 것이다. 자신의 성공을 축하하는 일이야 말로 기분 좋은 일이 아닌가?

기분전환 뿐만 아니라, 감사의 마음을 갖는다면 당신이 예상하지 못한 이익을 얻을 것이다. 전문의들의 연구결과를 인용해 계속 언급하겠지만 '긍정적인 생각' 은 건강과 행복한 삶에 좋은 영향을 준다. 또한 중독이나, 트라우마, 우울증 같은 부정적인 생각을 버리게 되어 의미 있고 성공적인 인생을 살 수 있도록 도움을 줄 것이다.

캘리포니아 주립대 데이비스University of California- Davis 의 교수 로버트 에몬스 박사Dr. Robert A. Emmons 는 저명한 긍정 심리학자로, 행복에 대한 연구 발표에서 고마움을 '잊혀진 요소' 라고 말했다.

그의 저서 《고마워: 감사의 관한 새로운 과학으로 당신의 행복 지수를 올리는 방법 Thanks! How the New Science of Gratitude Can Make You Happier》를 보면, 초기 연구 결과 항상 감사하며 살아가는 사람이 감성적, 육체적으로 더 많은 이점이 있고, 대인관계가 매우 원활하다고 한다.

철학자나 시인, 어쩌면 당신에게도 이것은 별로 새로운 사실이 아니겠지만, 과학자들은 감사의 힘에 대해 뒤늦게 파악하기 시작했다. 이에 따라 몇 년 사이 '감사의 마음'에 대한 연구가 증가했고 '감사의 마음'이 감정적인 이익을 줄 뿐만 아니라 신체적인 건강에도 도움이 된다는 연구 결과가 나왔다. 과학자들은 신경계 질환을 앓고 있는 성인 환자들을 선정해 3주 동안 모든 것에 감사하는 마음을 갖는 연습을 이어갔다. 그 결과, 그들은 다른 환자들과 비교해 기운이 넘쳤고, 기분이 좋아졌고, 수면장애를 극복했다. 하지만 이 결과가 만성 질환을 갖고 있지 않는 우리에게 무엇을 의미하는 것일까? 어쩌면 우리는 작은 미소와 진실 된 감사의 마음만으로도 건강한 삶을 지속할 수 있을지도 모른다.

우리에게는 이 모든 것이 아주 좋은 소식이지만, 사회 과학자들의 연구는 여기서 끝나지 않는다. 그들은 감사의 결과가 사회 전체에 미칠 수 있는 긍정적인 파급 효과를 고려하기 시작했다. 비관론자들은 이것이 말도 안 되는 억지라며 무시하겠지만, 매일 모든 사람들이 감사의 마음과 뜻을 전하는 사회가 존재한다면 얼마나 좋을지 상상해 보라.

그렇다면 당신이 감사에 찬 인생을 살 수 있는 방법은 무엇일까? 다음 팁을 활용해라. 곧 내게 감사하게 될 것이다.

■ 감사의 일기를 써라. 당신이 감사하는 것들을 매일 적는다. 여기에는 가족, 건강, 따뜻한 햇볕, 반려동물, 또는 맛있었던 과일 등 어떤 것도 포함될 수 있다. 리스트를 자주 검토하고 자신의 인생에 반영하라.

■ 감사의 마음을 가져라. 심리학자들은 인간 내면의 생각을 '자신과의 대화'라고 부른다. 언제든지 머릿속에서 가능한 자신과의 대화가 자신에 대해 생각하는 방법과 다른 사람에 대한 태도, 하루 일과에 강력한 영향을 미칠 수 있으니 항상 감사의 볼륨을 높여라.

■ 실패에 감사하라. 지금까지의 내가 한 조언에 반한다고 생각할 수도 있지만, 실수와 실패를 통해 얻은 지혜와 교훈에 대해 감사하는 것을 잊지 마라.

■ 당신의 시선이 닿는 곳에 감사하는 이유를 진열하라. 책상위에 가족사진을 놓고 상장을 벽에 걸어놓거나 감사하는 마음의 자세를 구호로 적어 매일 눈이 가는 곳에 붙여두자.

■ 인생에 영향을 주었던 사람에게 감사의 편지를 써라. 존경했던 선생님, 맘에 쏙 드는 베이비시터, 소중한 동료나 친구 등 작고 눈에 띄지 않는 일이라도 도움을 받았다면 감사의 마음을 전하라.

■ 적을 용서하라. 힘들겠지만 당신에게 잘못한 이들을 용서하라. 미움과 울분을 쌓아둔다면 감사의 마음이 막혀버릴지도 모른다. 불행보다 축복에 집중하라.

이제 삶의 열 가지 중요 영역을 이해하고 어느 부분에 집중해야 할지 알게 되었으니 "선명하고 간결하게 실행하라"의 모델을 머릿속에 그려보자. 인생의 목표가 완벽하지 않거나, 모든 준비를 갖추고 있지 않아도 괜찮다. 먼저 머릿속에 그림을 그리면 자세한 것은 나중에 채워 넣을 수 있다.

RISK TAKER'S Tools

〈'선명하고 간결하게 실행하라' 모델 만들기〉

제리가 경험했던 것처럼 당신도 아래의 연습을 따르며 시작하라. 혼자라면 내용을 작은 부분으로 나눠서 읽어도 되고, 그렇지 않다면 다른 사람이 대신 읽어줘도 된다. 편한 자세를 취한 상태에서 눈을 감고 숨을 크게 내쉬면서 스트레스를 몸 밖으로 내보내라. 몸과 마음이 편해질 때까지 숨을 크게 쉬면서 준비하라.

■ 자신이 살고 싶은 삶을 머릿속에 그려라. 직장, 가정, 사랑, 종교 등을 포함해 직장 생활과 사생활을 모두 고려하라. 자신의 꿈을 머릿속에서 정확한 모습을 갖출 때까지 그려보라. 혹 '네가 그렇게 잘났어? 뭘 믿고 그렇게 욕심을 부려?' 같은 부정적인 생각이 든다면 너무 깊게 생각하지 말고 재빨리 머릿속에서 지워라.

■ 목표에 닿을 수 있는 모든 경로를 상상하라. 도움이 된다면 실제의 도로, 철도, 거리 지도를 이용해 목표로 이르는 연결을 찾아라. 자신이 취할 수 있는 행동을 생각하고 당신이 마음속에 간직하고 싶은 느낌

과 다른 사람이 자신에게 어떤 도움을 줄 수 있을지 생각하라.

■ 자신의 정신적 에너지와 열정을 이어가도록 관리에 열중하라. 예전에는 열정을 유지하기 위해 어떤 노력을 했는지 돌아보고, 일기를 쓰거나 '지도자 팀'에 가입하거나 코치를 찾아 이야기를 나누며 자기 자신을 격려하라.

연습을 두 번 반복한 뒤, 빈칸에 자신의 CSE 계획을 채워 넣어라.

꿈을 선명하게 〈Clarify!〉
나의 직장 생활과 사생활에서 가장 이루고 싶은 꿈은

임무를 간결하게 〈Simplify!〉
꿈을 이루기 위한 가장 빠른 길은

계획을 실천하라 〈Execute!〉
꿈을 이루기 위해서 실천해야 하는 것들은

RISK TAKER'S TIP

위의 상상 연습을 매일 아침 눈을 떴을 때 혹은 잠이 들기 전 실행하라. 시간이 지나면서 꿈이 더욱 선명해 지도록 노력하라.

2장에서는 당신의 뇌의 모습과 두려움, 의심, 불안함을 버리는 방법에 대해 배울 것이다.

많은 연구 결과에 따르면
사람들의 가장 큰 두려움은
많은 사람들 앞에서 발표하는 것이고
두 번째는 죽음이라고 한다.
즉, 장례식에서 고인의 송덕문을 읽느니 차라리
관속에 누워 있는 것이 좋다는 뜻이다.

— 제리 사인펠트 —

CHAPTER 02

두려움에 빠진 뇌

두려움은 수렁에 빠지는 큰 이유 중 하나이다. 두려움을 게으름, 불운 혹은 너무 바쁘다는 핑계 등으로 다르게 부를 수 있지만 결국 그 모든 것은 두려움 때문에 나타나는 증상들일 뿐이다. 그러나 두려움이 나쁜 것만은 아니다. 두려움은 지금까지 당신과 모든 인류가 살아남을 수 있었던 이유이기도 하다. 하지만 당신이 위험을 감지하는 좋은 두려움과 인생의 변화를 막는 나쁜 두려움을 구분하지 못한다면 '단정적인 추측'의 덫에 빠지고 만다.

《브로드캐스트 뉴스 Broadcast News》라는 영화를 기억하는가? 알버트 브룩스가 연기했던 뉴스 앵커 오디션 장면을 떠올려보라. 카메라의 불이 들어오자마자 땀이 비 오듯 쏟아진다. 얼굴에서 시작된 땀은 그의 재킷을 적시기 시작했고 결국 몸 전체가 흠뻑 젖어버린다. 광고가 나가는 시간동안 급하게 얼굴의 땀을 닦고 주변 사람들도 그의 몸을 드라이기로 말려주지만 아무 소용이 없다. 이 영화를 보지 않았을 지라도 그가 오디션을 망쳐버렸다는 것은 모두 알 수 있을 것이다. 그렇게 땀을 흘리는 사람이 전하는 뉴스를 믿을 수 있겠는가?

당신도 아주 잠시 극도로 긴장하여 몸이 자신의 뜻대로 움직이지 않은 경험이 있을 것이다. 긴장, 근심, 불안, 패닉이나 두려움... 모두 당신의 뇌가 내린 지시를 몸이 반영하기 때문에 생기는 반응이다. 물론 두려움은 인생에 있어 자연스럽고 꼭 필요한 부분이다. 주변의 위험을 알아차리는 생존본능은 인간의 진화에 있어 가장 축복받은 능력이다. 하이킹을 하다 야생동물의 존재를 느낀다거나, 고속도로에서 비틀거리는 옆 차선의 차를 보거나, 제어 할 수 없을 만큼 화가 난 직장동료를 인식하는 것 모두가 두려움에서 비롯된 생존본능인 것이다.

또한 우리의 보호 본능은 무의식적으로 몸에 반응을 보이기도 한다. 예를 들어, 당신이 캄캄한 밤에 혼자 숲속을 걷고 있다고 생각해 보라. 좀 더 현실적인 예를 들자면, 새벽 2시경에 어두운 골목을 홀로 걷고 있다고 생각해 보라. 갑자기 당신 뒤에서 누군가의 발소리가 들리자 당신의 자율신경계가 반응하기 시작한다. 온몸에 소름이 돋고 더 많은 빛을 흡수하기 위해 동공이 확대된다. 심장이 쿵쾅거리며 어떤 상황에서든 빠르게 반응 할 수 있도록 아드레날린과 코르티솔을 분비한다.(Cortisol-급성 스트레스에 반응해 분비되는 물질로, 스트레스에 대항하는 신체에 필요한 에너지를 공급해 주는 역할을 한다.) 근육들이 팽창하고 공기와 영양분이 팔과 다리로 급히 이동한다. 이로 인해 뜨거워진 몸을 식혀주려 온 몸에서 땀이 나기 시작한다. 이와 같은 경우에 두려움은 당신의 편이며 당신도 모르게 위험에 대처할 수 있도록 몸을 준비시켜 준다.

투쟁 도주 반응(Fight or Flight, 갑작스런 자극에 대하여 투쟁할 것인가 도주할 것인가의 본능적 반응) 처럼 이런 생존 방식들이 우리를 많은 적들로부터 지켜줬지만(혹은 어두운 골목길에서처럼) 현재 우리가 살고 있는 정보 기반 사회에서는 거의 관련성이 없다.

그 차이를 비교해 보겠다. 당신은 지금 중요한 미팅에 와 있고, 회사의 CEO을 포함한 운영진들 앞에서 발표를 해야 한다. 그들을 바라보자 당신의 근육이 긴장하고 아드레날린이 분비되기 시작한다. 심장이 쿵쾅거리고 손이 떨리며 온몸이 땀으로 흠뻑 젖기 시작한다. 이런 창피한 상황에서는 당신의 자율신경계가 원수처럼 느껴질 것이다. 그리고 이런 경험은 더욱 더 큰 두려움으로 남아 다음 발표시간이 다가오면 극복하기 힘든 트라우마가 되버린다.

인생의 어떤 것도 두려움의 대상은 아니다. 이해해야 할 대상일 뿐이다.

– 마리 퀴리

두려움이 무엇이며, 어디에 존재하며, 왜 나타나는지를 파악하는 것은 굉장히 중요하다. 두려움으로 인해 생기는 모든 신체 반응들을 극복할 수는 없지만, 미리 예상하고 제어하는 법은 배울 수 있다. 만약 영화 '브로드캐스트 뉴스' 에서 알버트 브룩스의 캐릭터가 자신이 긴장을 하면 땀을 흘린다는 사실을 미리 알았더라면 어땠을까? (이런 상황을 극복하는 방법은 제5장에서 설명된다)

당신 또한 직장 면접을 보기 전이나 기대되는 첫 데이트 자리에 나가기 전에 자신의 위험 신호를 읽을 줄 알아야한다. 자신의 뇌와 몸의 반응을 이해하면 취업과 연애에 성공하여 오늘날의 치열한 사회에서 살아남을 수 있다. 이제 두려움이 당신에게 미치는 영향과 당신이 얼마나 두려움의 기억에 묶여 원하는 것을 놓치고 살아가는 지에 대해 얘기하겠다.

RISK TAKER'S TIP

어느 정도의 두려움은 우리에게 이롭다. 위험을 알아채고 그 위험에 정확하게 대처할 수 있도록 돕기 때문이다. 하지만 우리의 두려움과 불안이 인생의 변화를 막는다면, 이제 문제를 인식하고 제어할 수 있어야 한다.

실패에 대한 두려움

대부분의 경우, 두려움의 핵심에는 실패에 대한 두려움이 있다. 일을 깔끔하게 마무리 짓지 못하거나, 내 뜻을 전하지 못하거나, 중요한 사람의 호감을 잃거나, 모든 면에서 완벽하지 못한 자신을 보며 우리는 실패했다고 느낀다. 어떤 사람은 성공을 두려워한다고 하지만, 잘 들여다보면 결국 그들도 실패를 두려워하고 있다. 즉 성공해 돈을 많이 벌면 모두가 자신을 싫어하게 될까봐 성공하는 것이 두렵다고 얘기하지만 사실은 실패를 두려워하고 있는 것이다. 이것은 열심히 일하지 않는 사람이 가장 좋아하는 변명이기도 하다.

사람의 심리는 매우 신기하다. 우리가 두려워하는 것은 대부분이 우리가 가장 원하는 것이다. 밑에 문장들을 보고 이 생각을 한 적이 있는 지를 확인하라.

- 사업을 시작하는 것이 두렵다.
- 그/그녀에게 고백하는 것이 두렵다.
- 헬스장에 등록하는 것이 두렵다.
- 지금 남자친구를 떠나는 것이 두렵다.
- 은행 잔고를 확인하는 것이 두렵다.
- 직장을 옮기는 것이 두렵다.
- 새로운 곳으로 이사를 가는 것이 두렵다.
- 체중계에 올라서는 것이 두렵다.
- 아이를 갖는 것이 두렵다.
- 재정 문제로 도움을 요청하는 것이 두렵다.
- 학교로 돌아가는 것이 두렵다.
- 연봉 인상을 요구하는 것이 두렵다.

이 말들을 뒤집어 보면 내면에 숨겨져 있는 소망들을 엿볼 수 있다.

- 내 베이커리를 여는 것이 꿈이다.
- 그/그녀랑 데이트를 하고 싶다.
- 정말 살을 빼고 싶다.
- 지금 남자친구와 헤어지고 싶다.
- 돈 관리를 잘 하고 싶다.
- 지금 당장 일을 때려 치고 싶다.

- 따뜻한 곳으로 이사 가고 싶다.
- 내 몸에 맞는 체중을 유지하고 싶다.
- 가정을 꾸리고 싶다.
- 재정 관리에 대한 조언자가 필요하다.
- 대학으로 돌아가 학사모를 쓰고 싶다.
- 솔직히 지금의 연봉에 만족하지 않는다.

보이는가? 새로운 직장을 원하지 않는다면 직장을 옮기는 것이 두려울 이유가 없다. 졸업이 목표가 아니라면 대학 원서를 쓸 때 떨릴 이유도 없다. 이사를 할 마음이 없다면 짐을 싸서 다른 도시로 가는 것과 무슨 상관이 있는가? 당신이 머릿속으로 두렵다고 생각하는 것들은 당신이 가장 원하거나 필요한 것일 수도 있다. 하지만 당신은 그것을 실천하기보다 두려움에 길을 잃고 또 다시 '단정적인 추측' 을 믿어버리고 만 것이다. 이제 우리는 그런 생각들을 없애고 생각보다 더 많은 길이 있다는 것을 보아야한다.

직업병인지 모르지만 나는 사람들의 단정적인 추측을 바로 집어 낼 수 있다. 나는 직장에서 뿐만이 아니라 매일 여러 곳에서 사람들의 변명을 듣는다. 얼마나 많은 사람들이 자신이 원하는 걸 포기하고 쉬운 길을 택하는지 알게 되면 놀랄 것이다. 그들은 열심히 노력하고 두려움을 극복하기 보다는 평생 안전한 곳에 숨어 지내는 것을 선호한다.

일례로 나는 부동산 사업을 하고 있는 제닌이라는 친구와 대화를 했다. 그녀는 남자친구와 헤어지고 오랫동안 솔로로 지내다 다시 데이트를 하고 싶다고 했다. 이상형을 묻자 그녀는 기나긴 리스트의 끝에 "샐러리맨은 딱 질색이야. 난 시간적 여유가 있는 사람이 좋아"라고 대답했다. 당신은 그녀의 실수가 보이는가? 직업 상 가장 큰 비율을 차지하는 샐러리맨을 거절함으로써 그녀는 수많은 남자들과의 데이트 기회를 놓쳐버린 것이다.

그녀는 단정적인 추측으로 실패에 대한 두려움을 숨기고 있었다. 사랑에 실패하는 것이 두렵고, 거절당하거나 누군가와 가까워지는 것이 두려웠던 것이다.(참고로 나는 누군가가 나의 생각을 물어보거나, 돈을 내고 고용하거나, 내 자신에게 영향을 주거나 가족이 아니라면 함부로 이에 대해 먼저 이야기하지 않는다. 당신도 그렇게 하길 추천한다.) 이제 알 수 있겠는가? 당신의 단정적인 추측이 확고할수록 소망하는 것들에서 멀어질 확률이 높아진다. 내 친구가 자영업을 하는 착한 남자를 찾지 못했다는 것은 아니지만, 사랑에 빠지고 싶다면서 왜 마음을 열고 선택의 폭을 넓히지 않는가? 사랑에 실패하는 것이 성공하는 것보다 두려운 것인가?

단정하는 추측 뒤에 숨어있는 두려움 찾기

(자신이 이런 결론을 내린 적이 있는지 생각해 보라.)

- 경력 제한이 5년이라고 쓰여 있는데 난 경력이 3년뿐이니 원서를 내도 무조건 떨어질 거야.
- 승진을 욕심내는 건 너무 지나쳐.
- 난 지금까지 연하인 사람만 만나왔어.
- 석사학위가 없는 사람과 데이트 할 수 없어.
- 우리 집은 모두가 뚱뚱해 그러니 나도 평생 뚱뚱 할 거야.
- 내 스펙으로 중소기업은 말도 안 돼.
- 진심으로 도움을 주려는 사람은 없어.
- 난 원래 운동을 못해.
- 나이 들어서 공부하면 따라가지도 못하고 힘들기만 해.
- 지금 경제가 안 좋으니 그냥 여기서 일 할래.

그리고 자신에게 질문하라. 단정적인 추측으로 잃은 것은 무엇인가? 어떤 두려움으로 부터 숨고 있는가?

이 책을 읽어나가며 당신과 주변 사람들이 갖고 있는 단정적인 추측을 염두에 두어라. 다른 사람의 추측까지 지적할 수는 없지만 들으면 인식할 수 있도록 귀를 열어두는 것이 중요하다. 자신의 추측에 항상 도전하여 그 생각이 올바른지 자신에게 도움이 되는지를 생각하고 만약 그렇지 않다면 과감하게 버려라.

RISK TAKER'S TIP

확증편향 Confirmation Bias 을 조심하라. 확증편향이란 자신의 신념과 일치하는 정보는 받아들이고 일치하지 않는 정보는 무시하는 경향을 말한다.

두려움을 벗어라.

그레고리 번스 박사는 신경학, 정신과 전문의로 에모리 대학Emory University 신경학 센터의 책임자이기도 하다. 그와 다른 연구자들은 인간의 뇌에 대한 연구로 사람을 MRI 스캐너에 눕혀 전기 자극을 주는 실험을 했다. 실험이 시작되기 전 참가자들은 전기 자극에 대한 설명을 들었다. 연구자들은 1초에서 30초 사이에 시간을 두고 전기가 흐를 것이고, 자극을 주기 전 매번 경고를 할 것이라고 말했다.

실험이 끝나고 실험 참가자들의 MRI 결과를 보니 대부분의 사람들이 전기 자극을 받기도 전에 고통을 느끼는 뇌의 부분이 활성화됨을 알 수 있었다. 이 결과를 통해, 두려움은 고통 그 자체보다 고통에 대한 생각에서 오는 것임을 알 수 있었다. 그리고 3분의 1정도의 참가자들은 시간차를 두고 작은 자극을 받는 것 보다 한 번에 큰 자극을 받는 것을 선호했다. 전기 자극보다 기다리는 시간 동안의 두려움이 훨씬 컸던 것이다. 번스 박사는 뉴욕타임스와의 인터뷰에서 "이해 할 수 없는 일이지만, 두려움은 우리의 결정에 이상한 영향을 미친다."라고 말했다. 또한 그는 '우리의 뇌가 두려움을 느낄 때, 뇌에서 모험이나 탐험을 원하는 부분은 활동 하지 않는다.' 라고 결론 내렸다.

그렇다면 평소 생활 속 우리의 모습은 어떠한가? 우리가 돈 문제, 인간관계나 직장을 잃는 것에 대한 두려움에 빠져있다면 변화를 위해 필요한 생각을 할 수 없게 되어버린다. 두려움에 복종한 사람들은 서로 위안을 삼으며 자신의 행동을 정당화 시키려 한다.

기본 상식을 갖고 있어도, 두려움은 점점 커져 모든 생각을 정복해 버린다. 나는 이런 현상을 어릴 적 직접 경험 한 적이 있다. 플로리다에서 자란 나는, 쿠바 미사일 위기Cuba Missile Crisis 동안 매일 학교에 비상식량을 가져가고, 비상 시 책상 밑에 엎드려 숨는 연습을 했다. 우리 아버지는 드라마 《트와이라이트 존 Twilight Zone》에서처럼 지하 벙커를 만들기까지 했다. 4톤이 넘은 철과 콘크리트를 붓고, 발전기와 공기 청정 시스템을 두 개씩 설치했다. 우리 동네에 이런 벙커가 있는 집이 우리 집만이 아니었던 걸 생각하면 두려움이 얼마나 사람을 집착하게 하는지 알 수 있다.

두려움은 숨기고 용기는 나눠라.

– 로버트 루이스 스티븐슨

폴 슬로빅 박사의 위험판단Risk Perception 연구를 보면 사람마다 위험을 다르게 감지한다는 것을 알 수 있다. 가장 유명한 연구로 과학자들과 일반 사람들에게 30가지 인명피해 위험 요소의 리스트를 준 것이 있다. 핵무기는 몇 번째 순위에 들어가야 하는지 정하라는 과제를 주었다.

일반인들은 핵무기를 첫 번째로 가장 위험한 무기로 지정한 반면, 과학자들은 20위로 지정했다. 일반인들은 90가지 위험 요소들 중에서도 핵무기를 가장 첫 번째로 뽑았다. 이렇게 감정과 경험 부족은 우리의 두려움에 많은 영향을 미친다.

가끔 아무런 근거도 없는 두려움이 사람들의 머릿속을 위협하기도 한다. 아동 성범죄자 5만 명이 인터넷에서 활동하고 있다는 발표가 있었다. 인터넷이 일상생활에 큰 부분을 차지하는 현대 사회에 매우 끔찍한 일이 아닐 수 없다. 특히 어린 자녀를 둔 부모에게는 악몽 같을 것이다. 하지만 뉴스나 정부의 발표에서 언급하는 이 숫자는 그 어떤 연구도 입증된 사실도 없다. 단지 두려움의 요소가 많아지면서 이 숫자를 사실인 것처럼 받아들이는 것뿐이다. 다니엘 가드너의 책 《두려움의 과학 Science of Fear》을 보면 "인터넷은 유용한 도구이지만 악용이 될 수 있다. 마이 스페이스 같은 웹사이트에는 5만 명의 아동 성범죄자들이 활동한다."라는 내용이 있다. 하지만 그 어떤 통계도 이렇게 깔끔하게 나올 수가 없다. 또한 나는 방송에서 홀수 번호를 사용해 통계를 사실처럼 보이도록 꾸미는 것을 알기에 의심을 할 수 밖에 없다.

불안한 마음으로 인생을 살아가면 두려움이 커져 사업을 시작하거나, 이직을 하거나, 적금을 붓기 시작하는 일이 힘들어진다. 그리고 두려움이 우리의 뇌를 지배하면 용기를 낼 수 있게 하는 뇌의 부분이 활동을 멈춘다. 그렇다면 두려움을 없애고 용기를 내려면 무엇을 해야 할까? 먼저, 제1장에서 시작한 것처럼 놓칠 수 없을 만큼 유혹적인 상상을 하는 것이다. 두려움이 생각을 방해할 때 마음을 다잡기 위해 우리는 '선명하고 간결하게 실행하라' 방식을 먼저 배운 것이다. 이 방법에 대해 예를 들어보겠다.

로렌스라는 한 남자는 맞춤 옷장과 선반 사업을 성공적으로 운영하고 있었다. 그는 타고난 디자인 감각과 손재주로 많은 손님들을 얻는데 성공했다. 하지만 경기가 나빠지면서 로렌스는 패닉에 빠졌고 아무런 변화 없이 그저 견뎌 낼 수 있는 방법만 찾았다. 그는 새로운 손님을 겨냥해 광고를 하고 값을 내리는 방법을 택하지 않고, 직원 수를 줄이며 경기가 좋아지기만을 기다렸다.

그의 사업은 점점 힘들어졌고 모든 것을 잃기 전 나에게 도움을 요청했다. 언제나 그랬듯이 출발점은 CSE 모델을 만들어 자신이 놓치고 있는 가능성을 보는 것이었다. 힘든 경제 상황에 집착했던 그는 '선명하게' 자신의 목표인 '사업을 한 단계 발전시키기'를 상상하며 그동안 필요로 했던 희망을 보기 시작했다.

로렌스는 자신의 단정적인 추측을 집어내어, 경제가 나빠지고 있으니 사업도 망하게 될 것이란 생각에 아무런 근거가 없음을 인식했다. 그는 힘든 시기에도 성공한 사업들을 찾아보면서 자신의 생각이 잘못되었음을 깨닫게 되었다. 그의 생각은 입증된 사실이 아닌 두려움에서 시작되었고 그의 근본적인 두려움은 실패에 대한 두려움이란 사실에 눈을 뜬 것이었다. 로렌스는 자신이 얼마나 많은 에너지를 두려움에 쏟았는지 확인한 후 의식적으로 두려움을 제거하는 연습을 시작했다. 그는 경제에 대한 뉴스나 인터넷 신문을 읽는 시간을 줄이고 주식 확인을 자제했다.

이렇게 부정적인 요소들이 사라지자 그는 사업을 위해 새로운 아이디어를 내는 것에 집중 할 수 있었다. 뉴스에서 눈을 떼자 시간이 넉넉해진 것이다.

로렌스는 그의 목표로 가는 길을 '간결하게' 하기 위해 좋은 아이디어를 생각해 냈다. 그는 맞춤 제작 선반처럼 보이는 DIY 수납장을 만들어 저렴한 가격으로 판매하기로 했다. 그는 곧바로 시간표를 짜고, 예산과 광고까지 정해 계획을 짰다. 로렌스가 자신의 계획을 실천하자 새로운 손님들이 그를 찾았고 지역 체인점에서 그의 수납장을 대량 판매하기 시작했다.

두려움을 극복하기 위해서 실천 할 수 있는 여러 방법을 소개한다.

■ 뉴스를 멀리하라. 당신이 뉴스에 민감하다면 뉴스나 온라인 신문을 일주일 동안 피하는 것이 좋다. 이것이 불가능 하다면 시간을 정해놓고 보는 등 가급적 자제하자.

■ 자랑 일기를 만들어 현재 자신의 인생에 대한 자랑거리들을 써놓아라. 자신이 감사하는 것들, 가족이나 건강, 다가오는 여행 계획, 사랑하는 연인, 예쁜 와인 잔, 맛있는 다크 초콜릿 등 무엇이던 좋다. 감사함을 느낄 때 두려움은 존재하기 힘들다.

■ 좋아하는 음악을 들어라. 자신을 편하게 해주고, 즐길 수 있고, 영감을 주는 음악이라면 록, 재즈, 클래식, 트로트 모두 좋다. 음악을 들음으로써, 라디오나 뉴스를 멀리할 수 있다면 일석이조다. 가능하다면 일을 하는 동안에도 음악이 흐르게 하라. 소리가 아주 작아서 들리지 않을

정도라도 음악에는 엄청난 마법이 숨겨져 있다.

■ 당신의 CSE 계획을 세워라. 아직 종이에 옮기지 않았다면 이전 장으로 되돌아가 지금 실천하라. 당신의 선명한 목표와 지름길 그리고 실천 방법들을 적어 그림을 그려 넣거나, 블로그를 만들거나 포스터를 만들어 화려하게 꾸며보자.

두려움의 먼 기억

행복했던 기억이 얼마나 큰 힘을 갖고 있는지 생각해보라. 어릴 적 운동회에서 일등을 한 적이 있는가? 작지만 어른이 된 지금도 자랑거리로 삼는 일등의 기억 말이다. 나는 운동 신경이 뛰어나지 않지만 10살이었던 여름, 동네 수영 팀에 들어가 배영으로 여러 상을 받았다. 그 상장들과 10년간의 발레 레슨을 통해, 나는 수영을 잘하고 춤을 잘 추는 사람이라는 자부심을 평생 동안 갖게 되었다. 비록 현재는 배영으로 수영장을 10번도 완주하지 못하고 마지막으로 춤을 춘 기억이 3년 전이지만, 나는 아직도 나의 재능을 믿고 있다.

그렇다면 두려움과 긴장의 부정적인 기억의 힘은 얼마나 될까? 자연적 보호 본능으로 인해 두려움은 우리의 기억 속에 매우 강하게 남아서 이웃집 수영장에 빠졌던 일이나 큰 개에게 물렸던 기억이 점점 부풀려지기도 한다. 굴욕감 또한 우리의 아주 오래된 생존본능으로 두려움에 큰 영향을 미치는 감정이다. 학창 시절 인기 많던 학생들에게 괴롭힘을 당했던 기억이나 골목대장과 싸움에 휘말렸던 기억이 있는가? 그런 기억은 세세한 작은 부분까지도 기억되는데 어른이 되고 난 후 기억을 떠올리면 화가 나거나 창피함을 느끼기도 한다.

어른이 되어 실제 위협이 사라진지 오래 되어도 그때의 두려움은 우리의 무의식 속에 숨어 있을 수 있다. 자신의 아이들에게 물놀이를 금지하거나, 사람들 앞에서 발표를 미루거나, 좋아하는 사람에게 고백하지 못하는 것도 과거의 비슷한 두려움을 겪었기 때문이다. 우리가 과거의 아픔을 현재의 삶에 이입시킬수록 우리가 원하는 삶을 위한 변화를 실천하기는 더욱 힘들어진다. 더 나아가 우리는 두려움을 극복했다면 느낄 수 있는 행복과 성취감을 자신에게서 빼앗는 것이다. 사람의 뇌가 기억을 정리하고 통합하는 방법을 보면 극복되지 못한 두려움은 점점 커지기만 할 뿐이란 걸 알 수 있다.

사람의 뇌는 '공포 기억 강화' 를 통해 사건과 기억을 정리해 정보로 만든다. 이때 고통, 거절, 굴욕과 실패처럼 강렬한 기억에서 얻은 정보들은 뇌의 편도체에 남아 우리가 필요할 때 쉽게 꺼내 이용할 수 있도록 정리된다. 이 능력은 우리가 '악어는 위험하니 가까이 가면 안 된다' 와 같은 정보를 기억하기 위해 매우 중요하다. 하지만 위협이 사라지고 정보만이 남을 때, 우리는 두려움을 쉽게 기억해내어 상식보단 감정적으로 반응하게 된다. 이런 능력이 없었더라면 우리는 이미 악어에게 잡혀 먹혔을지도 모르니 다행이라 생각해야겠다.

인간의 기억 강화 과정을 보면, 시간이 지나면서 두려움을 키워 아무 상관이 없는 일에도 두려움의 정보를 쓰려고 한다는 것을 알 수 있다. 과학자들은 우리가 처음 만들어진 초기의 기억들을 사용해 기억을 상기시켜 정보를 이용 한다고 생각했다. 하지만 지금은 연구를 통해 초기의 기억이 아닌 마지막으로 만들어낸 기억을 사용한다고 믿게 되었다. 이 말은, 우리는 알지도 못하면서 예전 기억에 새로운 숨을 불어 넣어 더욱 크고 강하게 만들고 있다는 것이다. 그리고 그 기억들을 다른 상황에 개입시켜 성장을 방해하고 수렁에 빠져간다.

르네의 상황을 예로 들어 보겠다. IT 개발 회사의 마케터로 일하던 그녀는 항상 그 직업이 자신과 어울리지 않는다고 생각했다. 그녀는 규모가 작은 회사가 자신에게 더 어울린다고 생각했지만 유망한 직업을 그만 두게 되면 패닉에 빠지게 될 것 같아 괴로운 직장 생활을 계속했다. 르네는 회사 생활이 점점 불행지면서, 새로운 직장으로 옮기는 것을 꿈꾸었다. 하지만 그녀는 좋은 실력과 연줄이 있음에도 이직을 쉽게 실천하지 못했다. 그녀는 4년이 지나도록 그저 새로운 직장에 대한 꿈만 꾸었다. 도대체 무엇이 문제였을까?

나와 그녀는 문제점을 찾기 위해 노력했다. 르네는 CSE 프로필을 작성했고, 자신이 현재와 미래의 직장에서의 실패를 두려워 한다는 것을 알아내었다. 하지만 그녀를 붙드는 이유는 이 뿐만이 아니었다. 그녀가 새롭게 이력서를 작성하고 직장을 찾기 전에 어떤 기억 속의 두려움이 그녀를 얽매고 있는지 알아야했다.

진실과 기억의 차이

혹시 예전의 TV 광고를 기억하는가? 오페라 가수나 팝가수가 노래의 하이라이트를 부르며 고음을 멋지게 처리하면 "진짜일까 메모렉스 Memorex 일까?"라는 문구가 나타나면서 끝난다. 그녀가 정말 노래를 부르는 것인지 테이프에 맞춰 립싱크를 하는 것인지를 묻는 질문이었다. 이 광고를 통해 그들이 말하고자 했던 포인트는 어느 누구도 그녀의 노래가 진짜인지, 테이프인지 구별할 수 없다는 것이었다. 이처럼 르네의 이직에 대한 불안감도 점점 부풀러 올라 그녀가 느끼는 두려움에 신빙성을 더했다.

하지만 그 감정들은 단지 예전에 느꼈던 것이고, 시간이 지나면서 점점 강해진 과거의 두려움의 잔상일 뿐이다. 그러므로 우리의 행동들은 오늘 한 결정에 대한 두려움이 아닌 기억 속 두려움에 대한 반응인 것이다.

르네는 이런 사실을 알게 된 후에도 새로운 직장을 찾는 것을 망설였다. 그래서 우리는 그녀의 기억을 조금 더 파고들어 기억의 늪을 파헤치기로 했다. 이는 자신의 심리를 파악하고자 긴 시간을 쓸 필요 없이, 간단한 질문만으로 가능하다. 올바른 질문을 하면 필요한 답을 얻을 수 있다. 다음은 르네가 CSE 프로파일에 맞춰 사용했던 질문들이다.

■ 선명하게 두려움을 바라보라:

이직을 생각할 때 어떠한 두려움들이 나타납니까?

■ 간결하게 기억을 떠올려라:

그와 같은 두려움들을 느꼈던 과거의 일들은 무엇인가요?

■ 실천으로 기억을 바꿔라:

무엇을 해야 그 두려움을 없앨 수 있을까요?

르네는 자신의 과거 속 두려움을 재빠르게 찾아냈다. 그녀의 가족은 공군 파일럿이었던 아버지 때문에 2년에 한 번씩 이사를 가야 했다. 사춘기 시절동안 2년에 한 번씩 새로운 곳에서 다시 친구를 사귀고 새로운 환경에 적응해야 했던 것이다. 어떤 사람들은 적응력이 빨라 괜찮을 수 있지만, 르네에게는 고문과도 다름없었다.

르네는 자신이 변화보다는 일관성 있는 것을 좋아하고 자신의 아이들에게는 절대로 자신과 같은 유년 시절을 보내게 하고 싶지 않다는 걸 알고 있었다. 하지만 설마 어릴 적에 느꼈던 짐을 싸서 새로운 곳으로 떠난다는 두려움이 어른이 된 현재 직장에까지 영향을 줄 거라는 것은 상상도 하지 못했다. 그녀는 자신의 기억 속 두려움을 바라보며 자신이 얼마나 어릴 적 상황을 크게 부풀려 생각하며 그때의 불안감을 인생의 다른 부분까지 개입시켰는지를 알 수 있었다.

우리는 두려움을 극복한다고 이야기한다. 이 말에는 과학적인 근거가 있는데, 똑같은 일에 두려움 없이 반응하게 되면 공포의 효력이 떨어진다는 연구 결과가 있다. 러트거스 대학교Rutgers University 의 데니스 패르 박사는 두려움을 극복하기 위한 세포를 찾아내는 연구를 하며 "자료 분석에 의하면 '사람은 두려움을 잊어버리는 것이 아니라 두려워하지 않는 법을 배워간다' 라고 밝혔다.

군인들은 전쟁터에 나가 큰소리에 대한 두려움을 생존반응으로 배우게 된다. 집에 돌아오면 이제 큰 소리를 두려워 할 필요가 없다는 것을 깨닫고, 두려움을 최소화 하는 방법을 배워야 한다. 물론 외상 후 스트레스 장애는 가볍게 다룰 수 있는 문제는 아니다. 내가 전하고 싶은 말은 이런 큰 장애물도 꾸준한 치료와 관심으로 이겨 낼 수 있다는 것이다.

기억 속 두려움이 시간이 지나면서 강화되듯이 이를 없애는 것에도 시간이 필요하다. 이는 카우보이들이 말에서 떨어진 후 다시 올라서는 법을 배우는 것과 비슷한데, 결국 말에서 떨어지는 두려움을 이겨내야 한다. 르네는 집을 리모델링하고 새로운 헬스장에 등록하면서 인생의 변화가 나쁘지 않다는 것을 배웠다. 그녀는 결국 여러 곳을 알아본 후 자신의 적성에 맞는 비영리 마케팅 단체에서 일하게 되었다.

RISK TAKER'S Tools

〈기억 속의 두려움을 최소화하다〉

기억 창고를 뒤져 어떤 두려움들과 불안들이 당신의 현재 행동에 영향을 미치는지 알아보자. 다음 목록을 보고 당신이 이런 상황을 겪어본 적이 있는지 확인하라.

1. 사고로 크게 다친 적이 있다.
2. 이혼이나 죽음으로 인해 사랑하는 사람을 잃은 적이 있다.
3. 자신이나 가까운 사람이 큰 병을 앓은 적이 있다.
4. 레저스포츠를 즐길 때 큰 사고를 간신히 피한 적이 있다.
5. 지진이나 태풍 같은 자연 재해를 겪은 적이 있다.
6. 친구나 동료들 앞에서 창피를 당한 적이 있다.

7. 정말 좋아하던 사람에게 차인 적이 있다.
8. 중요한 시기에 의견과 존재를 무시당한 적이 있다.
9. 시험이나 경쟁에서 실패 한 적이 있다.
10. 폭력이나 범죄의 피해를 입은 적이 있다.

감사하게도 이 중 당신에게 해당하는 상황이 없다면, 가장 자신의 상황에 맞는 기억을 떠올려라. 너무 깊게 그 상황을 기억하지 말고 그냥 떠오르는 장면만 생각하면 된다. 그리고 자신의 기억 속 두려움을 최대한 자세하게 글로 표현해 보자. 글을 쓰면서 이 질문들에 대한 답을 찾아라.

■ 내 기억과 실제 상황이 뒤바뀐 것은 아닌가?
■ 내 기억은 정확한가? 실제로 일어난 것일까?
■ 내 기억이 시간이 지나면서 부풀려지지 않았나?
■ 내가 기억을 과장시켜, 없었던 일도 있었던 일처럼 기억하지는 않는가?
■ 내가 그 상황과 기억을 변명으로 사용하며 변화와 성장을 방해 하지는 않는가?

이제 두려움을 보호본능으로 알맞게 쓰기 위해, 자신의 기억과 과거의 상황에서 이득이 될 수 있는 부분을 생각해보자. 나 역시 우리에게 일어나는 모든 일에 이유가 있다고 믿는 사람은 아니다. 하지만 모든 일들로 인해 성장한다고 믿는다. 당신은 무엇을 배웠는가? 그 상황에 대해 감사한 점은 무엇인가? 마지막으로 그 두려웠던 상황이 남긴 긍정적인 것들은 무엇이 있는지를 적어보자.

R i s k   R e i n f o r c e m e n t

두려움의 핵심을 알아냈으니 이제는 그 두려움이 다른 모습으로 나타나지 않도록 지금까지 방해 받았던 일들과 다시 나타날 수 있는 방법들을 미리 생각해두자. 두려움을 과거에 남기고 새로운 미래를 향해 간다는 굳은 결심이 필요하다.

꽃을 피우는 아픔보다
봉오리로 남아있는 것이
더욱 고통스러움으로 찾아온다.

— 애나이스 닌 —

CHAPTER 03

부정 반응

나는 가끔씩 휴가를 즐기면서 일도 하는 일석이조의 일을 하기도 한다. 크루즈 유람선에서 사람들에게 할리우드와 즉흥 연기에 대한 강의를 하는 것이다. 쉽게 돈을 번다고 생각할지 모르겠지만, 15년 동안 할리우드 스튜디오에서 고생을 했으므로 이 정도의 보상은 있어야 하지 않겠는가?

이 강의를 하며 항상 흥미로운 것은 실패의 가능성이 많은 새로운 것의 도전에 대한 반응이다. 단지 즐기는 놀이에 불과한 일에도 어떤 사람들은 두려움이 먼저 반응해, 도전에 대해 생각하는 것만으로도 방어적으로 변한다. 나는 이것을 즉각적인 부정 반응INR, Immediate Negative Response 이라 부른다.

INR는 우리 모두가 한번쯤은 겪어 보았을 반응으로, 새로운 것 앞에서 얼어붙거나 피해버리는 것을 말한다. 비록 결과가 좋거나 힘들지 않은 일이라 해도 말이다. 우리가 왜 새로운 운동을 시작하고, 소개팅을 하거나, 연기 강의를 들어야 하는지 생각도 하기 전에 두려움은 우리의 마음을 닫아 버린다. 감정적으로 행동하고 INR에 정복당하면 성장의 기회를 놓치게 되고 소소한 즐거움도 사라진다.

INR은 어디서 오는 것일까? 갑자기 생긴 버릇일까? 아니면 집안의 유전으로 가족들 모두 새로운 도전 앞에 부정적으로 반응하는 것일까? 혹시 두려움에서 오는 것인가? 그렇다면 무엇이 두려운가? 어쩌면 당신은 도전을 생각하기도 전에 다른 사람들의 제안과 충고를 듣는 것을 거부하지 않는가? 다른 사람들에게 새로운 일을 추천 받기를 거부한다면 그것은 너무나 아까운 일이다. 당신은 지금 인생에서 가장 재밌는 일을 지나치고 있을 지도 모른다.

스페인을 유람하며 즉흥연기에 대한 강의를 하던 중 '벤치에 앉자' 연습을 시작했다. 두 참가자들이 벤치에 앉아 대화를 나누는 설정이다. 우선 각자 유명한 연예인을 고르고 대화가 시작되면 자신이 고른 유명인의 성대모사를 하며 즉흥적으로 대화를 하는 것이다. 예를 들어 테레사 수녀와 마이클 잭슨이 첫 데이트에서 공원 벤치에 앉아 대화를 하는 모습을 상상해 보라.

더욱 재밌는 것은 참가자들이 스페인, 영국, 이스라엘, 독일, 네덜란드, 중국 등 각국에서 모인 사람들이었다는 것이다. 그들의 영어는 완벽하지 않았지만 통역이 언제든지 가능했으니 아무 상관이 없었다. 그들은 자유롭게 자신이 고른 연예인을 연기하며 즉흥으로 대화를 이어나갔다.

참가자 중 예순이 넘었지만 여전히 사랑스런 모습의 이탈리아 여성이 있었다. 그녀의 남편은 그녀가 신나게 벤치에 앉아 셜록 홈즈를 연기하는 모습을 옆에서 지켜보았는데 그의 얼굴에는 '여기서 제발 날 좀 꺼내줘' 라는 생각이 가득 차 있었다. 부인은 남편의 이런 모습이 새롭지 않다는 듯 신경을 쓰지 않고 연기를 즐겼다. 나는 그들을 보며 사람들이 도전에 얼마나 다르게 반응하는지 알 수 있었다. 그녀는 도전을 신나는 놀이로 가볍게 생각했고 남편은 창피 당할 수 있는 기회로 받아들였다. 부인은 도전에 바로 몸을 던졌지만 그는 두 번 생각할 필요도 없이 거부했다. 나는 그의 행동이 특징적인 INR인 것인지, 아니면 부인의 어색한 연기가 보기 거슬렸던 것인지 알 수 없었다.

이제 INR을 뒤집어 인생에 새로운 즐거움을 더할 수 있는 방법에 대해 배워보자. 또한 당신이 수렁에 빠지게 된 이유를 찾아내어 당신을 구할 수 있는 방법을 찾을 수 있다. 이제 부정적인 생각과 변명들에 작별의 인사를 할 준비를 하자.

R I S K T A K E R ' S T o o l s

〈즉각적인 부정 반응을 이겨내자.〉

INR을 이기기 위해 도전할 수 있는 일들을 생각해보자

1. 즐거운 도전을 찾아보자. 신체, 교류, 지적인 활동들을 찾아 참여해

보자. 신체적인 활동으로 암벽 등반, 서핑, 스카이다이빙 등이 있고, 교류 활동으로 친구들을 파티에 초대하거나 댄스 교실을 다닐 수 있다. 지적 활동을 위해 새로운 언어를 배우거나 강의를 듣고 지역 신문에 글을 써 보내는 것도 좋다.

2. 만약 두려움이 당신을 잡고 있다면, 이 질문들을 생각해보라. 어떤 일이 일어 날 수 있는가? 가장 나쁜 결말은 무엇인가? 얼마만큼 대처할 수 있는가? 만약 사람들이 당신의 춤추는 모습을 보고 비웃는다 해도 그게 정말 큰 문제일까? 아마 아닐 것이다. 스카이다이빙에 도전하고 싶은데 무섭다고 생각할 수도 있다. 분명 죽음은 댄스 실력을 무시당하는 것보다 두려운 일이지만, 현실에서 일어날 확률은 매우 적다. 매년 300만 명 중 27명이 스카이다이빙 사고로 사망한다. 이 확률을 알고 나서도 두렵다고만 할 것인가?

3. 책임감을 자극하라. 언제 어디서 누구와 도전을 실천할 것인지를 정해 미리 약속을 잡아라.

나는 낙하산을 매고 하늘에서 뛰어 내릴 계획은 없지만 3년 동안 운동에 대한 두려움으로 미뤄 왔던 필라테스를 시작할 것이다. 어쩌면 세무관계 프로그램을 배울 수도 있고, 말이 나온 김에 프랑스어 학원에 등록할 지도 모른다.

RISK TAKER'S TIP

도전하는 것이 즐겁다는 것을 알게 되면 당신의 인생에 끝없는 가능성이 열린다. 실패한다 하더라도 사람들에게 웃음을 주었다고 생각하며 넘기면 그만이다. 한동안 긍정적인 변화나, 대화, 일, 아이디어에 무조건

YES!를 외쳐보는 것이 어떨까? 어차피 '예스맨'으로 잠시 변해도 잃을 것이라곤 INR뿐이 없지 않은가?

강한 저항력의 길

다른 사람들처럼 나의 가정사 또한 내 인생에 도전을 위한 자신감을 심어주기에 좋은 환경은 아니었다. 나의 부모님은 항상 새로운 문제를 해결하거나 서로를 법원으로 끌고 다니기 바빠서 나에겐 그저 사고치지 않고 적당한 성적만을 요구하셨다. 나는 최선을 다해 사는 법을 배우지 못했고, 어른이 되어서도 살아남기 위해서는 눈에 띄지 않고 적당하게 살아야 한다고 믿었다. 하지만 의욕적으로 할리우드의 홍보 기획자가 되고나서는 두려움을 떨치고 스튜디오 세 곳의 홍보 책임자가 되었다.

가능론자possibilitarian 가 되라.

– 노먼 빈센트 필

INR이라는 말은 이 당시 큰 내부 부서 및 외부 프리랜서들과 기획사들을 관리하다 만들어진 것이다. 나는 새로운 광고나 반짝이는 아이디어가 필요할 때 큰 모험을 하는 것을 두려워하지 않았다. 스튜디오 건물 옥상에 새로운 방송의 광고 이미지를 그려 넣어서 교통 상황이나 뉴스를 찍는 헬리콥터 카메라에 잡힐 수 있도록 만들었고, 여성 슈퍼히어로나 유명 여배우들을 여성 관련 캠페인 모델로 기용했다. 나는 뛰어난 감각과 빈틈없는 계획을 믿었고 팀 멤버 모두 똑같이 모험을 하길 원했다. 개인적인 삶에서는 그렇게도 힘들었던 두려움에 대한 극복이 직장에서는 한순간에 이루어졌다.

아이러니 하게도 방송 기간이 길어질수록 광고 아이디어가 고갈된다. 나는 참신한 아이디어를 가져오는 사람에게 두 사람분의 저녁을 대접하거나 현금 100불을 주겠다고 제안한 적도 있다. 나는 새로운 시즌이 올 때마다 세상에 있는 모든 가능성을 생각할 때까지 불가능이란 단어에 굴복하지 않기로 다짐했다. 만약 동료들이 불가능의 이유로 약해질 때면 나는 'INR 금지법'을 사용했다. 나는 꿈이 작은 사람들의 변명으로 인해 창의력을 잃기 싫었다. 그들은 항상 어려운 길을 피할 수 있는 방법들만 제시했다.

- 한 번 정도 시도했는데 실패했다.
- 이미 경쟁사에서 비슷한 시도를 했다.
- 아무도 시도한적 없으니 불가능 할 것이다.
- 상사의 마음에 들지 않을 수도 있다.
- 실패한다면 무척 창피할 것이다.
- 돈/ 시간/ 노력이 너무 많이 필요하다.
- 다른 할 일이 너무 많아 집중 할 수 없다.

하지만 사실 나에게는 색다른 광고를 만들어내는 것이 그리 어려운 일은 아니었다. 진심으로 원하지 않는 것을 대할 때 얼마나 일이 간단해지는지 생각해 보라. 별로 지원하고 싶지 않았던 회사의 면접은 쉽다. 소개팅 상대방이 맘에 들지 않을 때는 행동에 신경을 쓰지 않아도 되서 피곤하지 않다. 나에게 있어 방송사란, 결과에 대해 아무런 부담도 느끼지 않는 곳이었다. 나는 창의력 있는 사업가가 되는 꿈을 꾸며, 코칭과 상담을 통해 사람들을 성공적인 인생으로 이끌어 주고 싶었다. 하지만 그전에 나는 두려움과 저항력을 이겨내야 했다. 나 또한 INR을 극복해야 했던 것이다.

- 사업을 시작하기에는 나이가 많다.
- 가족을 위해 안정적인 월급이 필요하다.
- 누가 돈을 내고 날 찾아올까?
- 사업가의 길은 어려울 것이다.
- 난 사업에 대해 아는 것이 없다.

유니버셜 TV 마케팅 부서를 담당하고 있을 당시, 드디어 나의 INR를 극복 할 수 있는 기회가 찾아왔다. 미디어 업계의 전설인 베리 딜러 Barry Diller 가 TV 그룹의 지분을 인수했을 때, 나는 이미 인생에 변화를 원하고 있었다. 나의 결심을 우주가 합작하여 테스트라도 하는 것처럼 새 인수 기업에서 나에게 승진의 기회를 제안했다. 많은 파워를 가질 수 있는 자리였지만 나는 이 길을 계속 가야 하는 지 알 수 없었다.

하지만 나는 베리 딜러와의 인터뷰를 위해 예정대로 뉴욕으로 향했다. 그가 나에게 승진을 제안했을 때 나는 하루의 시간을 달라고 부탁했다. 나는 맨하탄의 거리를 활보하며 내가 정말로 이 일을 원하는지 곰곰이 생각했다. 물론 쇼핑 또한 즐기면서 말이다. 먼저 이 일을 받아들여야 하는 이유를 상식적으로 생각했다. 연예계를 대표하는 사람들과 일을 할 수 있는 장점, 명예와 유명세 그리고 엄청난 보너스까지 이 일을 택할 이유가 넘쳐났다. 하지만 나는 저기 먼 곳에서 들리는 '새로운 경험에 도전하라' 는 작은 목소리를 무시 할 수 없었다.

나는 그때까지 새로운 도전을 원할 때마다 INR에 굴복하여 '안전하게' 나 '꿈은 그저 꿈일 뿐' 이라는 생각을 하게 되었다. 그로 인해 내가 원하지 않는 삶으로 이어진다고 해도, 모르는 길로 들어서는 것보다 안전했기 때문이다. 그래서 나는 또 다시 새로운 도전을 포기하고 딜러씨가 제안한 일을 받아 들여야 할 이유를 생각하고 있었다. 머릿속에서 작은 목소리가 새로운 도전을 권유할 때마다 나는 그 목소리를 밀어내려 노력했다. 게다가 INR이 정곡을 찌르며 "이런 기회가 두 번 다시 찾아오지 않을 텐데 거절 한다는 것은 미친 짓이야. 그리고 넌 다른 일을 할 수 있는 능력도 없어"라고 나를 더욱 설득시켰다.

사실 나에게는 승진 기회를 잡아야 할 이유가 많았다. 경제적으로 더 부유해질 수 있는 기회이기도 했다. 하지만 지금의 일을 쉽게 포기 할 수 없었다. 머리는 마음을 말리려 했지만 나는 내가 정말 원하는 목표를 그리며 집중하기 시작했다. 사람들을 가르치고, 책을 쓰고, 꿈을 이룰 수 있는 방법을 강의하고 코치하는 상상을 했다. 예전부터 이루고 싶었던 꿈들이었지만 이젠 손에 잡을 수 있는 목표가 된 듯 했다.

긴 방황이 끝나고 나는 베리 딜러의 사무실로 돌아가 그의 제안을 거절했다. 그는 "당신이 그러고 싶다면 그래야지"라고 성자처럼 대답했다. 나는 미소를 참으며 뒤돌아서서 두려움과 저항을 뒤로한 채 새로운 길을 향해 출발했다.

당신의 변명은 무엇입니까?

우리가 INR에 현혹되며 새로운 길을 개척하기 힘들어 하는 이유는 무엇일까? 왜 변화를 필요로 하면서도 반대하는 이유를 너무나 많이 만드는 것일까? 그것은 두려움의 강력한 영향 때문이다.

제2장에서 보았듯이 어릴 적 기억이 현재의 두려움의 이유가 되는 것은 우연이 아니다. 물에 빠지거나, 엄마를 잃어버린 기억, 차에 치여 다친 기억처럼 강력한 기억은 우리를 또 다른 위험으로부터 지켜줄 보호막으로 변신한다. 하지만 우리는 가끔 두려움의 경고를 실질적인 위협이 아닌 다른 도전들과 연관 짓기도 한다.

이 장은 당신이 의심과 불안을 버리고 새로운 길을 개척할 수 있도록 도와 줄 것이다. 먼저 많은 사람들이 자신의 INR를 정당화시키기 위해 사용하는 변명들을 보자.

솔직히 많은 변명의 이유들은 정당한 사실이다. 실제로 당신은 지금 인생을 바꿀 시간이나 능력이 없을 것이다. 그렇다면 시간을 만들고, 능력을 키워 외부 상황에서부터 변화를 시도하던지 내부적인 기대부터 바꿔라. 만약 회사를 다니는 당신이 공부를 다시 하고 싶다면 상사와 상의해 근무 시간을 조정하거나, 인터넷 강의를 듣고, 가족들에게 학교와 일에 집중할 수 있도록 도와 달라고 요청하라. 아니면 졸업을 하겠다는 목표를 조금 미루고 한 과목씩 듣는 것도 좋은 방법이다.\

열정적으로 타오르지 않으면 열정적으로 해고될 것이다.

– 빈스 롬바르디

나의 친구인 신디아 리버맨은 대학을 졸업하기까지 20년이 걸렸다. 그녀는 할리우드 마케팅 세계에서 성공했지만, 공부를 손에서 놓지 않고 꾸준히 노력해 온 것이다. 그녀는 INR에 지지 않고 노력한 결과 학사모를 쓰게 되었다. 그리고 바로 대학원에 지원했다. 그녀는 자신의 목표를 길게 세워 달성한 표본이다.

모든 가능성을 테스트하기 전 부정적인 마음에 굴복한다면 당신은 도전에 대한 책임감과 노력을 모두 두려움에게 빼앗기는 것이다. 당신은 간절히 원하는 목표를 눈앞에 두고 그렇게 쉽게 포기할 수 있는가?

RISK TAKER'S TIP

대부분의 사람들은 자신에 대한 올바른 질문을 모르기 때문에 목표 선정에 실패한다. 개인적인 것이나 일에 대한 목표를 세울 때 이 세 가지 질문을 기억하라. 만일 이 중 하나라도 '아니요'가 답이라면 목표를 고쳐라.

1. 이 목표에 대한 열정이 있는가?
2. 나의 힘으로 이룰 수 있는 목표인가?
3. 성공을 확연히 알 수 있을 만큼 목표가 뚜렷한가?

우리는 INR에 지고나면 변명 거리를 만들어 더 이상 이와 관련해 생각하지 않을 이유를 만든다. 변명의 전문가 C.R. 시드너 박사는 캔자스 대학University of Kansas 에서 심리학 교수이자 임상심리학 석사 프로그램의 책임자였다. 그는 평생 동안 변명에 대한 연구를 하며 변명을 이겨낼 수 있는 방법을 사람들에게 제시했다. 그는 변명이 어릴 적 주위 사람들의 기대를 인식하면서부터 시작된다고 믿었다. 부모님과 선생님 같은 어른들의 기대에 따라 아이들도 자신의 기대치를 형성하는 것이다. 학교에 입학할 나이가 되면 기대치가 완벽하게 형성되고 곧 자기비판이 따르게 된다. 어린 마음에 실패란 커다란 시련이 될 수도 있다. 그리고 이런 일들을 통해 변명을 하는 법과 행동들을 익히게 된다.

시드너 박사는 3가지 원초적 변명을 제시했다.

■ 책임회피: 나는 기둥에 거의 닿지도 않았으니 뒷 범퍼에 스크래치는 아내가 낸 걸 거야.

■ 이 정도는 괜찮아: 아이스크림도 남겼고 케이크도 한 조막만 먹었으니 다이어트에 문제가 되진 않을 거야.

■ 경감사유: 만약 우리 부모님이 부담을 주지 않았다면 시험 점수가 더 잘 나왔을 거야.

시드너 박사는 오랜 시간동안 변명을 연구하면서 변명의 반대말인 '희망' 에 대해 흥미를 갖기 시작했다. 그는 희망이론에 대한 선구자로 희망의 중요성과 희망이 우리의 목표를 이루는데 하는 역할에 대해 연구했다. 나 또한 희망이 인생에서 꼭 필요한 연료라고 믿으므로, 그의 이론을 나의 책 《희망과의 여행 Traveling hopefully》의 중요 자료로 이용했다.

> 가끔은 나도 끔찍한 어린 시절을 보냈으면 좋았겠다고 생각한다. 그러면 변명거리라도 있지 않겠는가.
>
> – 지미 펄론

시드너 박사는 희망은 목표 성취에 중요한 동기부여가 된다고 했다. 희망은 목표를 향한 길을 개척할수 있도록 도와 주고 그 길을 갈 수 있는 의욕을 준다. 이 말은 '뜻이 있는 곳에 길이 있다' 라는 말과 같은 뜻이다.

나의 친구 제니퍼와 맥스 부부의 이야기를 예로 들겠다. 맥스는 산악과 암벽 등반을 즐겨했는데, 제니퍼에게 동참할 것을 권유했다. 고소공포증이 있던 제니퍼는 항상 "산 위는 너무 추워." "우리 집에는 산악을 했던 사람이 없어." "나는 너만큼 체력이 좋지 않아."라는 변명들로 약속을 미뤘다. 변명거리가 떨어지자 그녀는 자신이 INR에 지고 있다는 것을 인정할 수밖에 없었다. 그래서 그녀는 가끔 맥스를 따라 산을 오르기도 하고 맥스가 암벽을 오르는 모습을 보며 감탄하기도 했다. 하지만 마음을 먹고 산에 가더라도 맥스를 따라 정상까지 올라야 할 것을 생각하자 패닉상태에 빠져 실패를 거듭했다. 이런 일들이 반복되자 맥스가 야외 활동을 권유할때마다 생각도 하지 않고 단번에 거절하게 되었다.

하지만 그녀는 제5장에서 언급될 '스트레스 해소' 기술을 이용해 한 걸음씩 내딛기로 했다. 서서히 언덕을 오르는 것에 익숙해 졌고 곧 맥스와 함께 높은 산을 오를 수 있었다. 그녀는 암벽 등반이나 남편의 새로운 취미생활인 행글라이딩을 시도할 생각은 절대 없지만, 남편과 함께 야외 활동을 하며 휴가를 즐길 수 있게 되었다.

이제 당신이 그동안 써왔던 변명들에 대해 생각해 보자. 자신의 문제를 파악하는 것이 문제 해결을 향한 첫 걸음이라는 것을 명심하라. 다음 변명 중에서 자신이 자주 이용하는 것들이 있나 확인하라. 자신의 상황에 맞도록 설정을 바꿔라.

■ 내가 시간이 조금만 많았더라면 ~ 새로운 직장을 찾았을 텐데/ 가족과 더 많은 시간을 보냈을 텐데.

■ 내가 돈이 더 많았더라면 ~ 여행을 할 텐데/ 아이들과 더 놀아 줄 텐데/ 내 자신을 더욱 가꿀 텐데/ 운동을 시작 할 텐데.

■ 내가 학교를 그만 두지 않았다면 ~ 사업을 시작했을 텐데.

■ 내가 대머리가 아니면/ 뚱뚱하지 않으면/ 키가 작지 않으면 ~연애를 할 수 있었을 텐데.

■ 내가 나이가 많지/ 수줍음이 많지/ 어리지 않으면 ~ 승진을 할 수 있었을 텐데.

혼자만의 생각 속에서, 주변 사람들과의 대화 속에서 이런 변명을 습관처럼 하고 있지 않은지 주위 깊게 살펴볼 필요가 있다. 나는 절대로 모든 것에 도전하라고 권유하는 것이 아니다. 당신이 평생 꿈꿔 왔지만 용기가 없어 실천하지 못한 도전을 말하는 것이다. 내 주변에는 스카이다이빙을 좋아하는 사람들이 있지만 나에게는 비행기에서 뛰어 내리는 것이 즐거운 일이 아니다. 그 도전은 나에게 필요하지도 원하지도 실천해야할 이유도 없다. INR과 상관없이 말이다.

더욱 심하게 막혀 버리다.

수렁에서 빠져나오는 일이 모두에게 같을 수 없다. 대개 세 가지 유형이 있는데 당신이 이해 할 수 있도록 나눠 보겠다. 첫 번째 유형은 '짧은 차질' 유형으로 올바른 도구와 행동으로 실패를 짧은 시간 내에 극복하거나 해결하는 것을 말한다.

제1장에서 성공과 만족 진단표를 작성하며 만났던 제리라는 남자를 기억하는가? 그의 상황을 '짧은 차질'에 대표적인 예로 들 수 있다. 여행 업계에 떠오르는 판매원이었던 그는 판매 실적이 떨어지며 목표 달성에 실패하자 나를 찾아왔다. 업계가 불황을 타 모두 그와 같은 상황이었지만 제리는 자신의 실패를 개인적으로 받아들였다. 그는 자존심이 무너졌고 패닉 상태에 빠져 버렸다.

그는 경제 불황을 직접 느끼며 이것이 업계에서 부르는 'Shoulder Season, 성수기전(성수기와 비수기 사이의 여행 기간)'이라는 것을 기억했다. 제리는 자신의 저조한 판매 실적이 짧은 차질일 뿐이라는 것을 인식한 후 이것이 긴 문제가 되지 않도록 노력했다.

두 번째 유형은 '부분 막힘'인데, 이것은 인생의 여러 부분이 막혀있거나 문제점이 하나뿐인 사람을 이야기한다. 재정문제, 연애문제처럼 다른 모든 것은 수월 하지만 하나의 부분에서만 실패를 거듭한다. 이런 사람들은 이 한가지의 문제에 큰 비중을 두지 않아 자신의 문제를 찾지 못하는 경우가 많다. 남편과 함께 야외 생활을 즐기지 못했던 제니퍼의 경우가 그렇다. 그녀의 문제는 단 한 가지, 두려움의 극복이었다. 이런 경우 제어 할 수 없는 외부적인 상황의 영향이 가장 크다. 사고를 겪거나, 회사가 문을 닫거나, 배우자가 병에 걸리는 상황에서 두려움이 나타날 수 있다. 이런 유형은 조금 더 깊고 강한 치료가 필요 하지만 전체적인 생활은 계속 즐길 수 있다.

마지막으로 세 번째 유형은 '위험한 늪' 유형으로 한 곳에 묶여 오랜 시간동안 움직이지 못하는 사람들을 뜻한다. 원하지 않는 직장 생활을 위해 노력했던 나의 과거를 보면 이 뿌리를 자르지 못해 나의 건강과 인간관계까지 망치곤 했었다. 이런 경우 대부분 문제가 너무 깊어, 자신감과 희망을 잃고 이 문제에 대한 해결책이 있는지 알지 못한다. 겉으로는 성공한 사람일 지라도 내면의 문제가 자신을 삼키고 있을지도 모른다. 더욱 심각한 문제는 이런 유형의 사람들은 자신의 문제를 겉으로 표현하지 않고 혼자 고민에 빠져있다는 것이다. 소통하지 않고 자신만의 고통 속에 살고 있어 주위에서 볼 때는 불만에 차있거나 감사함을 모르는 사람으로 비춰지기도 한다.

이런 심각하고 장기적인 문제가 있을 때 다음과 같은 감정들을 느끼기도 한다.

- 상황이 변하지 않을 테니 그냥 별것 아닌 것처럼 넘겨야 한다.
- 내가 이 상황을 바꾸려고 하면 주변 사람들에게 피해를 줄 수 있다.
- 이보다 더욱 힘들어지면 견딜 수 없을 것이다.

RISK TAKER'S TIP

모두 다 다른 문제를 갖고 있지만 대부분의 사람들이 불편함과 좌절감을 느낀다. 불편함을 느끼는 것에 편해지는 것이 문제를 해결하는데 중요한 과정이다.

수렁의 깊이

수렁에 빠져있는 당신의 생각에 귀를 기울이자. 얼마동안 그 곳에 빠져있었나? 어떤 감정들을 느끼고 있나? 그 감정들이 인생의 다른 부분들까지 영향을 주는가? 당신이 빠져 나오려고 할수록 그 수렁이 당신의 발목을 더 세게 붙잡을 것이다. 해묵은 생각과 INR이 당신의 발을 더욱 더 깊이 박히게 해 빠져 나올 수 없는 늪처럼 만들어 버린다.

지금 당신의 의심을 잠재울 수 있는 도구를 소개하겠다. 시간을 갖고 이 과제를 종이에 적으면서 풀어 나가면 큰 도움이 될 것이다. 당신이 과제를 해결해 나가는 동안 무의식적으로 마음속의 벽이 허물어질 것이다. 또한 당신의 '단정적인 추측'과 '즉각적인 부정 반응'을 눈으로 보고 기록 할 수 있다.

R I S K T A K E R ' S T o o l s

〈수렁의 깊이를 재는 방법〉

당신의 심리 상태를 파악하기 위해 다음 문장을 보고 1부터 10까지 점수를 매겨라. 10은 문장에 전적으로 동의함을, 1은 문장과 전적으로 반대함을 뜻한다. 자신의 감정에 집중하라. 불편함, 수치스러움과 저항을 자유롭게 느껴보도록 하자.

1. 나는 내 상황을 바꿀 수 있을 거라는 희망이 없다.
2. 좋은 아이디어를 생각할 때마다 또 실패할 것이라며 좌절한다.
3. 나는 선명하게 생각하거나 문제 해결을 하지 못한다.
4. 자신감이 점점 줄어든다.
5. 인생에 대해 비관적이다.
6. 나는 이 난관을 혼자 이겨내야 할 것 같다.
7. 나는 망가진 나의 모습이 창피하다.
8. 사람을 대하는 것이 점점 어려워진다.
9. 내 인생에 제대로 된 것들이 없다.
10. 신체적으로도 많이 약해지고 에너지가 부족하다.
11. 일이 재미없고 짜증난다.
12. 변화하지 않으면 곧 끔찍한 일이 일어날 것 같아 불안하다.
13. 아무도 나를 이해하지 못할 것 같아 누구에게도 내 문제를 이야기하지 못한다.
14. 다른 사람의 성공과 행복을 질투한다.
15. 또 다른 잘못을 할까봐 행동 실천을 하지 않는다.

이제 모든 점수를 더해 자신이 어디에 해당하는지 찾아보자.

15-49 **짧은 차질**

현재의 상황에 답답하고 불안감을 느끼겠지만 지금 당신이 겪는 일들은 정상적이고 일시적인 것이다. 친구들이나 동료들에게 그들도 같은 일을 겪은 경험이 있는지 조언을 구하라. 문제의 원인을 자신이 아닌 외부적인 영향에서 찾아보고 책에서 제안하는 연습들을 통해 장기적인 문제가 되지 않도록 주의하라.

50-100 **부분 막힘**

지금의 상황이 자업자득이던지 외부적인 문제이던지 간에 문제 해결을 위한 큰 결심이 필요하다. 당신은 이미 악순환을 끊기 위해 노력했지만 실패할 수도 있다. 자신의 노력이 아무런 결과가 없다면 더욱 더 강하게 밀어붙일 필요가 있다. 두려움을 극복하지 못한다면 작은 부분이었던 이 상황이 당신의 삶 전체를 방해하게 될 것이다.

101-150 **위험한 늪**

당신은 늪에 너무 오랫동안 빠져있어 이겨 낼 수 있다는 믿음을 잃었지만, 주변 사람들에게 실패자로 보이기 싫어 도움을 청하지도 않는다. '선명하고 간결하게 실행하라' 연습으로 돌아가 목표와 계획을 다시 세우고 실천할 준비를 시급히 해야 한다. 자신을 괴롭히는 힘든 일이 아닌 인생의 목표에 집중하면 생각이 바뀌고 자신감을 되찾게 될 것이다. 부정적인 목소리는 지우고 마음을 열고 이 책에서 제시하는 연습을 꾸준히 반복하자.

입에서만 맴돌며 하루 종일 생각나지 않는 단어가 갑자기 머릿속에서 번쩍 떠오를 때가 있다. 사람에 따라 마치 전구가 켜지는 순간이라고 하는데 나는 이를 'V8 순간' 이라고 부른다.

세상에는 두 가지 V8 순간이 존재하는데 둘 다 새로운 시각과 문제에 대한 해결책을 찾는데 도움이 된다. 첫 번째는 머릿속에서 답을 찾기 위해 생각을 하는 타입이다. 이런 과정을 정리하는 법을 이해하면 당신은 더욱 쉽게 답을 찾을 수 있다. 운명의 회전판 Wheel of Fortune 이라는 방송을 떠올려 보자. 퍼즐이 나오고 비어있는 알파벳을 맞추어 단어나 문장을 만들어야 할 때 당신의 머리는 답을 찾기 위해 바쁘게 움직인다. 모음을 찾지 않으면 답을 맞히는 건 어렵겠다고 생각하는 순간 갑자기 단어가 머릿속에 떠오른다. 알파벳 하나도 더하지 않고 퍼즐을 완벽히 맞추었다. 옆에서 같이 퍼즐을 풀고 있던 사람들은 어려운 일이 당신에게는 너무나 쉬어 보여 허탈해 한다.

이 V8 순간을 입증할 수 있는 과학적 증명이 있다. 과학자들은 직감으로 정답을 찾을 때와 체계적으로 문제를 풀 때 뇌의 서로 다른 부분이 사용된다고 말한다. 드렉셀 대학Drexel University 의 존 쿠니오스와 노스웨스턴 대학Northwestern University 의 마크 정-비먼 심리학자들은 연구팀과 함께 퍼즐을 푸는 사람들의 MRI와 EEG(뇌전도)를 검사했다. 두 검사 결과를 비교해보자, 직감적으로 퍼즐을 맞추는 사람들에게 독특한 뇌의 패턴이 있었다. 마찬가지로 체계적으로 퍼즐을 푸는 사람들에게도 전혀 다른 패턴이 있었다.

이런 결과는 뇌에서 사용하는 생각의 부위를 바꾸고 방해를 막으면 더 많은 V8의 순간을 만들어 낼 수 있다는 것을 보여준다. 많은 사람들이 샤워를 하다가 번뜩이는 아이디어를 생각해 냈다는 이야기를 들은 적이 있을 것이다. 샤워를 할 때는 물로 인해 방해하는 생각을 차단하고 집중할 수 있다. 즉 혼자만의 생각을 하기에 적절한 공간이다. 그렇다고 문제가 생기거나 생각을 해야 할 때마다 샤워를 할 수는 없으니 이런 공간을 다른 곳에 만드는 것이 중요하다. 산책을 하거나 음악을 들으며 자기만의 생각 공간을 갖고 떠오르는 아이디어를 적어 행동으로 실천하자.

두 번째 V8 순간은 외부적인 영향, 즉 사람이나 물건을 통해 예상하지 못했던 새로운 방법을 알게 되는 것이다. 당신이 또래보다 뚱뚱하거나 나이 들어 보인다는 것을 알게 해준 동창모임 사진처럼 말이다.

> 나는 비극보다 남겨진 아름다움에 대해 생각 한다.
>
> – 안네 프랭크

나의 이야기를 예로 들어 보겠다. 나는 유니버셜 스튜디오Universal Studios 에서 일하던 시절, 회사로부터 승진을 제안받았다. 나는 승진 발표 때 필요한 증명사진을 준비해야 했다. 사진사는 사진을 찍고 포토샵이 필요한 부분을 표시해 나에게 보여주었는데, 그 사진 속 내 얼굴은 빨간색 펜으로 뒤덮여 온갖 문제점을 지적받고 있었다.

눈 밑의 다크써클을 지우고, 흰 머리를 없애고, 누런 이빨과 충혈된 눈을 보정하고 잔주름을 지우고……. 내 얼굴에는 문제가 너무 많았다. 나는 사진 속 불만이 가득한 뚱뚱한 나의 모습을 보며 울음을 터트렸다.

하지만 그 사진으로 인해 사실을 받아들이고, 이 불행한 직장에서 20년을 더 보내기 전에 변해야 한다는 것을 인정 할 수 있었다.

당신도 이런 비슷한 현실을 친구의 충고나, 사진, 모르는 사람의 지나치는 말 속에서 보게 될 수 있다. 그 선물을 허비하지 마라. 즉각적인 부정 반응으로 그냥 지나치지 말고 아프더라도 가슴속에 새겨라. 편안함은 당신의 적이라는 것을 명심하고 지금이라도 현실을 바라보게 된 것에 감사하라. 다음 장에서 우리는 '모험공포증'에 대해 이야기하며 도전을 향해 다가가는 법, 그리고 지금까지 도전을 피해 온 방법을 찾아 변화를 시작할 것이다.

Risk Reinforcement

지금까지 필기한 노트를 복습하라. 지나친 연습을 마치고 지금까지 알게 된 자신의 두려움을 복습하라. 다시 한 번 자신의 변화를 위해 필요한 것이 무엇이고 실천할 수 있는 방법이 무엇인지 생각하라. 그러고 나서 잠시 주변 환경을 바꿔 가벼운 산책을 하거나 음악을 들으며 V8 순간을 기대하자!

행동에는 위험과 희생이 따른다.
그러나 지금 행동하지 않으면 나중에 더 큰 위험과
희생에 처하게 된다.

— 존 F 케네디 —

CHAPTER 04

모험 공포증

우리는 지금까지 뇌가 어떻게 두려움을 받아드리고 왜 사람들이 변명을 하는지, 그리고 INR이 당신의 성장을 막는다는 것을 배웠다. 이제 잠시 이 모든 것을 잊도록 하자. 지식적인 이해는 문제점을 찾기 위해 중요하지만 수렁에 빠져나오기 위해 가장 중요한 요점은 실천하는 것임을 기억하라. 자신의 행동을 지식을 이용해 이해하려는 것이 당연할 수 있지만, 가끔은 우리가 원하지 않아도 아무것도 모른 채 행동부터 실행해야 하는 일들이 있다.

위의 존 F 케네디의 말을 잘 읽어보라. 이제 당신이 '행동하지 않는 편안함' 에 안주하게 된 이유는 중요하지 않다. 우리는 모험공포증을 분석해 행동하지 않고 문제를 피하면서 생기는 문제점과 그로 인해 치러야 할 대가에 대해 알아보도록 하자. 이렇게 당신의 문제가 어디서부터 시작되었는지를 찾으면 행동을 변화시킬 수 있다.

지속적인 개선

당신은 행동하는 것보다 문제에 반응하지 않는 것에 더 익숙해 졌는지 모른다. 당신은 성공해서 부자가 되고 싶어 하는 마음이 현재의 생활에 모욕을 주는 것이라고 생각하거나, 자신이 변하면 다른 사람들에게도 피해를 줄 것이라고 생각 할 수 있다. 어쩌면 인생을 변화시키기가 너무 힘들어 포기해 버렸을 수도 있다. 만약 당신이 인생의 변화를 위해 필요한 노력을 하기 싫다면 지금 이 책을 덮어라. 세간에는 큰돈을 내면 30일 안에 당신의 인생을 바꿔줄 인생 전문가들이 넘쳐난다.

물론 인생에 큰 변화를 준다면 결과를 빨리 볼 수 있다. 그러나 하루아침에 수렁에서 빠져나오기란 불가능하다. 인생을 조금씩 반복적으로 개선시키는 것이 중요하다. 결국에는 이런 작은 개선들이 큰 결과로 이어진다. 만약 지금 당신이 1퍼센트의 변화를 이루었다고 하자. 매일 1퍼센트씩 당신의 건강, 인간관계를 개선시킨다면 일 년 뒤 당신의 모습은 어떨까? 10년 동안 매일 조금씩만 건강, 돈, 사랑, 성장을 개선한다면……? 상상만으로 놀랍지 않는가?

이런 성장을 뜻하는 말로 개선改善 이라는 단어가 있는데 대부분 사업용어로 쓰이지만 인생에 모든 부분에 적용된다. 개선의 뜻은 '지속적인 발전' 이라고 설명될 수 있다. 改는 변화를 뜻하며 善은 '좋다' 혹은 '좋아지다' 라는 뜻을 갖고 있다. 이것을 합치면 '성장을 위한 지속적인 발전' 이라는 뜻이 된다.

나는 10대 시절을 일본에서 보내며 개선改善 의 철학이 다국적 기업이 아닌 작은 가게의 주인들과 내가 만난 많은 사람들에게도 존재 한다는 것을 발견했다.

그 중 모리와키 상이라는 한 친절한 남자가 있었는데 그는 일주일에 한 번씩 우리 집과 아버지의 사무실에 꽃꽂이 장식을 하기 위해 방문하곤 했다. 그는 매주 목요일 커다란 바구니에 꽃과 병을 갖고 와서 아름다운 장식을 만들었다. 그의 작품들은 항상 심플하고 고급스러웠는데, 항상 그전의 작품보다 더 나은 작품을 만들기 위해 노력했다. 어느 날 모리와키상이 산에서 한 번도 본적 없는 꽃을 보고는 절벽을 타고 그 꽃을 가져오기도 했다. 그는 도요타나 소니 같은 다국적 기업의 건물에도 들어가 본적이 없는 사람이었지만, 그 어떤 CEO보다 지속적인 발전을 잘 이해하고 있었다.

개선改善 정신을 통해 일 뿐만이 아닌 모든 곳에서 끝없는 발전이 필요하다는 것을 배울 수 있다. 변화에 대해 열정과 끈기를 가지고 노력한다면 모든 방면에서 성장할 수 있다. 지금까지 당신이 인생에서의 성장을 위해 노력을 게을리 했던 일들을 파악하고, 자신의 행동을 개선하기 위해 필요한 행동 변화를 찾아보자. 조금씩 성장하고 편안함을 느끼며 도전을 실천할 마음을 갖는 것이 중요하다. 자신이 포기했던 곳을 찾게 된다면 그곳이 당신의 새로운 출발점이 될 것이다.

도전 시도와 도전 회피의 행동 패턴

당신의 행동 패턴을 알아보기 전에 '수렁의 원점'에 대해 알아보자. 항상 다른 시간에 다른 모습으로 튀어나오는 INR과 달리, 수렁의 원점이란 버릇처럼 도전을 회피하기 시작하는 시점이다. 도전의 종류와 상관없이 당신이 반복적으로 수렁에 빠지기 시작하는 이유이다. 단정적인 추측과, 내면의 두려움, 상식으로 위장한 변명을 합치면 당신이 수렁에 빠지기 시작한 이유가 보일 것이다. 이제 그 원인을 파헤치고 한 조각씩 검사해 보자.

자신의 원인을 바로 알아보기 힘들더라도 다른 사람의 행동은 바로 알 수 있다. 당신 주위에서 20년 동안 직장에 대해 불만을 터뜨리면서도 새로운 일자리를 찾지 않는 여성이나, 자신이 비만이라는 것을 알고 운동을 시작하겠다고 결심했지만 아직 운동화조차 신어본 적이 없는 남자를 떠올려보라.

운 좋게도, 그들이 지겨운 직장 생활과 몸무게를 받아들이고 불평을 멈췄을 수도 있다. 하지만 그들의 고요함에 속지 마라. 그들은 속으로 불평을 삼키며 누구보다 변화를 기다리고 있을 것이다. 그들의 문제는 자신의 회피 행동 패턴을 인식하지 못하고 도전의 범위를 넓히는 방법을 터득하지 못한 데 있다.

당신에게 이런 '모험공포증'에 의한 회피 증상이 있는지 확인하라.

■ 당신은 중요한 행동보다 쓸 때 없는 일들로 시간 낭비를 하고 있는가? 인생에 도움이 되지 않는 모임에 참석하고 있지 않는가? 만나지 않아도 될 사람들과 의미 없는 만남을 지속하고 있지는 않는가? 이제는 아까운 시간을 흘려보내기보다 의미 있는 일들을 찾아 집중할 시간을 갖자.

■ 당신은 누군가 기대어 울 어깨가 필요할 때 언제든지 달려 나가는가? 힘든 이야기를 들을 때마다 기꺼이 자신의 지갑을 열어 도와주는가? 다른 사람들에게 자신이 얼마나 남의 불행에 마음 아파하며 도움을 주는지 이야기 한 적이 있는가? 사실 당신은 그저 자신의 문제를 무시하기 위해 다른 사람의 불행에 집중 하고 있는지 모른다.

■ 당신은 변명의 전문가인가? 혹시 당신은 당신의 모든 행동에 대해 설명할 이유를 미리 만들어 놓고 다니지는 않는가? 어쩌면 당신은 나쁜 상황에 대해 언제나 징징거리며 불평만 할 수도 있고 자신의 게으름에 대해 책임회피를 하며 나름의 변명거리를 만들어 낼 수도 있다. 하지만 변명이 당신의 행동의 이유를 만들어 낸다는 것 또한 잊어서는 안 된다.

■ 당신은 현재 '유지모드'를 겪고 있나? 아무런 목표를 세우지 않고 꿈도 없는 자신을 자랑스러워하고 있는가? 당신은 자신과 주변 사람들에게 난 "인생이 가는대로 따라 갈 뿐이야." 혹은 "아무것도 기대하지 않으면 실망도 하지 않아." 라는 말을 하고 있는가? 나 또한 기류를 따라 흘러가는 것을 믿지만 정신줄을 놓고 모든 것에 휩쓸려 다닌다면 당신은 그저 갈 곳 없는 방랑자인 셈이다. 만약 잘못된 기류를 따라간다면 당신은 죽어갈 것이다. 당신은 자신의 무신경으로 인해 천천히 죽어가길 원하는가?

도전 회피자

대표적인 회피 증상에 대해 알아보았으니, 간절했던 변화를 쉽게 포기해버렸던 적이 있는지, 그에 대해 가책을 느낀 적이 없는지 떠올려보라. 도전 회피자들과 도전 시도자들의 큰 차이는 도전 시도자들은 안대를 벗고 현실을 본다는 것이다. 그들은 미래가 확실하지 않더라도 앞으로 나아간다. 이제 당신도 현재에 안주하지 말고 자신의 단정적인 추측을 무너트려라.

이제 자신의 내면의 두려움에 대해 생각해보라. 두렵다고 해도 그게 뭐 대수인가? 왜 당신만이 이 세상 모든 사람들이 느끼는 두려움으로부터 자유로워져야 한다고 생각하는가? 자신의 나약함을 받아들이고 극복할 수 있도록 노력하라. 극복 할 수 있는 방법과 능력이 부족해 창피하다고? 사실 그런 사람은 너무나도 많다. 뒷걸음질 치지 말고 변화하기위해 무엇이 필요한지부터 파악하라. 도전 시도자와 회피자들의 다른 점을 정확히 파악하기 위해 수렁의 원점을 찾으려고 노력하는 두 명의 사례를 예로 들겠다.

에릭은 남자 전업주부로 변신한 저널리스트로 4살 된 딸아이와 변호사 부인이 있다. 그는 언제라도 일을 다시 시작하겠다고 항상 말해왔다. 하지만 에릭은 여행에 대한 칼럼을 쓸 수 있는 기회가 찾아왔을 때 패닉 상태에 빠졌다. 다음은 에릭의 경험담과 상황을 바꿀 수 있었던 행동들이다.

도전의 기회

■ 에릭은 칼럼을 쓰고 편집할 수 있는 일자리를 제안 받았다. 다시 일을 시작하고 싶었던 그였기에 아주 좋은 기회였지만 그의 재능과 능력을 입증해야하는 도전이기도 했다.

모험공포증의 생각

■ 그는 일하는 것이 그립고 글을 쓰는 것 또한 좋아하지만 매달 글을 쓰고 편집하는 일이 딸과 보내는 시간을 줄일 거라고 생각한다.

■ 자신은 전문적인 저널리스트이므로 보통의 연봉으로는 만족할 수 없고 시간 낭비일 뿐이라고 자신을 설득시킨다.

도전 회피의 진짜 이유

■ 에릭은 자신이 글을 쓰는 재능을 잃었을까 불안하다. 이 일을 받아들이면 자신의 두려움을 확인하는 것과 같다.

■ 지역 신문에 칼럼을 쓰면, 자신이 더 이상 '진짜 저널리스트'가 아닌 것 같아 창피하다.

■ 전 직장의 동료들이 자신을 비판할까 두렵다.

작가로 활동하고 있는 나의 친구 수잔 제퍼스의 '도전하라 한 번도 실패하지 않은 것처럼'이라는 말과 반대로 에릭은 칼럼 쓰는 일을 거절했다. 이로써 자신의 실력을 향상시키고 절실히 필요했던 언론들과 소통할 기회를 놓쳐 버렸다. 결국 그는 실패의 두려움에 굴복하고 말았다.

이제 '만약에' 게임을 하며 에릭이 이 제안을 받아들였다면 어땠을까 상상해보자. 먼저 그 자리에서 거절하기보다 며칠 동안 생각할 시간을 갖는다. 그는 흥분과 동시에 두려움을 느끼고 아내에게 자신의 글쓰기 실력이 녹슬지 않았는지 조언을 구한다. 또한 두려움에 굴복하지 않고 전국적인 일간 신문보다는 지역 신문의 칼럼을 쓰는 것이 훨씬 수월하며, 처음 몇 번의 수정만 견디면 실력을 되찾을 수 있을 거라고 확신한다.

그의 고민을 들은 아내는 그가 그동안 글을 써서 받은 많은 상들을 상기시키며 자신도 많은 도움을 받았다고 용기를 준다. 에릭은 아내에게 전 직장의 동료들이 자신을 칼럼이나 쓰는 실패한 저널리스트로 생각할까봐 두렵다고 말한다. 아내는 지금 당신은 딸을 돌보는 세상에서 가장 중요한 일을 하고 있으며, 내년에 아이가 학교에 들어가면 다시 예전 일로 돌아갈 수 있다고 위로한다. 그는 칼럼이 다시 예전 일로 돌아가기 전 자신의 실력에 기름칠을 할 수 있는 기회라는 아내의 말에 동의한다. 이제 새로운 에너지로 가득 찬 에릭은 자신의 수렁의 원점을 지나쳐 칼럼 제안을 받아드린다.

간단한 내용이지만 만약 에릭이 새로운 도전을 시도했다면 이야기가 얼마나 달라졌을지 알 수 있다. 두려운 이유가 정당화될 수 있다 해도 수렁에 빠져야 할 이유가 되어서는 안 된다. 정당화 될 수 없다면 더더욱 부정적인 생각이 부풀려져 억지스러운 추측과 두려움이 된 것은 아닌지 생각해 보고, 자신의 결정을 뒤집어 봐야 한다. '선명하고 간결하게 실행하라' 모델을 쓸 수 있는 절호의 기회인 셈이다. 지금의 도전이 당신의 꿈과 한 걸음 더 가까워지는 기회는 아닐지 생각해 보라. 무반응의 편안함을 이길 수 있는 방법을 찾아야 한다.

상상 속에서는 에릭의 아내가 그의 결정에 큰 도움을 주었지만 꼭 상담 상대가 배우자일 필요는 없다. 친구나, 가족, 혹은 자기 자신이라도 괜찮다. 하지만 자신의 도전을 방해하는 이유를 방치한다면 당신은 수렁의 원점에서 평생 벗어나지 못할 것이다. 그런 일이 없도록 당신의 회피 증상이 버릇이 되지 않도록 도와줄 도구를 소개한다.

죽음은 야망에서 오는 것이 아닌 정체停滯에서 오는 것이다

– 보노

RISK TAKER'S Tools

〈수렁의 원점에서 벗어나라〉

이제까지 당신이 회피해 왔던 도전들을 생각해 보라. 당신을 회피의 길로 들어서게 한 수렁의 원점은 무엇이었는가? 변화를 피하기 위해 그동안 어떤 변명과 이론을 사용했는가? 다음 과제를 읽고 자신에게 유용한 방법은 없는지 찾아보자.

〈최악의 '만약'을 생각하라〉

머릿속에서 도전에 대한 최악의 결과를 상상하여 당신의 두려움이 의의가 있는지 확인하라. 에릭은 머릿속에서 여행 칼럼을 쓰는 것에 대한 최악의 결과가 밤사이에 죽거나 동네 슈퍼에서 출입 거부를 당하는 것이라고 상상했을 수 있다. 하지만 현실에서 이런 일들이 일어날 확률은 희

박하다. 하지만 이런 상상을 무의식 속에 내버려둔다면 비이상적인 결정을 내릴 수 있다. 자신의 두려움에 빛을 비추고 사라지는 것을 지켜보라.

〈만일의 사태에 대비책을 만들어라〉

머릿속 최악을 결과를 해결했다면 이제 실제로 일어날 수 있는 일들을 생각해보자. 어떤 일이 일어날 수 있는가? 당신은 이 문제를 어떻게 해결할 것인가? 만약 에릭이 좋은 칼럼을 쓸 시간이 부족 할 것이란 불안을 갖고 있다면 그는 어떻게 해야 할까? 그와 아내는 스케줄을 조정해 그가 아이를 걱정 하지 않고 글을 쓸 시간을 만들었을 것이다. 장애물에 굴복하기 보다는 이를 뛰어 넘을 방법을 떠올려라. 만일의 사태에 대한 대비책이 있다면 문제가 발생한다고 해도 자신감 있게 문제 해결에 나설 수 있다.

〈도전을 재구성하라〉

도전의 크기, 시간 아니면 다른 부분이 당신을 방해한다면 목표를 포기하기보다 부분을 고쳐 재구성 하는 것을 추천한다. 이는 '선명하고 간결하게 실행하라' 모델의 '간결하게' 부분에 해당된다. 예를 들어, 에릭이 갑자기 칼럼을 맡는 것이 부담스럽다면, 먼저 다른 기사들을 몇 번 써 본 후 결정을 내릴 수 있었다. 혹은 자신에게 도움을 줄 수 있는 사람을 찾아 자신의 감각과 글에 대해 상담하는 방법도 있었다. 발부터 적시는 것이 물에 첨벙 빠지는 것보다 쉽다는 걸 명심하라.

〈자신이 얼마나 대단한지 기억하라〉

몇 번을 강조해도 모자라지만 우리는 모두 나름대로의 장점을 갖고 있다. 가끔 상기시켜 줄 도움이 필요한 것뿐이다. 사우스웨스트 항공의 대표였던 칼린 베렛은 비행기를 이용했던 승객들의 감사 카드를 모아 힘들 때 마다 꺼내보며 자신과 동료들이 일을 잘하고 있다는 응원으로 삼았다. 그가 성취감에 취해 거만해 졌다면 사우스웨스트 항공은 성공하지 못했겠지만, 가끔은 가장 성공한 것처럼 보이는 사람도 위로와 응원이 필요하다는 것을 알 수 있다. 든든한 지원자인 친구에게 전화를 하거나 그동안 받은 상들을 꺼내보며 나는 아직 할 수 있다는 확신을 갖자. 에릭이 자신의 예전 기사들을 읽고 그동안 받아왔던 상들을 기억했다면, 자신의 실력을 믿게 되었을지도 모른다. 자신을 부정적인 거짓으로 설득하는 것보다 긍정적인 사실로 설득하는 것이 쉽지 않을까?

도전 시도자들

이제 콘스턴스의 예를 보자. 그녀는 에릭이 가졌던 배우자의 지원 없이도 수렁의 원점을 지나 가슴 벅찬 도전을 시도한 케이스다. 그녀는 회계사 IT 부서에서 16년 동안 열심히 성실하게 일했다. 그녀는 현재의 안정감과 동료들과의 관계를 좋아했지만 강산이 두 번이나 변하고 계속 변해가는 기술들을 보며, 새로운 것에 도전하여 IT 회사를 차리고 싶다는 생각을 했다.

콘스턴스의 남편과 자녀들은 그녀가 지금까지 쌓아둔 퇴직 연금을 날려버릴 수 있다며 만류했다. 또한 그녀가 손님을 대하기에는 수줍음이 많고 사업에 대한 지혜도 없다며 꿈을 접기를 강요했다. 하지만 그녀는 그 모든 것이 사실일지라도 도전 없이 물러서지는 않겠다고 다짐했다. 그래서 야간대학에서 경제학 수업을 듣고 중소기업청을 통해 조언자를 만나 지역 상공 회의소에 참석하기 시작했다. 4년 후, 콘스턴스의 사업은 매출 10억을 눈앞에 두고 있고 현재 그녀는 인생을 진정으로 즐기고 있다. 이제 그녀가 도전을 시도하기 위해 거쳤던 상황을 보자.

도전 기회

■ 콘스턴스는 자신의 퇴직금을 이용해 새로운 사업을 시작하려고 했다. 미래를 이끌어갈 기회가 될 수 있었다. 그녀는 시간, 돈 그리고 땀을 투자해야 했고 결과는 실패로 돌아갈 수 있었다.

〈도전 시도를 위한 행동〉

■ 그녀는 자신이 사업을 운영하기 위한 지식이 없다는 것을 인정하고 필요한 것이라면 뭐든지 배우겠다고 다짐했다.

■ 그녀는 가족이 갖고 있는 두려움을 알고 그들과 많은 정보를 나누지 않았다. 가족의 신뢰감이 커져가는 것을 보고 차근히 자신의 계획에 대해 이야기를 나누기 시작했다.

■ 그녀는 조언자를 찾고 상공회에 참여하며 사업이 성장할 때 필요할 지원군을 마련했다.

여기서 에릭과 콘스턴스의 차이점은 무엇일까? 에릭은 칼럼을 쓰기 위해 사업을 시작하는 콘스턴스보다 더 많은 지원과 시간 그리고 경험이 있었다. 심지어 콘스턴스는 새로운 지식을 배우고 시간과 돈을 투자하면서 가족들에게 인정 받아야했다. 하지만 에릭은 포기했고 콘스턴스는 도전에 성공 했다. 물론 에릭은 어린 자녀를 돌봐야할 책임이 있었지만 그의 위험 부담은 콘스턴스의 꿈에 비하면 너무나 단순했다. 자신의 꿈을 다른 사람과 비교하라고 말하는 것은 아니다. 우리는 모두 각자의 실력, 주변의 지원과 경험을 갖고 도전을 마주한다. 중요한 것은 우리의 근본적인 생각에 달려있다. 콘스턴스는 그 어떤 어려움이 있어도 수렁에 빠지지 않고 꿈을 향해 달려갔고, 에릭은 추측에 불과한 불안들을 이기지 못하고 두려움의 피해자가 되었다.

RISK TAKER'S Tools

〈당신의 '도전 회피'와 '도전 시도'를 평가하라〉

다음 질문에 대답하여 당신이 도전 회피자인지 시도자인지 알아보자.

1. 당신은 새로운 프로젝트 팀의 책임자로 임명되었다.

당신은 이 일에 대해 잘 알고 있지만 지금까지 리더 자리를 맡아 본 경험은 없다. 이럴 때 당신은:

a) 바쁜 스케줄을 핑계로 거절 한다.

b) 당황하며 뒤에서 도와 줄 조언자를 찾는다.

c) 당당하게 책임자 자리를 맡고 일이 생기면 도움을 받을 수 있을 거라 확신한다.

2. 자주 가는 커피숍에서 맘에 드는 이성과 항상 마주친다.

이럴 때 당신은:

a) 자연스럽게 대화를 유도하여 더욱 친해 질 수 있도록 한다.

b) 함께 커피를 마시자고 초대한다.

c) 그 사람이 자신을 봐주길 기다린다.

3. 당신은 10킬로그램 과체중이며 게으름에 빠져 TV/컴퓨터 앞을 떠나지 못할까 두렵다.

평생 말로만 해왔던 운동을 시작하고 싶을 때 당신은:

a) 낮잠을 청하며 이런 생각이 사라지길 바란다.

b) 가볍게 동네를 산책하며 몸을 움직이기 시작한다.

c) 가족들 모두 운동과 식단 프로그램에 등록한다.

4. 당신의 재정 문제는 엉망이다. 돈은 잘 벌지만 항상 카드 값이 연체되고 퇴직 후의 상황은 생각해본 적도 없다. 이럴 때 당신은:

a) 회계사인 삼촌을 찾아가 조언을 듣는다.

b) 자산 관리자를 만나 돈 문제를 깔끔히 해결한다.

c) 세금부터 낸 후 생각해 보기로 한다.

5. 20년 동안 똑같은 일을 해온 당신,

이제는 새로운 것에 도전하고 싶다. 이럴 때 당신은:

a) 다시 학교에 다닐지 고민한다.

b) 상사에게 찾아가 새로운 일에 도전하고 싶다고 말한다.

c) 지금의 일이 좋은 이유를 생각해 본다.

6. 배우자를 사랑하지만 요즘 성생활에 문제가 있다.

여러 가지 새로운 시도를 하고 싶지만 달라진 자신의 모습을 배우자가 어떻게 받아들일지 걱정된다. 이럴 때 당신은:

a) 섹시한 속옷을 입고 배우자를 놀라게 한다.

b) 배우자가 놀랄 수 있으니 그냥 혼자만 생각한다.

c) 배우자에게 지겨운 성생활은 더 이상 참을 수 없으니 새로운 방법을 찾아보라고 말한다.

7. 가족 누군가와 크게 싸워 말도 섞지 않는 상황이다.

이 이야기를 아는 모든 사람이 상대방의 잘못이라고 인정한다.

이럴 때 당신은:

a) 눈에 흙이 들어갈 때까지 내가 먼저 대화를 시도하는 일은 없을 것이다.

b) 다른 가족들에게 가족회의를 추진해 달라고 부탁한다.

c) 자존심을 접고 먼저 화해의 전화를 한다.

8. 막내딸이 다른 주에 있는 대학으로 진학하면서 집을 나가자, 비어 있는 집에서 자신만의 삶을 즐기려고 한다. 그런데 28세인 아들이 직장을 잃고 집으로 들어오겠다고 한다. 말하는 것으로 보아 다시 나갈 생각은 한동안 없어 보인다. 이럴 때 당신은:

a) 아들에게 집에서 지켜야 할 규칙을 설명하고 최대한 빨리 독립하라고 설명한다.

b) 배우자에게 책임을 넘긴다.

c) 그래도 내 아들이니 두 팔 벌려 환영한다.

9. 어릴 때부터 당신이 꼭 한 번 이루고 싶은 꿈이 있다. (영화 만들기, 책 출판하기, 다른 나라에서 살기, 세계 일주) 다른 사람들은 당신이 미쳤다고 하지만 당신에게는 생각만으로 천국과도 같다. 이럴 때 당신은:

a) 정신을 차리게 해 줄 친구와 상담한다.

b) 미친 척하고 실행에 옮긴다.

c) 먼저 모험을 경험해본 사람을 만나 이야기를 들어본다.

10. 당신은 오랫동안 라식 수술을 받아 시력을 높이고 싶었지만, 당신의 내과의사가 고양이에게도 그런 수술은 시키지 않겠다며 말리는 통에 지레 겁을 먹었다. 이럴 때 당신은:

a) 열심히 자료를 찾아보고 자신의 결정을 믿기로 한다.

b) 안경을 착용하고 렌즈를 끼는 것을 편안하게 받아들인다.

c) 다른 사람들의 의견을 무시하고 수술 날짜를 잡는다.

11. 당신은 현재의 연인과 2년을 넘게 사귀었다. 결혼에 대해 의논하고 싶지만 이야기를 꺼내면 사이가 어색해질 것 같아 걱정이다. 이럴 때 당신은:

a) 주변 사람들에게 행동이 어정쩡한 연인에 대한 불만을 털어 놓는다.

b) 미래가 없어 보이는 관계를 바로 정리한다.

c) 용기를 내어 가벼운 대화를 시도한다.

12. 당신은 엔지니어지만 항상 꿈꿔 온 요리사/ 레스토랑 운영 컨퍼런스에 참여하고 싶다. 하지만 자신만 생뚱맞아 보일까 불안하다. 이럴 때 당신은:

a) 참가하게 되면 바보 같아 보일 수 있으니 그냥 포기 한다.

b) 상관하지 않고 참가한다. 이런 것들이 다 나중에는 추억이 된다.

c) 참가하되, 필요 없는 대화는 삼가도록 한다.

당신의 대답에 따라 점수를 더해보자.

1. a=2점 b=6점 c=10점
2. a=6점 b=10점 c=2점
3. a=2점 b=6점 c=10점
4. a=6점 b=10점 c=2점
5. a=6점 b=10점 c=2점
6. a=10점 b=6점 c=2점
7. a=2점 b=6점 c=10점
8. a=10점 b=6점 c=2점
9. a=2점 b=10점 c=6점
10. a=10점 b=2점 c=6점
11. a=6점 b=2점 c=10점
12. a=2점 b=10점 c=6점

24-58점 모험공포증 환자

이 점수에 해당하는 당신은 심각한 모험공포증 환자로 수렁의 원점에서 벗어나려면 많은 노력과 자기 탐구가 필요하다. 당신은 쉬운 길만 찾으며 조금만 일이 힘들어지면 바로 포기 해버린다. 하지만 당신이 인생에서 더 큰 꿈을 이루고 싶다면 도전을 회피하는 행동들을 버리고 도전 정신을 가져야한다.

59-86점 조심스러운 모험가

모든 일에 자신이 있는 것은 아니지만 그렇다고 쉽게 포기 하지는 않는다. 당신은 큰 꿈을 이루기 위해서는 큰 도전이 필요하다는 것을 알고 있다. 꾀부리는 토끼보다 성실한 거북이처럼 한 눈 팔지 않고 지금의 길을 따라간다면 언젠가는 당신의 꿈을 성취하게 될 것이다.

87-120 도전하는 모험가

다른 사람들과 똑같이 두려움을 느끼지만 당신은 곁눈질도 하지 않고 목표를 향해서만 달려간다. 당신은 위험 요소들과 그에 따른 희생들을 알고 있지만, 알차고 의미 있는 인생을 살겠다는 결심은 흔들리지 않는다. 브라보! 이제 다른 이들에게 당신의 도전 정신을 널리 알려라. 세상에는 항상 당신 같은 용기 있는 자들이 필요하다.

Risk Reinforcement

이제 당신이 도전 기피자인지 시도자인지 알게 되었으니 당신의 모험 공포증을 없앨 방법을 하나씩 떠올려보자. 그리고 지금 실천에 옮겨라. 오늘 당장. 만약 용기 있는 도전 시도자라면 더 높은 목표를 찾거나 당신의 도움이 필요한 사람에게 조언자가 되어 주자. 다른 사람의 꿈을 이루는 것을 도와줌으로 자신의 도전정신을 다듬고 좋은 일도 할 수 있다.

천천히 대처해야 빨리 낫는다.

— 릴리 톰린—

CHAPTER 05

스트레스

당신에게는 엄청난 스트레스가 쌓여있다. 모두가 그렇다. 이 세상의 모든 사람들의 공통점이 '스트레스'라고 해도 과언이 아니다. 새로운 걱정거리를 만들려는 의도는 없다. 스트레스를 변명거리로 삼으라는 것은 더욱 아니다. 내가 스트레스를 강조하는 이유는 스트레스를 다루는 법을 모르면 상황이 더 나빠지기 때문이다.

제 5장에서는 스트레스의 원인과 일상에서 사용 할 수 있는 스트레스 해소법을 소개하겠다. 너무 늦기 전에 스트레스를 내려놓고 편히 쉴 수 있는 단순한 방법을 찾아 스트레스 없는 생활을 즐겨보자. 긍정적인 변화는 즐거운 생활 속에서도 이루기 쉽지 않다. 그러니 스트레스가 쌓여있는 생활에서는 이런 변화가 불가능 한 것이 당연하다. 어쩌면 그 스트레스가 당신의 발목을 붙잡는 방해물 일지도 모른다.

가장 좋은 예로, 평생을 다이어트로 인해 스트레스를 받던 친구가 있다. 어느 해에 그녀는 '몸무게에 연연하지 않기'를 새해 목표로 삼았다. 밥을 먹을 때마다 칼로리를 세며 스트레스를 받던 그녀가 편안한 마음으로 음식을 즐기게 되었다. 결과는? 놀랍게도 그녀는 3개월 동안 10킬로를 감량했다. 더 이상의 말이 필요 없지 않은가?

이제 스트레스에 대해 자세히 알아보고 대처 방법을 찾아보자. 먼저 숨을 크게 내쉬며 마음이 편안하게 흐름에 따라 흘러가는 기분 좋은 사치를 누려보자. 수렁에 빠져나오기 위해서는 편안함을 느낄 수 있는 여러 활동을 하는 것이 중요하다. 편안함을 기억하는가? 그 느낌을 느껴본 적이 언제인가? 자, 크게 숨을 내쉬자.

몰입하다

나는 댈러스 조간 신문에서 칼럼니스트로 일하던 중 '긍정 심리학자' 미하이 칙센트미하이Mihaly Csikszentmihalyi 박사를 만나 인터뷰를 할 좋은 기회가 있었다. 《몰입: 미치도록 행복한 나와 만나다 Flow; The Psychology of Optimal Experience》의 저자인 그는 '몰입Flow 은 어떤 일에 집중하여 시간의 흐름이나 공간, 더 나아가서 내가 나임을 잊어버리는 심리적 상태, 곧 행복의 신비스러운 상태를 말하며 그 행복을 위해서 모든 것을 할 수 있는 상태를 말한다.'로 정의했다.

칙센트미하이 박사의 말에 따르면 몰입은 8가지의 측면이 있다:

1. 명확한 목표와 즉각적인 피드백
2. 행동 실천을 위한 기회와 능력 사이의 균형
3. 의식과 행동의 일치함
4. 집중력
5. 통제력
6. 자의식의 상실
7. 시간 왜곡
8. 자신에게 도움이 된 경험

스트레스에 빠져있을 때에는 여유를 갖고 집중력을 향상시키기가 어렵다. 그러나 몰입을 할 때는 여러 가지 일을 한꺼번에 하려는 욕구는 사라지고 한 가지 일을 마음 놓고 즐길 수 있다. 만약 당신에게 어떤 일이 즐겁고 만족스럽다면 훌륭한 스트레스 해소에 이용할 수 있다. 나에게는 정원을 가꾸는 일이 스트레스 해소법이다. 잡초를 뽑고 흙을 파내며 시간을 보내다 보면 나도 모르는 사이에 날이 어둑해진다. 집에 들어오면 땀이 흐르고 몸은 흙투성이지만 그렇게 즐거울 수가 없다.

나는 당신이 편안함을 느끼는 동시에 에너지가 넘쳐흐르는 행복을 느낀 경험이 있길 바란다. 몰입할 수 있는 일이 없다면 지금부터 상상 해보고, 이런 경험이 있다면 다시 그 순간을 떠올려 보자.

긴장은 생각 속 당신의 모습이고 편안은 실제의 당신이다.

– 중국 속담

〈몰입을 찾아서〉

다음 문장을 처음부터 끝까지 읽거나, 다른 사람에게 들으며 눈을 감고 명상을 시작하라.

1. 10–15분 동안 방해받지 않을 장소를 찾는다. 발을 땅에 붙이고 앉거나 등을 대고 눕는다. 눈을 감고 호흡에 집중한다. 다른 생각이 들더라도 괜찮다. 호흡을 하며 다시 집중을 모아라. 편안하고 중심이 느껴지면 즐거운 일에 몰입했던 순간을 기억하라. (그런 기억이 없다면 상상을 해도 좋다) 스포츠를 즐기거나, 산에 오르거나, 자녀들과 게임을 즐기는 순간일 수도 있다. 그 기억(상상)을 활짝 펼쳐보자.

2. 그 순간들을 머릿속에 펼쳐 영화를 보듯 즐기자. 모든 신경을 집중하라. 무엇이 보이는가? 어떤 소리가 들리는가? 부엌에서 좋은 향기가 나거나 싱그러운 바다 냄새가 나는가? 손은 무엇을 만지고 있는가?

3. 머릿속에서 충분히 그 순간들을 즐기고 자연스럽게 막을 내린다. 준비가 되었다면 눈을 뜨고 현실로 돌아오라. 그리고 그 순간들을 기억해보라. 멈춰진 시간을 즐기는 기분은 어땠는지? 자신은 무엇을 하고 있었는지? 자신감과 만족으로 가득했는지? 그 느낌을 지금도 느낄 때가 많은지? 아니라면 그 이유는 무엇인가?

칙센트미하이 박사의 몰입의 8가지 측면들을 보면서 그 중 6가지를 충족시킬 수 있는 활동을 찾아보라. 지금 명상을 하며 생각했던 활동도 포함하라. 예를 들어 골프를 치거나, 프랑스 요리를 만들거나, 인터넷 홈페이지를 만들어도 좋다. 단지 그 활동이 집중력을 높이고, 자의식을 상실할 수 있고, 통제력을 향상시킬 수 있는지 확인하라. 그리고 일주일에 한번 두 시간동안 그 활동을 실행하라. 긴 시간이지만 그 정도는 투자해야 스트레스가 풀리지 않겠는가?

프로젝트를 거래처에 넘겨야 할 시간이 얼마 남지 않았는데 갑자기 아드레날린이 분비되어 번개 같은 속도로 마친 경험이 있는가? 그것이 스트레스다. 좋은 스트레스는 필요한 에너지를 높이고 집중력을 향상시켜 일을 마무리 짓도록 도와준다. 하지만 많은 양의 스트레스를 오랫동안 해소하지 못하면 건강, 정신, 감정에 무리를 줄 수 있다.

제2장에서 설명했듯이 우리의 뇌가 위험을 감지하면 원초적 보호 본능이 반응하여 투쟁 도주 반응Fight or Flight 을 일으킨다. 심장이 뛰는 속도가 빨라져 피가 더 빨리 순환하고, 근육들이 긴장하며, 집중력이 향상된다. 스트레스는 반응 시간을 감소시켜 갑자기 옆에서 튀어나온 차를 피할 수 있도록 해준다. 또한 스트레스는 정신을 잡아주어 중요한 발표나 시험공부에 도움이 된다.

문제는 스트레스 수준이 우리가 모르는 사이에 증가한다는 것인데 이것을 '스트레스 눈속임' 이라고 한다. 성공하기 위해 치열하게 싸워야

하고 특별해지기 위해 노력해야하는 이 사회에서는 우리가 인식하지 못하는 사이에 스트레스가 쌓이기 쉽다. 그리고 SNS와 스마트폰과 같은 통신 기계들로 인해 언제나 서로에게 24시간 연락을 취할 수 있다는 것 또한 스트레스의 원인이기도 하다.

그렇다면 당신의 스트레스 레벨이 정상인지 아니면 폭주하고 있는지 알 수 있는 방법은 무엇일까? 다음 질문에 답하여 간단한 그림을 보자.

4=항상 그렇다, 3=자주 그렇다 2=가끔 그렇다 1=절대 그렇지 않다.

RISK TAKER'S Tools

〈스트레스 눈속임을 테스트하라〉

1. 마감일을 맞추느라 허우적거린다.
2. 일 년 사이 스트레스가 늘었다.
3. 여러 가지 책임을 맡고 있다.
4. 일 년 사이 5킬로 이상 찌거나 빠진 적이 있다.
5. 성취감은 나에게 중요하다.
6. 피로를 풀거나, 낮잠이나, 여가 시간을 즐기는가?
7. 가족과 친구들보다 일에 집중하는 것에 죄책감을 느끼는가?
8. 참을성이 없거나 성격이 날카로운가?
9. 일 년 동안 2-3일 이상 휴가를 떠난 적이 있는가?
10. 주변 사람들이 여유를 찾아보라고 권유한 적이 있는가?

합계:

10-20 지나친 여유

여유가 있는 것은 좋지만 스트레스가 너무 없다는 건 현재 별다른 노력 또한 하지 않는 것이다. 그리고 인생에 흥분과 자극 또한 없을 수 있다. 스트레스를 잊으며 노력까지 잃어버린 것은 아닌지 생각할 필요가 있다.

21-30 적당한 스트레스

스트레스와 자신이 맡은 책임을 잘 관리하고 균형 잡힌 생활을 하고 있다. 꾸준히 스트레스를 풀어주고 인생의 문제를 풀어나가는 데 힘을 더하자. 당신은 할 수 있다!

31-40 스트레스 폭주족

당신은 현재 엄청난 스트레스를 받고 있다. 지금 스트레스를 풀지 않으면 심각한 문제가 생길 수 있다. 스트레스 해소법을 찾고 건강검진을 받아보자. 스트레스로 인해 심장마비나 뇌출혈이 생기면 해결책도 없다!

만약 당신의 점수가 '지나친 여유'에 속한다면 이미 자기 자신을 삶에 대한 의지가 없는 패배자로 방치하고 있는 것일지도 모른다. '스트레스 폭주족'에 속하는 사람들 중 두통, 위장병, 불면증을 노력의 훈장처럼 생각하고 있다면 정신 차려라! 가끔 우리는 몸이 아픈 것이 우리에게 스트레스를 준다고 착각한다. 사실은 정반대인데 말이다. 대부분의 경우 스트레스로 인해 몸이 아픈 것이다. 여러 자료 조사 결과를 보면, 사람들이 병원을 방문하는 이유의 60-90퍼센트는 스트레스로 인한 질병 때문이다.

아직도 스트레스가 당신을 노리고 있다고 생각하지 않는가? 그렇다면 스트레스가 당신의 건강, 정신, 감정에 어떻게 영향을 미치는지 살펴보자. 여러 증상을 한꺼번에 느끼는 경우도 있다. 건강 이상 증상들이 최근 확연하고 길게 나타나는지 생각해 보라. 이것은 당신의 스트레스 수준이 올라간 증거일 수도 있다. 다음 목록을 보며 자주 경험하는 증상들이 있는지 체크하라. 이 목록을 다음 검진 때 가져가거나, 걱정이 된다면 병원 진료를 예약해 스트레스 수준에 대해 상담을 받아보라.

스트레스는 사회적으로 받아 드릴 수 있는 정신 질환일 뿐이다.

– 리차드 칼슨

〈신체 변화〉

피로
변비/ 설사
허리 통증/ 굳음
체중 감소/ 증가
성관계에 흥미를 잃음
땀이 많아짐
여드름/ 발진
두통
불면증
악관절염/ 이갈기
고혈압

〈감정 변화〉

급격한 감정 변화
편안함을 못느낀다
직장에 대한 불만족
끝없는 나쁜 생각
죄책감
증오

불안감 / 집중부족
에너지 소진 / 분노
건망증 / 슬픔/ 우울증

〈행동 변화〉

약물복용 / 인간관계의 문제
폭식 / 흡연 증가
과음 / 거식증
게으름 / 분노 방출
갑자기 울음을 터뜨림 / 모든 것에 날카롭다

수렁에서 벗어나려면 많은 노력이 필요하다. 스트레스는 변화를 위해 필요한 에너지, 집중, 열정을 빼앗아 간다. 스트레스는 단지 당신을 수렁에 빠트리는데 그치지 않는다. 당신의 건강을 해치고 목숨까지 빼앗는다. 고혈압으로 인해 심장마비와 뇌출혈 가능성이 높아지고, 면역 체계가 파괴된다. 나는 어느 해 이혼 절차를 밟고, 직장을 그만두고, 새 사업을 시작하고, 첫 번째 책을 출간하고, 집을 장만하고, 아버지가 돌아가시는 등 한꺼번에 많은 일이 발생한 적이 있다. 그 때 나는 스트레스 증상 목록의 절반을 경험했다. 따라서 어느 누구도 나와 같은 경험을 하지 않기를 바라게 되었다. 이렇게 큰일을 겪지 않더라도 우리는 일상생활에서 스트레스를 받는다. 아무리 작은 스트레스라도 쌓이고 또 쌓이면 심각한 결과를 초래한다. 스트레스 수준이 하늘 높이 솟았던 그때, 나는 한 토크 쇼의 책임자로 일하고 있었다. 어느 날, 팔이 조금 간지럽다고 생각되어 가볍게 긁다 소매를 걷어보니 끔찍할 정도로 붉은 반점들이 가득했다. 하지만 더 끔찍했던 것은 가까이 서있던 프로듀서의 반응이었다.

"두드러기네요" 그는 내 팔을 쓱 보며 아무 감정이 없는 톤으로 말을 하더니 조용히 사라졌다. 장담하건데 그는 내가 문둥병에 걸렸어도 똑같이 말했을 것이다. 나는 병원에 가 주사를 맞으면 다음 날 출근하는데 지장이 없을 거라고 믿었다. 하지만 다음 날 눈을 뜨니 이게 웬걸, 붉은 반점이 온 몸으로 퍼져 하나의 커다란 두드러기 덩어리가 되어 있었다.

다행히도 전화 통화에는 지장이 없어 집에서 전화로 업무를 봤다. 한참 동안 전화 통화를 한 뒤, 갑자기 어지러움을 느껴 잠시 눈을 붙이려 침대에서 누웠는데 누군가 문을 두드리는 소리에 눈을 떴다. 같이 일하는 스태프들이 치킨 수프를 집으로 보내준 것이다. 나는 그것을 부엌 카운터 위에 내려놓고는 그 자리에서 바로 기절했다. 겨우 정신을 차렸을 때 내 손에는 다행히도 전화기가 들려있었다.

나는 바로 비서에게 전화를 걸었고 그녀는 나를 병원으로 데려가 주었다. 최악의 상황은 그때부터 시작되었다. 하필이면 회사에서 나밖에 해결 할 수 없는 긴급 상황이 생겨버린 것이다. 나는 어쩔 수 없이 하루 종일 전화기를 붙잡고 간부들과 변호사와 리포터들까지 끊임없이 전화 통화를 해야 했다. 두드러기는 더욱 심해져 다음 날 아침이 되니 목소리까지 잠겼다. 나는 다시 비서에게 전화하기가 창피해 친구 사라에게 전화를 걸었다. 그녀는 고맙게도 나를 응급실로 데려가 주었고, 엑스레이를 찍고 주사를 맞을 동안 내 옆에서 기다려 주었다. 검사 결과 나는 바이러스와 함께 식중독에 걸려있었다.(나는 석류 주스가 바이러스에 도움이 될 거라 생각해 그 후 일주일 동안이나 마셨다.) 나는 네 명의 의사에게 1,900불이 넘는 진료비를 내면, 바이러스와 식중독이 모두 사라지리라 믿었다. 하지만 의사들은 모두 두드러기의 원인이 스트레스라고 했고, 그때 나는 이성을 잃을 수밖에 없었다.

나는 항상 내 자신이 스트레스를 잘 견디는 사람이라고 생각했다. 하지만 두드러기 사건의 경우, 스트레스가 극도에 달해 폭발한 최악의 상황이었다. 사람들마다 견딜 수 있는 스트레스 수준은 천차만별이다. 어떤 사람은 스트레스를 잘 견뎌내고 어떤 사람은 작은 스트레스에도 잘 참아내지 못한다. 따라서 자신이 견딜 수 있는 스트레스 수준을 이해하여 그 이상 넘어가지 않도록 관리해야한다.

다행히도 스트레스를 관리 할 수 있는 방법에는 여러 가지가 있다. 당신이 다음과 같은 행운을 갖고 있는지 확인해 보라.

- 든든한 지원군인 친구들과 가족
- 변화를 받아들이고 새로운 환경에 적응하는 능력
- 삶에 대한 긍정적인 관점
- 유머 감각과 밝은 생각
- 종교나 삶의 의미
- 자신의 통제력과 대처 능력에 관한 믿음

이 중에서 자신에게 해당되는 사항이 있다면, 계속 그들을 이용해 스트레스 없는 생활을 이어가는 것이 중요하다. 당신이 이 책을 통해 수렁에서 빠져나와 새로운 것에 도전할 때도 스트레스가 생길 것이기 때문이다. 만약 당신에게 해당되는 사항이 없다 해도 언제든지 새로운 방어책을 만들어 스트레스를 해소할 수 있다. 편안하게 쉬는 방법을 배우는 것이 스트레스에서 해방되는 출발점이다.

스트레스에서 성공까지

너무나 많은 일들이 일어나는 인생 속에서 쉴 시간이 많은 사람이 어디 있겠는가? 대부분의 사람들은 제대로 앉아 식사할 시간조차 없어 싱크대에 서서 밥을 먹거나 차 안에서 간단하게 끼니를 때운다. 요가나 명상을 할 시간을 갖는 것은 꿈도 꾸지 못한다. 하지만 조금의 휴식 시간이라도 내지 않는다면, 결국 스트레스가 많이 쌓여 건강을 위협받을 것이다.

1975년 출간된 허버트 벤슨Hubert Benson 박사의 《휴식의 반응 The Relaxation Response》은 몸과 마음의 연관성에 대해 다룬 파격적인 책이었다. 이 책은 아직까지도 스트레스 해소법 개발을 위해 이용된다. 벤슨 박사는 "규칙적인 습관을 갖는 것은 아주 중요하며 휴식을 취하는 것은 양치질을 하는 것처럼 생활의 일부분이여야 한다."라고 말했다. 당신이 양치질을 건너뛰는 일은 거의 없을 것이다. 그렇다면 휴식을 생활의 일부분으로 만들기 위해서는 무엇을 해야 할까?

이것은 데린이라는 한 삼십대 중반의 남성이 갖고 있던 궁금증이었다. 그는 모터 홈 제조 회사Motor Home Manufacturer 의 중간 책임자로, 경기가 나빠지자 여러 사람들이 일자리를 잃는 모습을 지켜보며 불안감을 느꼈다. 앞으로 갚아야 할 융자와 곧 태어날 아이, 그리고 출산을 위해 일을 그만둔 아내가 있었기에 정리 해고를 당하는 것은 그에게 너무나 큰 악몽이었다.

그의 부서가 갑자기 반으로 줄어들자 데런은 이미 마감 날짜가 지난 일들까지 떠맡아 다른 직원들의 몫까지 처리해야 했다. 일의 양은 세 배로 불어났고, 해고의 그림자가 언제 드리울지 모르는 상황에서 데런은 벼랑 끝까지 내몰렸다. 그는 매주 참여하던 농구 경기를 그만뒀고, 카페인 섭취를 높여가며 일을 해내려고 애를 썼다.

그러다 보니 소화 불량과 불면증이 생겼고, 심장에 이상마저 느껴졌다. 그의 아내는 그를 억지로 병원에 데려가려 했고, 그는 일에서 시간을 뺏기기 싫어 더 스트레스를 느꼈다. 의사는 검진을 마치고, 데런에게 카페인 섭취를 줄이라고 충고했다. 하루에 10잔이 넘는 커피와 음료수를 마시다 보니 그의 몸에 엄청난 양의 카페인이 축적된 것이었다. 카페인 섭취를 줄이자 복부 통증과 불면증은 많이 나아졌지만, 점점 떨어지는 실적으로 인해 스트레스는 더 심해져갔다.

이때 데런은 의외의 곳에서 해결책을 찾았다. 그는 아내의 끈질긴 권유에 못 이겨 교회에서 주최하는 스트레스 해소 워크숍에 참여했다.(이제 왜 결혼한 사람들이 싱글들보다 오래 사는지 알겠는가?) 데런은 워크숍에서 간단한 호흡과 명상을 배워 마음과 머리를 쉬게 하는 방법을 배웠다. 처음에는 반신반의했지만, 호흡과 명상을 통해 바쁜 하루 일과 속에서도 휴식을 취할 수 있었다. 더욱이 데런은 자신의 생활 리듬을 되찾아 아내와 함께 산책을 하고 좋은 음식을 먹으며 건강한 습관을 갖게 되었다.

데런은 자신감을 되찾았고, 힘든 직장 생활에서 휴식의 중요성을 다시 한 번 깨달았다. 이후 그는 직장에서 승진을 했고, 더 많은 월급을 받게 되었다. 그는 이 모든 것이 긍정적인 마음가짐과 휴식을 하는 연습의 힘이라고 믿었다. 그리고 아내에게 이 모든 공을 돌렸다.

RISK TAKER'S Tools

〈생활 속 스트레스 해소 테크닉〉

이 책을 통해 아무것도 얻은 게 없다 할지라도 스트레스 해소를 생활화해야 한다는 것만큼은 꼭 기억해 주길 바란다. 그러면 긍정적인 마음가짐을 가질 수 있고 면역력이 증가하며, 몸과 마음의 상처를 치료 할 수도 있다.

휴식을 생활화하라: 벤슨 박사의 말에 따라 휴식을 습관처럼 취하면, 스트레스성 질환 치료에 놀라운 효과가 있다. 대부분의 병은 편하게 휴식을 취하는 것만으로도 차도를 보인다.

긴 호흡: 간단하지만 효과가 좋은 휴식법이다. 편안히 앉거나 누워서 하는 것이 가장 좋지만, 차 안에서나 회사 등에서 언제든 피곤을 풀고 싶을 때 할 수 있다. 복식 호흡으로 더 많은 공기를 들이 마시고 이것을 5분 동안 반복하라. 스트레스를 느낄 때 마다 반복해서 하면 더 좋다.

진행적인 휴식: 이것은 근육이 긴장한 상태와 편안한 상태의 차이를 확실히 알 수 있는 방법이다. 편한 자세를 취하고 긴 호흡을 시작하라. 몸이 편안해지는 것이 느껴진다면 우선 한쪽 발에 10초 동안 꽉 힘을 주자. 그리고 다시 10초를 세면서 힘을 푼다. 그런 다음 다른 발로 넘어가서 같은 동작을 반복하면 된다. 오른발에서 시작해 왼발, 오른쪽 종아리, 왼쪽 종아리, 허벅지, 엉덩이, 배, 허리, 손과 팔까지 올라가라. 마지막으로 어깨, 목, 얼굴에까지 도달하면 몸에서 단단한 스트레스 덩어리가 빠져 나가는 것을 느낄 수 있을 것이다.

깊은 인간관계: 소중한 사람들과 함께 보낼 시간을 마련하라. 결혼을 한 사람들이 더 건강하고 장수하며 변화에 빨리 적응 한다는 것을 언급했는데, 제 6장에서는 친구들과 연인과의 관계를 더욱 단단하게 할 방법을 소개할 것이다.

의미를 찾아라: 인생의 진정한 의미를 찾는 것 또한 긍정적인 생각을 하는데 도움이 된다. 일기 쓰기, 종교 활동, 강의 등을 통해 인생의 의미를 찾고 영감을 얻어라.

정신과 신체 건강을 유지하라: 운동과 영양에 대한 지식을 쌓고 자신에게 맞는 방식을 찾아라. 병원에서 정기적으로 검진을 받고 내과와 치과 주치의를 찾아 제 때 검사를 받아라. 병을 미리 예방 하자!

카페인과 술을 줄여라: 술은 생각과 달리 기분을 좋게 해주는 것이 아니라, 오히려 가라앉게 하는 성분을 갖고 있다. 또한 기분을 다운시키며

잠이 드는 것을 도와주지 않는다. 술을 마실 생각이라면, 몸에 좋은 와인을 한 잔 정도만 마셔라. 여성의 하루 최대치는 와인 한 잔, 남성은 두 잔이다. 카페인은 흥분제 성분을 갖고 있어, 섭취량이 많으면 두통과 복통의 원인이 된다. 따라서 커피와 콜라보다는 녹차를 마시자. 녹차에도 소량의 카페인이 있지만 해독 작용이 있어 몸에 이롭다.

정리하고 유지하라: 일정을 정리하고 집을 치우고, 해야 할 일들을 차례대로 끝내면서 인생에 대한 통제력을 갖자. 필요하다면 전문가를 고용해 청소를 해도 좋다. 사무실과 집을 깔끔히 정리하여 출근 준비를 하면서부터 스트레스를 받을 일이 없도록 하자. 이렇게 하면 당신의 자녀들도 당신의 행동을 보고 배워 자기 전에 다음날 입을 옷을 미리 꺼내놓고 학교 숙제도 빼놓지 않고 하게 될 것이다.

Risk Reinforcement

나만의 스트레스 해소법을 찾아 실행하라. 촛불을 켜고 거품목욕을 즐기면서 와인 한잔을 마시거나 친구들과 농구 게임을 즐겨라. 그러면 낮에 일을 하면서 힘들더라도 몇 시간 뒤면 자신이 좋아하는 일을 할 수 있다는 생각에 힘이 날 것이다.

선택의 순간.
종을 울려 위험과 마주할 것인가,
선택하지 않은 것에 대한 궁금증을 안고
평생을 살 것인가.

— *C.S. 루이스* —

CHAPTER 06

가장 중요한 도전

나이키에게: 모든 일에 쓰일 수 있는 완벽한 슬로건을 선사해주어 정말 감사하다. Just do it. '그냥 행동하라' 는 생각만 하지 말고 행동으로 실천해야 할 모든 사람들에게 외치는 호소가 되었다. 나도 혹시 그 사람들 중 하나일까? 라고 고민하고 있다면, 맞다.

조앤 매시 박사는 플로리다의 재활 기관의 심리학자로 'Just Do it' 정신을 애용한다고 했다. 고통과 스트레스 통제 전문의인 조앤은, 휴식을 통해 스트레스를 통제하는 것도 중요하지만 행동으로 실천 하는 것 또한 중요하다고 말한다.

그녀는 환자들이 불안감, 두려움, 분노처럼 부정적인 것에 매달려 있을 때 그들의 자기 위로를 어느 정도 까지는 인정해 준다. 그녀는 타이머를 20분으로 맞추고 환자들이 자기 연민에 빠져 허우적 거릴 수 있는 시간을 준다. 그리고 20분이 지나고 나면 그 감정들을 버리고 긍정적인 행동을 실천해야한다. 다른 말로 '그냥 실천하라' 고 제안하는 것이다.

그녀의 방식은 간단하지만 실용적이다. 조앤은 사람들이 자신의 부정적인 감정에 반응하도록 허락하면, 아무리 힘들어도 그 감정들을 지나서 새로운 시작을 하기 쉬워진다는 것을 알게 되었다. 그녀는 20분을 강조하며 20분을 넘으면 대부분의 사람들은 더욱 깊은 슬픔에 빠진다고 말했다.

당신도 가장 중요한 도전을 정하기 전에 자기 연민에 한번 빠져 보는 건 어떨까?

RISK TAKER'S TIP

20분 뒤에 알람이 울리도록 설정하고 내면에 있는 두려움, 수치, 분노, 미움, 질투 등 모든 감정을 꺼내보라. 그리고 이 감정에 흠뻑 잠겨보라. 하지만 알람이 울리면 현실로 돌아와야 한다.

이제 부정적인 생각에서 벗어나 도전의 순서를 정하자. 가장 쉬운 도전부터 불안함을 많이 느끼는 도전까지 순서대로 리스트를 만들어라. 어려운 도전은 단계별로 나누어 해결책을 찾도록 해라. 쉬운 도전부터 차근차근 성공해 나간다면, 이는 당신의 도전정신에 큰 자신감을 불어넣어 주고 다른 분야의 목표 달성을 위한 길을 열어 줄 수 있다. 예를 들어, 리스트를 만드는 것이 사업에 도움이 되었다면, 건강과 인간관계에 대한 도전에도 도움이 될 것이다.

도전을 하나씩 실천해 나가면서 불안감과 초조함을 느낄 수 있다. 조앤은 이런 감정을 자제하기 위한 방법을 제시했다. 부정적인 생각이 들기 시작한다면 머릿속으로 '멈춰!' 라고 외쳐라. 그리고 부정적인 생각을 바로 긍정적인 메시지로 대체하라. 조앤이 가장 좋아하는 메시지는 'Just Do it' 이다. 당신이 좋아하는 긍정의 메세지가 있다면 그것을 사용해도 좋다.

혹시 당신의 부정적인 목소리가 하나라면 그에 맞는 대답을 준비하는 것도 좋은 방법이다. 예를 들어 당신의 가장 큰 부정적인 곳에서 당신 아버지가 "너는 언제 제대로 된 인간이 될래?" 라고 물어 오신다면 머릿속에서 '멈춰!' 를 외치고 "이게 우리 아버지의 사랑 방식이야." 라는 메시지로 대체하라.

아버지의 비난이 사랑으로 느껴지지 않더라도 말이다. 아버지가 항상 나의 미래를 걱정한다는 것을 기억하면 증오의 길로 가지 않게 될 것이다. 이제 다음 문장처럼 부정적인 생각을 보자.

1. 내 상사는 정말 나쁜 놈이야. 왜 나한테만 못되게 구는 거야?
2. 왜 그 사람이 날 찼을까? 나는 그에게 아무 것도 아니었나봐.
3. 엄마 때문에 미치겠어. 남동생에게 전화하지 왜 자꾸만 날 괴롭혀?
4. 회사를 당장 때려치우고 싶어. 일도 너무 재미없고 미래가 안보여.

이런 생각의 패턴이 깨질 때까지 머릿속으로 '멈춰' 를 외쳐라. 당신의 생각을 멈추게 할 수 있다면, 어떤 것이든 사용하라. 그리고 부정적인 생각을 긍정으로 바꿔라.

〈부정적인 생각〉 〈긍정적 대체〉

우리 상사는 정말 나쁜 놈이야. / 그 정도는 참을 수 있어.

난 그에게 아무것도 아니었나봐. / 마음을 비우고 그를 놓아 주기로 했어.

엄마의 전화 때문에 미치겠어. / 엄마가 외로우신가봐.

지겨운 회사 생활이 싫어. / 미래를 위해 준비하는 거야.

남자친구에게 차이고 자신이 그에게 아무런 존재가 아니었다는 생각이 든다면, 차인 이유에 매달리지 말고 그냥 마음을 비우고 그를 놓아주기로 했다고 생각하라. 투덜거릴 이유가 끝없이 많아도 긍정적인 생각을 하면, 그만큼 더 강해진다. 주변에서 일어나는 일들을 항상 좋게 생각하라는 것은 억지처럼 들리겠지만, 부정적인 생각을 버리고 긍정적인 생각을 갖게 되면 행동을 실천하기가 쉬워진다.

나는 이 방법을 낸시 리바인이라는 심리 치료사로부터 배웠다. 나는 이 방법을 통해 매일 내 인생에 잘못된 것들을 떠올리다 화를 내고 분노하는 일을 그만두게 되었다. 인생에서 가장 힘든 시기를 지나는 동안 '긍정 대체 방법' 은 하늘이 주신 선물과도 같았다. 나는 이혼 절차를 밟는 동안과 이혼 후에 이 방법을 쓰며 아픔을 견뎌냈다. 나와 전 남편은 힘든 시기에도 아이들을 먼저 생각하며 견디기 어려운 상황까지도 최대한 좋게 생각하려고 노력했다. 하지만 많은 노력에도 불구하고 나의 마음속에 분노와 미움이 남아있다는 것을 알 수 있었다. 몇 년이 지난 뒤, 나는 그 미움들이 내 몸 속에서 독이 된다는 것을 알게 되었고, 전 남편에 대한 나쁜 생각을 좋은 것들로 대체하려고 노력했다.

■ 나는 모든 배움에 감사한다.

■ 나는 내 인생에서 그를 놓는다.

■ 나는 그의 앞날을 축복한다.

모든 일들이 그렇듯, 생각을 바꾸는 일은 쉽지 않았다. 시간이 걸려 형성된 미움을 짧은 시간 안에 없애는 것은 불가능했다. 하지만 시간이 지나자 진심으로 전 남편의 건강과 행복, 그리고 성공을 빌었다. 이는 단지 그가 아이들의 아버지여서가 아니라, 그가 순수하게 좋은 사람이며 좋은 일을 누릴만한 자격이 있는 사람이기 때문이다. 나는 이 방법의 효과를 가장 잘 알고 있다. 하지만 이 방법을 성공시키기 위해서는 끝없는 노력이 필요하다. 부정을 긍정으로 바꾸는 방법에 능숙해 진다면, 당신의 인생은 긍정적인 에너지로 가득할 것이다.

쉬고 도전하고 반복하라

휴식과 도전을 합치는 것 또한 부정적인 생각을 긍정으로 바꾸는 것만큼 중요하다. 이미 휴식 연습을 시작했거나 긴 호흡을 생활 속에서 실천 하고 있다면 부정적인 생각을 통제할 수 있다. 아직 시작하지 않았다면 오늘부터라도 이를 실행하길 바란다. 감정을 잘 절제하고 두려움과 불안감을 이겨낼 수 있다면, 당신은 용감한 도전에 한 발짝 더 가까워 진 것이다.

유명 광고 회사의 영업 책임자인 베리라는 남성은 도전 순위 리스트를 작성하며 휴식과 도전을 함께 하는 것이 얼마나 큰 힘이 되는지를 경험했다. '순위 리스트'란, 전에 언급했듯이 자신의 목표를 위해 취해야 할 행동을 작게 나눠 중요한 순서대로 나열한 리스트다. 처음 베리를 만났을 때, 그는 프로 마케터 회의에서 발표할 첫 프레젠테이션을 준비하며 극도의 스트레스를 받고 있었다. 그는 영업을 하며 대화를 주도하는 것에는 뛰어났지만 많은 사람들의 주목을 받는 곳에서 발표를 한 적이 없었다. 베리는 이 프레젠테이션이 마케팅 업계에 자신의 이름을 알릴 수 있는 중요한 기회라고 생각하여 너무나 큰 부담을 갖고 있었다.

다행히도 베리에게는 3개월의 준비 기간이 있었고 그의 도전 정신은 뛰어났다.

불행하게도 베리에게는 3개월의 걱정과 불안의 시간들이 남아 있었다.

우리는 먼저 '선명하고 간결하게 실천하라' 모델에 집중했다. 그의 목표는 단 하나, '그 방의 모든 사람들을 집중시킬 멋진 프레젠테이션'이었다. 그는 특별히 45분짜리 영상과 PT를 만들어 자신의 지식을 사람들에게 쉽게 전달하는 것에 신경 썼다. 이제 그는 목표를 달성하기 위해 가장 간단한 방법을 찾아야했다.

우리는 그의 도전 순위 리스트Escalating Risk Hierarchy 를 만들며 무엇을 해야 할지 생각하기 시작했다. 리스트를 만들면서 베리는 긴장이 풀리는 것을 느꼈다. 행동을 작게 나눠 한꺼번에 너무 많은 것을 생각하지 않고 하나씩 풀어 나갈 수 있게 하니 더 이상 힘들어 보이지 않았다. 이것을 심리치료사들이 이용하는 단어로 표현하자면 체계적둔감법 systematic desensitization 으로, 의사와 치료사들이 환자가 공포를 느끼는 대상에 더 가깝게 다가가게 하는 방법을 뜻한다. 나는 이 방법을 사용해 베리와 같은 사람들이 직장과 사생활에서 그들을 제한했던 것을 극복할 수 있게 했다. 체계적둔감법에서는 우리가 배웠던 스트레스 해소법을 사용해 두려움을 극복하게 도와주며 서서히 공포의 대상과 가까워지게 한다.

당신이 엘리베이터를 두려워한다고 생각해보라. 사고가 날 확률은 낮지만, 지금 이 엘리베이터가 지하까지 추락하여 부서져 버릴 거라는 생각을 지울 수가 없다. 위로 올라가는 화살표 버튼을 누르는 것만으로 땀이 흐르고 패닉 상태에 빠진다. 그래서 지금까지 높은 건물에는 들어가지도 않고 살아왔다. 당신은 이 공포증으로 생활이 힘들어지자 더 이상 참을 수 없어 치료를 받기로 결심한다.

당신의 심리치료사는 체계적둔감법을 사용해 엘리베이터에 타기 위한 모든 행동을 작게 나누어 한 단계씩 다가갈 수 있도록 한다. 첫 날은 높은 건물에 들어가 엘리베이터 앞에 서있는 연습을 한다. 당신은 그 앞에서 눈을 감고 버튼을 누르는 것을 머릿속으로 그린다. 다음 날에는 버튼을 누르고 열려 있는 엘리베이터에 발을 들여놓는다. 이렇게 천천히 엘리베이터와 가까워지면서 자신의 두려움을 명상과 호흡을 통해 통제한다. 당신은 노력 끝에 엘리베이터를 타고 건물의 꼭대기 층까지 올라갈 수 있게 된다. 마지막에는 엘리베이터를 타기 전에 긴 호흡을 하는 것만으로도 공포심을 극복할 수 있다. 이렇게 되면 당신은 맘에 드는 곳이라면 어디에서든 살 수 있고 일할 수 있다. 고층 건물들이 가득한 도시에서도 말이다.

나는 공포증까지는 아니지만 재각각의 두려움을 갖고 살아가는 사람들을 관찰하며 나만의 휴식 테크닉을 생각해 내었다. 사람마다 조금씩 고치며 사용해야 하지만 나는 이 기초적인 방식이 노력만 하면 모두에게 도움을 줄 수 있다는 것에 놀랐다.

베리의 이야기로 돌아와서, 나는 그에게 많은 사람들 앞에 서는 것과, 멋진 발표를 준비할 수 있도록 과제를 내주었다. 나는 그에게 자신만의 스트레스 해소법과 '도전 순위 리스트'를 동시에 만들어 자극이 될 수 있도록 계획했다.

나는 긴 호흡을 기초로 하여 베리에게 그만의 해소법을 찾을 것을 제안했다. 특히 여러 운동을 체험한 뒤, 자신에게 가장 적합한 운동을 찾기를 권유했다. 승부를 위한 스포츠가 아닌 혼자 즐길 수 있는 조깅, 수영 등이 머리를 비우는데 가장 적합하다. 하지만 당신이 농구나 테니스를 하면서 편안함을 느낀다면 이런 운동도 괜찮다. 가끔 명상을 하는 방법도 매우 좋다.

R I S K T A K E R ' S T o o l s

〈완벽한 결말을 그려라〉

당신이 시각적인 사람이 아니라고 할지라도, 대부분의 사람들은 문제점을 머릿속에서 그려 해결책을 찾은 뒤 결말을 내는 것에 능숙하다. 믿지 않아도 좋다. 하지만 이는 특별한 것이 아닌 작은 상상을 따라 온 큰 아이디어일 뿐이다. 라이트 형제는 첫 비행에 성공하기 전에 머릿속에서 비행기를 그리는 작은 상상을 했다. 에디슨은 실패를 하기도 전에 머릿속에 이미 전구를 그리고 있었다.

당신 또한 다르지 않다. 상상을 하며 긍정적인 결과를 보는 것은 목표 달성에 도움이 된다. 원하는 회사에 들어가거나, 날씬해진 몸매를 상상하는 것은 머릿속에서 리허설을 하는 것과 같아 당신의 불안감을 덜어준다. 당신은 상상의 무한한 힘을 느껴 본 적이 있는가? 없다면 이 엄청난 파워를 당신의 도전 정신에 포함시켜라.

1. 편안한 자세로 앉거나 눕는다. 눈을 감고 숨을 크게 천천히 내쉰다. 복근에 숨이 들어가는 것을 확인하라. 숨을 내쉬며 부정적인 감정들을 몸 밖으로 내 보내라. 3-5분 동안 반복하며 몸속에 지녔던 나쁜 에너지를 없애라.

2. 자신의 시나리오 중 한 장면을 상상하라. 영화를 보듯이 자신의 행동을 머릿속에 그려라. 상사에게 찾아가 새로운 도전이 될 일을 의논하는 것이나, 장기적인 목표로 날씬하고 건강해진 몸을 상상해도 좋다.

3. 머릿속에 떠오른 장면에 따라 새로운 자신을 그려보자. 날씬한 당신이 쇼핑을 하는 모습이나, 자신감에 찬 당신이 새로운 동업자들과 큰 계약을 하는 상상을 하며 이야기가 계속 되게 하라.

4. 장애물을 생각하라. 까다로운 요구를 하며 당신의 제안을 거절하는 투자자, 혹은 다이어트를 하고 있는데 친구들과의 모임에서 파스타와 빵, 술이 눈앞에 가득 놓여 있는 것을 상상해보라.

5. 성공을 꿈꾸며 당당하고 절제력 있는 자신의 모습을 상상하라. 다이어트 때문에 맛있는 것을 포기하는 절망적인 자신의 모습보다 건강한

식습관을 지키며 친구들과도 함께 할 수 있는 방법을 떠올려라. 아니면 멋지게 투자자들을 설득해 계약을 따내며 사무실에서 영웅이 된 모습도 좋다.

6. 자신의 기분을 한마디로 정의해보라. 파워, 에너지, 승리, 열정, 건강, 안정 등 성공한 자신의 모습을 본 후의 감정을 표현하라.

7. 다시 호흡을 가다듬고 6번에서 당신이 선택한 단어에 집중하라. 3-5분 동안 호흡을 반복하며 하루를 시작할 긍정적인 에너지를 느낀 후 눈을 뜨고, 크게 미소를 짓고, 기지개를 켜라.

베리가 이 방식에 익숙해지기까지는 시간이 걸렸지만 그는 안정감을 느끼는 것이 너무 좋아 이 명상을 일상생활에 적용했다. 그는 매일 3-5분 동안 호흡을 가다듬고 어려운 대화, 발표 등 그 날 있을 모든 상황에 대해 최고의 결말을 생각했다.

여러 가지 명상 CD와 가이드를 들으며 자신에게 맞는 방법을 찾았다. 처음에 그는 명상에 빠져들지 못하고 뒤척거리며 생각을 비우지 못했다. 그래서 그는 눈을 감고 오늘의 할 일 리스트를 만들었다. 오랫동안 아침 조깅을 즐겼던 그는 패턴을 바꿔 매일 명상을 시작하기 전에 긴 조깅을 하고 돌아왔다. 그는 조깅을 하며 몸을 풀자 마음까지 쉽게 풀리는 것을 느꼈다. 여러 번의 시도를 통해 베리는 자신만의 휴식 패턴을 찾게 되었다.

〈베리의 휴식 사이클〉

- 아침에 일어나면 5분 동안 천천히 크게 호흡을 한다.

■ 45분 동안 조깅을 한다.

■ 5-10분 동안 스트레칭을 하며 몸의 열을 식힌다.

■ 명상을 시작한다. 마룻바닥에 앉아 15분 동안 호흡을 느끼며 생각을 가다듬는다.

■ 일주일에 한 번씩 새로운 명상 가이드나 CD를 사용하여 휴식을 취한다.

명상과 달리기를 하는데 매일 아침 한 시간 밖에 걸리지 않았다. 평상시에도 매일 45분씩 달리기를 하던 그의 아침에 단 20분만 추가하면 되었다. 그는 6주 동안 매일같이 이 패턴을 유지했고 그 결과는 아주 만족스러웠다. 그는 처음 아침조깅을 시작했을 때처럼, 여행을 가거나 아침 미팅으로 인해 명상을 하지 못하게 되면 아쉬운 마음이 들었다. 며칠을 빼먹더라도 그는 다시 명상으로 돌아와 마음의 휴식을 즐겼다. 결국 그는 주말에 요가를 시작했고 가끔씩 가장 좋아하는 CD를 이용해 긴 명상을 즐기게 되었다.

조금의 노력 끝에 베리는 머릿속의 복잡한 생각을 없애고 불안을 통제하며 눈앞에서 일어난 일, 음악, 대화에 집중하는 법을 배웠다. 여러 가지 일을 한꺼번에 해야 하는 부모들에게 아주 유용하다.

베리는 동시에 도전 계급 리스트도 작성했다. 그는 성공하고자하는 목표가 뚜렷했기에 어떤 행동을 먼저 실천해야 하는지 쉽게 생각해 냈다. 그 또한 다른 사람들처럼 바쁜 직장 생활, 여행 계획, 사교 활동 등으로 인해 시간을 빼앗기는 일이 많았다. 가장 급한 일을 리스트에 작성함으로써, 다른 일에 한 눈 팔지 않고 집중 할 수 있었다. 그에게 주어진 시간은 3개월이 전부였고 집중력을 최대한 높여 단 하나의 실수 없이 필요한 작은 도전들을 모두 끝내야 했다.

행동은 웅변이다.

– 윌리엄 셰익스피어

베리는 자신의 행동 단계를 나눠 불안 점수를 매겼다. 이 점수표는 당신의 행동의 우선순위를 정하기 위해 만든 것으로 필수적인 행동을 취할 때마다 느끼는 불안 지수를 점수로 등급을 매기는 방식이다.(10은 가장 높은 불안감을, 1은 가장 낮은 불안감을 뜻한다.)

베리는 CSE 모델을 이용해 필요한 행동을 찾아 각각 불안 지수를 정했다. 그는 꾸준한 스트레스 해소와 부정적인 생각을 긍정적으로 바꾸는 노력으로 인해 자신의 불안을 빠르게 인식했다.

행동	불안 지수
발표를 성공하는 일	10
발표 내용을 쓰는 일	2
동료들 앞에서 발표를 연습하는 일	8
친구 결혼식에서 축사를 읽는 일	5
대화 그룹에 참여하는 일	3
대화 그룹에서 발표하는 일	7
회의에서 의견을 더 많이 제시하는 일	6

마케팅 회의에 참석하는 일	7

베리는 성공적인 결과를 위하여 '행동 순위 리스트' 의 배열을 수정했다. 새로운 리스트는 논리적이어야 하고 타임라인에 따른 순서대로 정해져야 한다. 베리는 목표 달성을 위해, 자신의 모든 행동에 책임이 있다는 것은 물론, 불안 지수가 낮은 일부터 해결 하는 것이 자신감 회복에 도움이 된다는 것을 알게 되었다.

〈베리의 높아지는 도전 계급 리스트〉

발표 내용을 쓰는 일	2
대화 그룹에 참여하는 일	3
친구 결혼식에서 축사를 읽는 일	5
회의에서 의견을 더 많이 제시하는 일	6
대화 그룹에서 발표하는 일	7
마케팅 회의에 참석하는 일	7
동료들 앞에서 발표연습을 하는 일	8
발표를 성공하는 일	10

베리는 아침마다 명상과 조깅을 끝내고 난 후 리스트에 있는 행동을 하나씩 실천 해 나갔다. 발표 내용을 준비하거나 친구 결혼식에서 읽어야 할 축사를 보며 여러 사람들 앞에서 말하는 것을 연습했다. 처음에는 이런 연습을 하는 자신이 창피했지만 얼마 지나지 않아 휴식 사이클이 자신의 불안까지도 해소시켜준다는 것을 느낄 수 있었다.

베리의 리스트에서 볼 수 있듯이, 도전에 대한 연습을 하기 위해 새로운 이벤트를 만들 필요 없이 미리 정해놓은 계획 속에서 연습할 기회를 찾았다. 그는 이미 친구의 결혼식에 들러리로 참석해 축사를 읽기로 했다. 베리는 친구를 위해 진심이 담긴 축사를 준비했다. 또한 그는 토스트마스터Toastmasters 라는 대화 그룹에 참여하기 시작했다. 토스트마스터란 1924년에 설립된 비영리 단체로 사람들이 대중연설에 대한 두려움을 극복할 수 있도록 도와주는 곳으로 유명하다. 토스트마스터에서 제시하는 연습 방법에 따라 베리는 친구의 결혼식 축사와 회사 회의에서 자신의 의사를 표현하는 법을 연습했고 중요한 발표 준비를 할 수 있었다.

베리는 리스트의 새로운 단계에 들어가기 전에 휴식시간을 늘리거나 강화했다. 불안을 통제하는 것이 수월해지면서 그는 더 많은 것에 도전했고, 자부심이 강해지면서 더욱 어려운 도전을 마주할 수 있었다. 그를 묶어 두었던 악순환의 사이클처럼 이제는 도전을 위해 휴식을 취하고, 행동을 개시한 후, 성공을 자축하고 다음 도전으로 넘어가는 성공의 사이클이 완성됐다. 즉 '쉬고, 도전하고, 반복하라' 사이클이 완성된 것이다. 베리는 걸음마를 배우는 아기처럼 여러 번 넘어졌지만, 실력을 쌓으며 자신감을 키웠고 이제는 그 누구의 도움 없이 당당하게 걸을 수 있다.

베리는 친구 결혼식에서 감동적으로 축사를 읽었고, 토스트마스터 대화 그룹에서 눈에 띄는 활동으로 새로운 친구들을 사귀고 여자 친구도 만났다. 그는 회사 회의에서 멋지게 실력을 뽐냈고, 발표를 하는 날에는 긴장한 기색 없이 멋지게 성공했다. 그는 같은 업계 종사자들에게 인정을 받았고, 여러 계약을 성공시켜 회사에서 포상금도 받을 수 있었다. 그는 CSE를 통해 도전을 리스트로 정리하여 실천하는 법을 배워 그 어떤 일이 닥쳐도 이겨 낼 수 있는 능력을 갖게 된 것이다.

> 위험을 무릅쓰고 멀리 떠나는 사람만이 인간이 닿을 수 있는 가장 먼 곳을 찾을 수 있다
>
> – T.S. 엘리엇

RISK TAKER'S Tools

〈도전 순위 리스트 만들기〉

비전을 선명하게 하라.

리스트를 만들기 전 당신의 CSE 모델을 복습해보자. 처음과 지금의 목표가 같은가? 목표가 더 가까워지고 현실화 되었는가? 눈을 감고 더욱 더 선명해진 자신의 목표를 바라보자.

행동을 간결하게 하라.

꼭 필요한 행동들을 작게 나눠 단계별로 불안 지수 점수를 매긴다. 목표를 달성하기 위해 필요한 모든 일들을 생각해 보라. 단계는 작으면 작을수록 좋다. 단계가 작아질수록 부담 또한 작아질 것이니 계속 행동의 크기를 줄여라.

계획을 실행하라.

베리의 경우처럼 도전 기간이 정해져 있다면 이 책이 끝날 때쯤 행동

을 실천하거나 휴식 사이클 정도는 실행하길 바란다. 기간에 상관이 없는 사람이라면 계속 실행의 틀을 만들어 제10장에서 실수 없이 목표를 이룰 수 있는 방법을 보여주겠다.

셜리의 이야기를 이용해 더 자세한 설명을 하겠다. 그녀는 시애틀에 거주하는 변호사로 매일 반복되는 법정 싸움에 질려 50세가 된 후에도 즐길 수 있는 일을 원하고 있었다. 그녀는 '빠져나오는' 여행을 통해 자신의 새로운 열정을 찾아 나섰다.

셜리의 계획을 보고 당신도 자신만의 계획을 쓰기 시작하라. 이것이 도전의 시작이다.

〈셜리의 CSE 모델〉

■ 선명한 목표: 인생의 새로운 의미를 찾아라.

■ 간단한 행동: 변호사라는 직업적 배경을 활용하면서 사회에 도움이 되는 일을 찾아라.

■ 실천방법: 비영리 단체나 정부가 지원하는 일을 찾아보고 나의 책임 코치인 리비에게 도움을 받는다.

〈휴식 사이클〉

■ 아침에 일어나면 감사의 기도로 하루를 시작한다.

■ 매일 한 시간씩 조깅을 하고 주말에는 강도를 높인다.

■ 일주일에 한 번씩 교회 예배에 참석하고 요가를 한다.

〈작은 단계로 나뉜 나의 행동 리스트와 불안 지수〉

행동	불안지수
다른 변호사 사무실을 찾는다.	9
여행을 떠난다.	4
비영리 단체의 일을 찾아본다.	7
새로운 열정을 찾아 내면을 들여다본다.	10
새로운 사람을 만난다.	8
정부 관련 일을 맡는다.	7
새로운 친구들을 사귄다.	5
여가 시간을 계획한다.	6

새로운 계급의 도전 리스트

여행을 떠난다.	4
새로운 친구들을 사귄다.	5
여가 시간을 계획한다.	6
비영리 단체의 일을 찾아본다.	7
정부 관련 일을 맡는다.	7
새로운 사람을 만난다.	8
다른 변호사 사무실을 찾는다.	9
새로운 열정을 찾아 내면을 들여다본다.	10

셜리의 리스트에서 볼 수 있듯이 그녀는 자신에게 많은 부담감을 주었다. 그녀는 계획대로 실행할 자신은 있었지만 리스트대로 움직인다면 불필요한 감정 소모와 너무 큰 희생이 필요했다. 나는 그녀에게 용기를

주고 도와주기 위해 '연관 없는 도전' 연습을 준비했다. 이는 목표와 관계없이 즐겁고 재밌는 일에 도전하여 자신감을 쌓는 연습으로 진짜 목표를 정복하기 위해 필요한 매우 중요한 도구다. 나는 생각이 너무 많은 회사원들에게 연기 강의를 듣게 하여 즉흥적으로 움직이는 법을 배우게 했고, 내성적인 사람들을 인맥 형성 세미나에 참가시켜 사람들의 주목에 익숙하도록 만들었다. 그리고 대화가 끊긴 부부에게 살사 레슨을 권유하기도 했다.

RISK TAKER'S TIP

습관화가 된다는 것은 반복적인 자극이나 행동에 대해 뇌의 반응이 줄어드는 것을 뜻한다. 당신은 매일 반복되는 출근길에는 흥미를 잃어 어떤 변화도 눈치 채지 못한다. 하지만 새로운 길에 들어서면 주위를 더 유심히 관찰하게 된다. 이제 내일부터라도 새로운 길로 출근을 해보거나, 중간에 커피숍을 들리며 인생에 가벼운 변화를 주자.

현재의 직업에 너무 몰두했던 그녀는 자신의 평소 생활에서 조금이라도 벗어나는 행동에 큰 부담을 느꼈다. 단순히 비영리 단체에 전화를 걸어 현재 일자리가 있는지 물어보는 일 조차 말이다. 나는 그녀가 이룬 성공과 타고난 능력들을 보면서 그녀가 새로운 것에 불안함을 느낀다는 사실에 놀라지 않을 수 없었다.

나는 그녀의 생각을 바꾸기 위해 목표와는 상관없는 즐거운 도전을 추천해 주었다. 산을 오르거나 하늘에서 낙하산을 매고 뛰어 내리는 엄청난 일이 아니어도 된다. 조금은 불편하고 창피할지라도 지금까지 한 번도 시도해 본적이 없는 미지의 세계를 경험해 보라는 것이다.

나는 셜리와 대화를 하다 그녀가 연극에 대한 숨은 열정을 갖고 있다는 것을 알게 되었다. 그녀는 극장의 연간 회원권을 갖고 있었고 시애틀 연극단 임원으로 활동 한 적도 있었다. 그녀는 자신의 창의적인 능력을 테스트해보고 싶었지만 용기가 없었다. 그래서 나는 그녀에게 압박을 주지 않고 시도하고 싶은 것들을 적어보라고 제안했다.

〈그녀의 리스트〉

- 마라톤에 참가한다.
- 코미디 연기 워크숍에 참가한다.
- 댄스 학원에 등록한다.
- 섹시한 빨간 드레스를 장만한다.
- 무대에서 공연을 한다.
- 싱글들을 위한 이벤트를 연다.
- 남녀 골프 그룹에 참여한다.

눈물을 흘리기 위해 살아가야한다

– 알베르 카뮈

셜리는 결국 연극에 대한 열정을 추구하기 위해 행동하기 시작했다. 그래서 사회에 도움이 되면서도 즐거운 도전을 동시에 할 수 있는 자선단체 연극에 참여했다. 그녀는 빨간 드레스를 입고 무대 위에 올라 자신의 역할을 멋지게 해냈다. 생각하지도 못했던 즐거움을 느낀 그녀는 더 나아가 댄스 학원에 등록을 하고, 조깅 그룹에 참여하여 첫 마라톤에 도전 했다.

머지않아 그녀의 새로운 도전정신이 직장에 영향을 미치기 시작했다. 일 년도 지나지 않아 그녀는 새로운 일을 구하기 시작했고, 생각하지도 못했던 엄청난 도전을 했다. 그녀는 재판장이 되기 위한 큰 모험에 도전했고 큰 어려움 없이 재판관으로 임명되었다. 나는 그녀에게 좋은 소식을 들으며 판사 복 아래 빨간 드레스를 입은 그녀의 모습을 상상했다.

Risk Reinforcement

인생 목표와는 상관없는, 성취감을 느끼게 해 줄 여러 가지 일들을 찾아보자. 사회봉사, 스포츠, 예술 활동, 여행 등 성장과 변화를 위한 새로운 시도를 해보자. 긴장감에 가슴이 쿵쾅거린다면 아주 좋은 징조다. 바로 실천하라!!

비관론자는 모든 기회 속에서 어려움을 찾아내고
낙관론자는 모든 어려움 속에서 기회를 찾아낸다.

— 윈스턴 처칠 —

CHAPTER 07

함께 하기

할리우드의 메이크업 아티스트이자 철인 삼종 경기 선수인 나탈리 웹이란 친구가 있다. 그녀는 한 해 여름을 알래스카의 어선에서 일 한 적이 있다. 그 이후로 그녀는 누군가 자신의 성장을 가로막는 이가 있으면 그들을 '상자 속의 게들' 이라고 불렀다. 한 마리의 게가 탈출을 위해 상자 밖으로 나가려고 하면 다른 게들이 다시 끌고 들어오는 것을 보고 이름을 지은 것이다. 어디서 많이 본 광경이지 않는가?

이번 장에서 우리는 지인들에 대해 깊이 생각해보는 시간을 가질 것이다. 그들은 당신이 더 나은 삶을 살 수 있도록 도와주는 조력자인가 아니면 방해하는 사람인가? 자신의 동료, 친구, 가족들 모두가 자신을 항상 응원해 줄 것이라고 믿는 사람도 있다. 그러나 항상 그렇지만은 않다. 물론 그들이 악의가 있어서 당신을 방해하는 것은 아니지만, 때로는 친한 지인들조차도 당신의 앞길을 가로 막는다. 고의든 고의가 아니든, 그들이 당신을 방해하는 이유는 그들 내면에 존재하는 두려움 때문이다. 그들은 이 두려움에서 벗어나고자 당신에게 두려움을 떠안긴다. 대신에 당신의 긍정적 에너지를 빼앗아간다. 우리는 이들로부터 벗어날 수 없는 것일까? 다음에서 몇 가지 방법들을 소개하겠다.

대개 타인의 삶을 제한하려는 사람들은 자기 자신과 주변 사람들이 실패로 인해 상처를 받을까봐 두려워한다. 그들 중 몇몇은 당신이 성공했을 때조차 만나는 것을 꺼린다. 누군가 당신의 삶을 자꾸 제한하려고 할 때, 당신은 '나를 방해하는 사람들이 없었으면' 하고 고민하겠지만, 그렇다고 관계를 바로 끊을 수도 없는 노릇이다. 그들과 좋은 관계를 유지하기 위해 노력해야 하며 특히 그들이 당신의 상사, 배우자 혹은 부모라면 더 신중해야 한다. 우리는 어떻게 이 문제를 해결할 것인가? 이제부터 당신을 제한하려는 사람들의 부정적인 견해를 존중하면서도 잘 거절할 수 있는 방법을 모색해 보자. 그들은 자신들의 의견이 잘 반영되고 있다고 철썩 같이 믿을 것이다. 하지만 우리는 더 이상 그들을 신경 쓰지 않은 채 더 나은 삶을 만들어 갈 것이다.

또한 우리 삶의 조력자를 찾는 방법에 대해서도 논할 것이다. 조력자들은 당신의 창의력을 일깨워주고 모험을 할 수 있도록 용기를 북돋아준다. 또한 당신의 비전을 현실화할 수 있도록 도와준다. 이렇게 우리는 타인에게 베푸는 일에 타고난 사람들과 함께 해야 행복한 삶을 만들 수 있다. 그러나 이런 조력자들과 깊은 관계를 맺기란 쉬운 일이 아니다. 특히나 자신의 분야가 아닌 곳에서 조력자를 찾으려고 한다면 큰 용기와 자신감이 필요하다. 이 책을 반 이상 읽어 오면서, 이미 기본적인 사항들을 숙지하고 있으리라 생각된다. 이제는 조력자들과 어떻게 친분을 맺을 수 있을지, 또 그들과 함께 어떻게 더 큰 모험을 즐길 수 있는지 알아보도록 하자.

RISK TAKER'S TIP

잠시 자신의 친구, 가족, 동료들에 대해 곰곰이 생각해보자. 혹시 그들 중에 늘 당신이 비현실적이라며 당신의 꿈을 무너뜨리고 실망감만 안겨주는 사람들이 있는가? 또는 현재 주어진 것에 감사하고 더 갖고자 하는 욕심을 버려야 한다고 말하는 사람들이 있는가? 아니면 반대로, 당신은 원하는 바를 이룰 수 있는 능력이 있고 가능성도 충분하다고 말해주며 자신감을 불어 넣어 주는 사람들이 있는가?

마지막으로 당신의 인생을 가장 방해하는 것, 즉 당신 내면에서 스스로를 비난하는 목소리를 어떻게 잠재울 수 있을지 생각해 보자. 그러기 위해서는 당신이 혼자 하는 말들, 하루 종일 머릿속에 맴도는 생각들에 집중해야 한다. 앞으로 내가 공유할 방법들, 즉 제한하는 사람들을 멀리하고 조력자를 가까이 할 수 있는 테크닉이 잘 이해되지 않을 수도 있다. 그러나 두려운 마음이 생기더라도 꼭 한번은 시도해 보기를 바란다. 저명한 공상과학소설가 레이 브레드버리는 다음과 같이 말했다.

"위험을 무릅 쓰고 모험을 한다는 것은 날개를 먼저 펴고 절벽을 뛰어내리는 것이 아니라, 절벽에서 뛰어내린 후 날개를 펼치는 것이다." 자, 절벽에서 일단 뛰어내려보자. 그 다음에 접었던 날개를 펴고 하늘 높이 유유히 날아보자.

제한하는 사람들로부터 자유로워지는 방법

지금까지 예로 들었던 사람들이 힘들어 했던 이유는 대부분 그들의 게으른 행동 때문이었다. 하지만 어떤 사람들은 그들의 의지와 상관없이 해고, 질병, 죽음, 이혼과 같은 외부적인 요인들에 의해 힘들어 한다. 그들이 이 어려운 상황을 선택한 것은 아니지만, 어려움을 헤쳐 나가는 방법은 얼마든지 먼저 선택할 수 있다.

직업, 경력, 결혼 등 인생에서 상실한 것들이 있다면, 그 상실한 것들을 인정해야만 한다. 우리는 아무리 어려운 문제에 부딪히더라도 다 잊고 이겨내야 한다. 우리가 맞닥뜨리는 모든 어려운 과정은, 자연의 순리가 그러하듯, 더 나은 사람이 되도록 돕는 성장의 일부이기 때문이다. 우리는 이 순리가 공평하지 못하다고 불평하며 힘겹게 싸울 수도 있고 편안함을 찾을 수도 있다(우리는 이미 편안함을 찾는 방법에 대해 배웠다). 당신의 도전 의지를 다시 한 번 다지고 실천에 옮겨 보도록 하자.

우리 모두가 갖고 있는 문제는 자연의 순환과정이 그러하듯, 변화과정이 매우 뒤죽박죽 이라는 점이다. 특히 인생의 큰 패배를 경험하고 나면 더욱 그러하다. 자연 재해로 인해 엉망이 된 숲을 본적이 있는가? 당연히 원시시대의 숲처럼 울창하거나 잘 조성된 공원 같다는 느낌은 들지 않을 것이다. 오히려 매우 황폐한 모습이지 않던가? 그러나 이 숲은 결국 회복되어 본래의 모습을 되찾는다. 이것이 바로 자연의 순환과정이다. 현실의 삶도 마찬가지다. 해고를 당하거나 이혼을 했을 때 삶은 엉망이 되어 버린다. 이런 큰 어려움을 스스로 이겨내고 다시 재기하는 과정이 매우 힘들며 고통스러울 것이다. 하지만 자신에게 찾아온 인생의 실패가 자연의 순리임을 인정한다면, 고통의 시간에서 빨리 헤어 나올 수 있다. 또한 빠른 속도로 재도약 할 수 있을 것이다.

외부 요인에 의한 패배는 큰 씁쓸함을 남긴다. 하지만 앞서 말한 시각에서 바라본다면 우리는 이런 패배에서도 긍정적인 면을 발견할 수 있다.(나는 매우 낙천주의자이자 실용주의자이다) 힘든 패배로부터 오는 감정들은 매우 강렬하고 낯설기 때문에 큰 고통을 안겨 준다. 하지만 그만큼 우리는 패배에서 빨리 벗어나려고 스스로 노력하게 된다. 그러니 이 패배를 긍정적으로 바라보자. 반면에, 이런 패배를 과거에 경험해 본 적이 없다면, 아무리 빨리 털어내고 싶어도 어떻게 벗어나야 하는지 그 방법을 잘 모를 수 있다.

힘든 상황을 극복하는 데 도움이 되는 여러 기본적인 방법들에 대해 다룬 이유가 바로 이것이다. 당신이 주변에서 도움을 받을 수 없을 때, 스스로 감당이 되지 않을 때 아래의 방법들을 이용해 보자. 이제 당신이 다음과 같은 상황에 처했다고 생각해 보자. 회사로부터 해고를 당했는데 경제 침체 때문에 오랫동안 일을 구하지 못하고 있다. 아마 하늘이 무너지는 것 같은 기분이 들 것이다. 뿐만 아니라 충격에 휩싸여 상실감, 분노, 두려움, 심지어 수치심마저 들 수 있다. 이때 이런 감정을 숨기려 하면 안 된다. 이런 감정들을 무시해봤자 아무 소용이 없으니 말이다. 아무리 감정을 억누르려 애를 써도 이내 이런 감정에 휩싸이고 말 것이다. 감정을 숨기는 방법 대신 마사 피니Martha I. Finney가 쓴 《리바운드: 해고

후 재기할 수 있는 검증된 방법 Rebound: A Proven Plan for Starting Over After Job Loss》이라는 책을 읽어 보자. 이 책은 해고당한 후에 다시 재기할 수 있는 방법에 대해 여러 좋은 조언을 제공한다. 개인적으로 이렇게 유용한 책을 소개할 수 있어 얼마나 다행인지 모른다. 이 책뿐만 아니라, 도움이 될 만한 전문가들의 책을 통해 여러 조언들을 함께 살펴보면 좋을 것이다. 꽤 비슷한 내용이 많긴 하지만 말이다.

감정을 어느 정도 추스르고, 상실감으로 인한 슬픔을 털어내라. 예전 직장 및 직장동료들과 연결된 끈을 어느 정도 정리하고 나면, 그 다음은 '선명하고 간결하게 실행하라' 계획을 세울 차례다. 자신의 CSE 계획을 보면서 앞으로의 비전을 생각해 보라. 각 단계는 수행 과제와 함께 진행될 것이며 그에 따른 효과적인 방법도 제시할 것이다. 근심과 두려움이 한꺼번에 몰려오는가? 그렇다면 숨을 깊게 들이 마시고 자신의 비전을 생각하며 부정적인 생각을 지워버려라. 무엇보다 가장 중요한 것은 자신의 마음속에 꼭 성공 하겠다는 의지의 씨앗을 심는 것이다. 주위에 자신의 비전을 가로막는 사람이 있다면 더욱 그렇게 해야 한다. 다음은 제러드라는 사람에 관한 이야기이다. 이 이야기를 읽고 나면 생각에 변화가 올 것이다.

제러드는 미시건 주 플린트에 있는 자동차 공장의 공장장이었다. 그는 회사가 파산하기 직전에 수 천 명의 직원들과 함께 해고되었다. 제러드는 해고를 당한 뒤 무엇을 해야 할지 몰랐다. 따라서 제러드와 나는 여러 가능성을 열어두었고, 전 직장 상사와 동료로부터 도움을 받을 수 있도록 몇 가지 방법을 제안했다. 그 다음 그는 CSE 단계로 접어들었다.

다음은 제러드가 계획한 내용이다.

■ 나의 비전: 가능한 한 빨리 새로운 직업을 구할 것

■ 수행할 임무 정리: 전 지역에 있는 자동차 공장을 물색할 것

■ 계획 실행하기: 종이에 계획들을 적고 오늘부터 아는 지인들에게 전화한다(하루에 최소한 10명). 이력서를 인터넷에 올려놓고 필요하다면 다른 분야도 검색해 본다.

제러드는 걱정했던 것과 달리 위의 방법들을 쉽게 실행에 옮길 수 있었다. 그는 각 단계마다 우선순위를 정해놓고 매우 열심히 임무를 수행했다. 하지만 관리직에 몇 번 지원했다 떨어지자, 곧 자신감을 상실하기 시작했다. 그의 아내 비키는 재정적으로 완전히 패닉 상태에 빠졌고 결국 남편에게 친정에서 운영하는 사무용 가구 회사에서 영업사원 일을 하는 것이 어떻겠냐며 간절히 요청했다. 비키는 제러드가 재취업을 하는 것이 불가능하며, 곧 저축해 둔 돈을 다 쓰고 급기야 집을 팔 수 밖에 없는 상황에 내몰리고 말 것이라고 생각했다.

제러드는 사우스 캐롤라이나에 있는 한 자동차 공장의 전도유망한 직책에 지원을 했다. 그러나 아내인 비키의 방해의 목소리는 점점 커져만 갔다. 그녀는 제러드가 매우 어리석은 행동을 하고 있으며 그 분야는 전혀 장래성이 없다고 말했다. 하지만 사실 그녀는 다른 주에서 새로운 삶을 시작하는 것을 두려워했다. 결국 제러드는 지원을 취소하고 처갓집이 운영하는 회사의 영업직을 맡기로 결심했다. 어느 날 그는 같은 직위에 있었던 전 직장 동료가 그 공장에서 자신이 지원하려던 일을 시작했다는 것을 들었다. 제러드는 그때서야 자신에게 찾아온 기회를 날려버리고 비

키의 방해하는 목소리에 굴복했다는 것을 깨달았다.

제러드는 자신의 안위를 위해 영업직 일을 맡기로 결정했다. 그는 다른 어떤 가능성이 있는지 알아볼 기회조차 잃어버렸다. 그가 비키의 두려움을 없애주는 대신 눈앞에 확고하게 펼쳐진 자신의 비전을 꿋꿋하게 추구했다면 어땠을까. 지금쯤 사우스 캐롤라이나에서 일을 구해 가족들과 함께 행복한 삶을 살고 있었을지도 모른다.

RISK TAKER'S Tools

〈제한하는 사람의 의견을 무시하는 방법〉

긍정적이든 부정적이든, 내부적이든 외부적이든, 크든 작든, 언어의 힘은 매우 대단하다. 당신의 삶을 방해하며 제한하는 사람들을 대처하는 방법이 있다. 첫 번째 방법은 그들의 언어와 선택이 당신의 행동에 어떤 영향을 미치는지를 깨닫는 것이다. 아무리 사소한 일일지라도, 그 사람이 당신의 용기와 자신감을 떨어뜨린다면, 그의 말을 한 귀로 듣고 한 귀로 흘려보내라. 또한 당신을 제한하려는 의견이라고 생각되면 즉시 거부하라. 이 때 제6장에서 배운 생각 멈추기thought-stopping 테크닉을 이용해도 좋다.

물론 스스로 자신의 삶을 제한할 때도 있다. 다음 예를 읽으면서 주위에서 비슷한 말을 하는 사람들이 없는지 생각해 보라. 뿐만 아니라 스스로 자신에 대해 비판하거나 비난하는 말을 하지 않는지 떠올려 보라. 다음 문장들 중 눈에 익은 것들이 있는가?

파멸을 부르는 언어: 매우 극단적이고 최악의 상황에서 쓰는 말

- 이 상황은 너무 끔찍해. 나는 절대 재기할 수 없을 거야.
- 인생이란 전혀 살 의미가 없어.
- 우리 사장님은 세상에서 가장 불쾌한 사람이야.

상황을 악화시키는 언어: 사람을 판단하는 말, 비난, 조소

- 너희 형이야말로 우리 가문에서 진정한 사업가야.
- 그 문제에 대해서 전혀 고민할 필요 없어.
- 너는 정말 패배자야/바보야/꿈만 좇는 사람이야.

흑백 언어: 이는 전혀 이성적이지 않은 말로, 절대로회색 영역(현실)을 인정하지 않는다. 다음 문장에서처럼 항상, 절대 라는 말을 사용한다.

- 넌 항상 돈과 관련된 문제가 있구나.
- 넌 절대 아무것도 하지 못할 거야.
- 앞으로 내 인생에서 이것은 절대로 하지 않을 거야.

자책하는 언어: 비난조의 말로, 도움도 안 되고 희망도 없다. '모두 날 불쌍하게 생각해야만해' 라고 생각하는 것은 투정에 지나지 않으며 자기 연민일 뿐이다.

- 나는 이것을 변화시킬 힘이 없어.
- 아무도 나를 도와주지 않아. 뭐든 나 혼자서 해야만 해
- 어차피 제대로 되는 게 하나도 없는걸. 뭐하려고 신경 써?

제한하는 사람들의 의사소통 방식을 보면 그들의 말에 항상 부정적인 메시지가 따라 다닌다는 것을 알 수 있다. 그들은 선호하는 언어 스타

일이 있고, 폐쇄적이고 부정적인 사고방식을 표출하기 위해 같은 말을 계속해서 사용한다. 이런 말에 항복해서는 안 된다. 만약 제한하는 사람이 오랫동안 교류가 없었던 친구거나, 악한 이웃이거나 혹은 나쁜 영향을 끼치는 지인(심지어 친척들까지도)이라는 생각이 들면 차라리 관계를 끊는 편이 훨씬 낫다.

그들에게 당신의 계획을 말할 필요도 없이 그냥 관계를 끊는 것이 더 현명할 수도 있다. 그러면 당신의 머릿속에서 맴도는 부정적인 메시지를 계속 듣느라 스트레스를 받을 필요가 없다. 만약 '너무 한다 싶거나', '냉정' 하다는 생각이 들면, 그들의 태도가 변했을 때 혹은 그들이 당신의 도움을 필요로 할 때 다시 관계를 회복하면 된다.

만약 제한하는 사람이 관계를 끊을 수 없는 사람이라면(예를 들어 배우자, 상사, 형제, 자매) 적어도 그들의 언어 패턴을 알아내라. 그러면 그들이 긴 열변을 토로할 때 적당히 걸러 들을 수 있다. 다음은 몇 가지 유용한 방법들이다.

먼저 그들의 부정적인 메시지에 이의를 제기해 보라. 그들에게 직접 이야기를 해도 되고 혼자 생각해 볼 수도 있다. 물론 이의를 제기한다고 해서 항상 효과가 있는 것은 아니다. 어쩌면 그들의 두려움을 자극하여 견해를 더 부정적으로 만들 수도 있다. 또한 그들은 당신의 저항에 의해 더 큰 근심에 빠질 수도 있다. 따라서 그들에게 신중하게 잘 말을 해 납득을 시키든지 혼자만 알고 있든지 적절한 방법을 선택해야 한다.

다른 방법으로는 제한하는 사람들의 의견을 들을 때마다 스스로에게 다음과 같은 질문을 물어보는 것이다.

- 이 사람이 말하는 것들이 정말로 정확한 것인가?
- 그들이 이 말을 진심으로 하는 것인가?
- 지금 중요한 문제인가?
- 1년 후에도 중요한 문제일까?

메시지의 참과 거짓을 구별할 수 있는 능력이 생기면, 어떻게 존중하는 태도를 보이면서 거절할 수 있는지 생각해 보라. 다음 방법들을 시도해 보고 자신에게 적절한 것을 찾아보자. 혹은 제한하는 내용에 따라 사용 가능한 답변을 몇 개 골라 미리 연습해 보는 것도 좋다. 그 다음에는 마치 고장 난 레코드처럼 같은 답변만 계속 반복하면 된다.

다음은 '고장난 레코드판' 방법에서 사용할 수 있는 문장이다. 참고하도록 하라.

- 고맙긴 한데 조금 더 생각해 볼게.
- 조언을 해줘서 고마워.
- 좋은 지적이야.
- 심사숙고해 보고 다시 알려줄게.

성심성의껏 웃으면서 답변을 하라. 그러면 상대방이 상사, 장모, 시어머니 같이 아무리 어렵고 까다로운 사람일 지라도 당신이 그들의 의견을 주의 깊게 듣고 있다고 생각할 것이다. 그저 그들의 말을 방해하는 사람의 의견으로 받아들였다는 것을 모를 뿐이다.

앞에 나왔던 이야기로 돌아가 보자. 비키는 제러드가 자신의 가족과 함께 일할 것을 원했다. 그녀는 흑백 및 상황을 악화시키는 말들을 내뱉었다. "이런 경기 침체 속에서는 절대 일을 구할 수 없어요. 누가 당신을 고용하려 하겠어요?"

또한 그녀는 자책하는 말들도 했다. "나는 다시 시작할 능력이 없어요. 왜 우리에게 이런 일이 일어난 걸까요?" 물론 배우자가 자신의 가족과 함께 일한다면 더없이 기쁜 일이긴 하다. 그러나 우리는 전체적인 상황을 고려해야 한다. 제러드는 직업을 구할 수 있는 기회를 충분히 누리지 못했고 비키는 제러드에게 다음과 같은 말을 가차 없이 내뱉었다.

1. 그의 직업적 능력은 한계에 이르렀다.
2. 그들의 재정 상태와 사회적 지위가 매우 위태롭다.
3. 그에게는 선택권이 없다.

누가 직업을 구하려고 할 때 저런 말들을 듣고 싶겠는가? 제러드가 잠시만이라도 스스로에게 질문을 던져 보고 고장난 레코드처럼 비키의 말을 거부하는 방법을 적용했다면 어땠을까. 아마 비키의 부정적인 목소리를 더 이상 듣지 않았을 것이다. 그랬다면 지금과는 다른 결론에 이르렀을 가능성도 있다. 최소한 더 나은 삶을 추구하려는 그를 방해하는 아내의 두려움에 감정적으로 반응하지 않았을 것이다. 또한 자신의 논리에 따라 비전을 추구할 기회를 가질 수 있었을 것이다.

조력자를 찾는 방법

여러 신체적 장애를 극복했던 헬렌 켈러는 다음과 같이 말했다. "혼자서 할 수 있는 일들은 매우 적지만 함께 하면 많은 일들을 할 수 있다." 조력자는 이것을 본능적으로 몸에 체득하고 있다. 그들은 아무런 보상을 바라지 않으면서 당신의 경력과 삶에 도움이 될 만한 정보나 인맥 등을 공유하려 한다. 심지어 친구조차 질투와 경쟁심, 거절에 대한 두려움 때문에 정보를 공유하고 싶어 하지 않으려는 세상에서 말이다.

그러나 조력자는 당신의 거절을 절대 두려워하지 않는다. 그들이 두려워 할 이유가 무엇이겠는가? 그들은 당신이 비전을 깨달을 수 있도록 진심어린 조언을 해 줄 것이다. 그들은 때때로 건설적인 비평으로(우리 대부분은 이를 몹시 싫어한다) 조언을 해주기도 한다. 이는 매우 힘이 되고 도움이 되는 말이다. 우리 주위에는 많은 조력자들이 있다. 이 조력자들을 찾기 위해 당신이 해야 할 일은 단지 수화기를 들고 그들에게 전화를 하는 것뿐이다.

밥 버그는 훌륭한 연설가이자 《윈윈 네트워킹 Endless Referrals》과 《레이첼의 커피 The Go-Giver》의 저자이다. 위대한 영감Inspiring Excellence 이라는 나의 비즈니스 팟캐스트를 위해 그에게 인터뷰를 요청했던 적이 있다. 그는 즉시 "좋아요"라고 대답했다. 그는 "얼마나 많은 사람들이 당신의 팟캐스트를 이용하나요?"라고 묻지 않았다. 또는 "제 경력에 도움이 되는 인터뷰 인가요?"라고도 묻지 않았다. 많은 사람들이 충분히 물어 볼 법한 질문인데도 말이다. 실제로 많은 사람들이 나의 인터뷰 요청에 이런 질문을 했다. 또 댈러스 모닝 뉴스Dallas Morning News에 칼럼을 쓸 때도 많은 독자들이 비슷한 질문을 하기도 했다. 사실 나도 인터뷰를 요청 받을 때면, 내 자신에게 같은 질문을 던져보았다. 하지만 밥은 다른 사람들과 달랐다. 그런 질문을 하는 것은 그의 스타일이 아니었다. 그는 나를 만난 적도 없었고 그때까지 내 이름을 들어본 적도 없었다. 그럼에도 그는 나의 인터뷰 요청에 흔쾌히 응했다.

나는 인터뷰 전에 그의 저서 《레이첼의 커피 The Go-Giver》를 읽은 상태라 그의 개인적인 철학을 어느 정도 알고 있었다. 그 책은 단순한 방법을 통해 많은 업적을 이룬 한 사업가에 대한 이야기였다.

하지만 나는 이 이야기가 책이기에 가능한 것이라고 생각했다. 슬픈 일이긴 하지만, 모든 작가가 자신의 책에 쓴 내용과(혹은 CEO나 정치가나 성직자) 실제 일치하는 삶을 살지는 않기 때문이다. 그러나 밥은 이런 부류의 사람이 아니었다. 그는 인터뷰에서 기업가나 기업 임원들에게 도움이 될 만한 실용적인 조언들을 해주었다. 게다가 오렌지 카운티에서 열리는 강연에 나를 초대해주어 비즈니스 업계의 큰 거물들을 만나게 해주었다. 밥은 내가 그들의 모임에 도움이 될 거라고 생각했던 모양이다.

나는 잠깐 이렇게 생각했다. '나는 그를 전에 직접 본적이 없는데, 왜 나를 위해 인맥을 형성해 주고 있는 걸까. 나는 그렇게 냉소적인 사람은 아니지만 가끔씩 인간관계를 맺으면서 벽을 쌓을 때가 있다. 나는 '이 사람은 대체 어떤 사람일까? 나한테 원하는 게 뭐지?' 라고 생각했지만 곧 나의 어리석음을 깨달았다. 밥은 뭔가 대가를 바라고서 나를 도와준 것이 아니었다. 게다가 내게만 특별히 그렇게 한 것이 아니라 평소 다른 사람들에게 하던 방식대로 했던 것뿐이었다.

자, 이제 당신의 지인들을 생각해 보라. 당신이 삶의 비전을 찾을 수 있도록 도와주는 사람이 있는가? 최근에 누군가 당신에게 의미 있는 것을 제공한 적이 있는가? 또한 보답을 전혀 바라지 않고 호의를 베풀었던 사람이 있는가? 위 질문에 해당하는 사람이 아무도 없는가? 이것은 당신이 '베푸는 사람'이 아니라 '이익만 바라는 사람'으로 산다는 증거이다. 밥은 다음과 같이 말했다. "우리는 다른 사람들로부터 도움을 받기 전까지 먼저 베풀어서는 안 된다고 배워왔지요. 하지만 그 논리는 매우 이상해요. 대게 성공한 사람들은 그 반대로 행동하거든요. 진심을 담아 끊임없이, 많이 베풀다 보면 언젠간 보답을 받을 수 있다는 생각, 단순하게 이익만을 바라지 말고 다른 사람에게 도움을 줄 수 있는 사람이 되어야겠다고 생각하면 아주 훌륭한 조력자가 될 수 있어요." 물론 밥의 생각(나도 동의한다)이 조금은 모순적으로 들릴 수 있다. 하지만 이것은 무의미한 미신이 아니라 실제로 세상이 돌아가는 원리이다. 그럼에도 회의적인 생각이 든다면 다른 사람에게 한 번 베풀어 보자. 그러면 곧 누가 더 큰 이익을 얻는지 알게 될 것이다.

우리는 지구라는 거대한 집에 살면서 다른 사람에게 베푸는 방식으로 집세를 낸다.

– 무하마드 알리

〈당신은 조력자인가?〉

다음 질문을 통해 당신이 먼저 베푸는 사람 혹은 조력자인지 확인해 보자. 다음의 '조력자가 되기 위한 자기 평가' 질문들에 '네' 혹은 '아니요' 로 답하라.

지난 6개월 동안 나는,

1. 누군가에게 경력과 관련된 조언을 해 준 적이 있다.
2. 이웃집, 가족, 공동체 혹은 애완견과 관련된 문제를 도와준 적이 있다.
3. 시간이나 돈 혹은 물질적인 것을 자선 단체에 기부한 적이 있다.
4. 전혀 모르는 사람이 곤경에 빠졌을 때 도와준 적이 있다.
5. 누군가에게 의사, 세탁소, 선생님, 전문가 등 그들이 필요로 하는 서비스나 사람을 소개해 준 적이 있다.
6. 누군가 직업을 구하는 것을 도와준 적이 있다.
7. 친구, 이웃, 동료 혹은 친척에게 별 이유 없이 선물(시간, 에너지, 음식 등)을 준 적이 있다.
8. 관계가 끊어질 수 있음에도 불구하고 솔직한 조언을 해준 적이 있다.
9. 누군가의 고민을 들어준 적이 있다.
10. 누군가를 웃게 만든 적이 있다.

만약 위의 질문들 중 '예' 가 8개 이상이면 당신은 다른 사람들에게 조력자의 역할을 하고 있는 것이다. 이제 당신은 당신이 주었던 것보다 더 많이 받을 것이다(물론 그것이 관건은 아니지만 말이다). 만약 '예'가 4개에서 7개인 경우, 조력자가 되어 가고 있다는 것을 의미한다. 앞으로도 남에게 베푸는 것을 멈추지 마라. 베풀다 보면 좋은 에너지를 전하게 되고 곧 풍부한 보답을 얻을 것이다. 만약 '예'가 3개 이하라면, 자신에게만 집중하는 것을 멈춰야 한다. 《레이첼의 커피 The Go-Giver》를 읽고 다른 이들에게 조력자가 되어라.

도움을 요청하면 도움을 받는다!

다른 사람들에게 도움을 주는 것은 매우 이타적인 행동이다. 따라서 필요할 때 다른 사람에게 도움을 요청하는 것은 당연한 일이다. 사실 다른 사람에게 도움을 요청할 때는 매우 큰 용기가 필요하다. 우리는 아무런 대가를 제공하지 않으면서 도움을 구하는 것이 우리의 약함을 증명하는 것이라고 세뇌당해 왔다.

나는 회사에서 강연을 할 때면 직장에서 얻는 영감의 위대함 또는 서로 협력하는 문화에 대해 이야기를 한다. 강의를 할 때면, 사람은 누구나 베풀 준비가 되어 있다는 나의 신념을 재차 확인하게 된다. 나는 도움을 줄 때 큰 기쁨을 느끼거나, 다른 이에게 조력자의 역할을 한다고 생각하는 사람이 있다면 손을 들어보라고 한다. 그러면 보통 그 곳에 모인 대부분의 사람들이 손을 든다. 하지만 그들에게 반대로 도움을 요청하는 것을 좋아하는지 물어보면 대부분의 사람들은 손을 내리고 만다. 참 모순적이지 않은가? 도움을 주고받는 관계에 있어서 무언가 삐걱거리고 있다.

베푼다는 것은 내면의 깊은 고독의 틈에 다리를 놓는 것과 같다.

– 생택쥐페리

만약 당신이 다른 사람의 도움으로 성공을 이룬 뒤 기쁨을 느꼈다면, 당신은 언제든 도울 준비가 되어 있는 조력자의 세계로 발을 내딛은 것이다. 물론 남을 도울 때에는 신중하게 타이밍을 조절하고 계획도 잘 세워야 한다.

사실 우리는 터무니없는 요구를 하는 사람의 수가 도움을 주려는 사람보다 많을 거라고 생각한다. 그러나 나는 오히려 그 반대의 경우가 많다는 것을 보았다. 대부분의 사람들은 도움을 요청하면 자신이 약함과 경험 부족을 보여주는 것이라고 생각한다. 그러므로 애초에 도와달라는 말을 꺼내지 않는다. 하지만 이는 매우 아쉬운 일이 아닐 수 없다. 그들은 삶에서 아주 중요한 것을 놓치고 있는 것이다. 이제 서로 베풀고 도움을 얻는 카르마 karmic:좋은/나쁜 업보를 쌓는 일 의 세계를 경험해 보자. 곧 당신의 삶에 생각보다 많은 조력자가 있었다는 사실에 놀랄 것이다. 그럼에도 불구하고 조력자가 없는 것 같다면 www.LibbyGill.com에 접속해서 내게 이메일을 보내라. 내가 당신의 훌륭한 조력자가 되어줄 것이다. 내가 무슨 말을 하고자 하는지 알겠는가? 많은 사람들이 도처에서 당신을 도와주기 위해 기다리고 있다. 이제는 다른 사람을 위해 당신이 나설 차례이다.

생사를 결정하는 당신의 조력

적절한 도움을 받으면 말 그대로 생사의 문제를 해결할 수 있다. 앨런 도이츠먼Alan Deustchman 이 쓴 책, 《변하지 않으면 죽는다 Change or Die: The Three Keys to Change in Work and LIfe》는 이것에 대해 분명하게 말한다. 그가 말하고자 하는 바는 이러하다. 목숨을 위협하는 질병에 걸렸다. 하지만 생활방식만 간단히 변화시켜 치료가 가능하다면, 10명 중 단 한 명만이 목숨을 위해 변화를 시도한다고 한다. 상상해 보라. 의사가 당신에게 지금 당장 변하지 않으면 죽을 거라고 말한다면 어떻겠는가? 만약 당신이 아무것도 하지 않는다면?

물론 이런 상황은 당신에게 큰 충격일 것이다. 의학계의 통계에 의하면 오늘날 우리는 건강 예산의 최대 80%를 다음 5가지로 인해 소비한다. 이는 의학적인 문제가 아니라 우리의 습관과 관련된 문제들로, 여기에는 과식, 술, 담배, 스트레스 및 운동 부족이 포함된다. 이런 문제들만 잘 해결해도 지금보다 훨씬 많은 사람들이 건강한 삶을 누릴 수 있다고 한다. 그러나 어느 누구도 이 문제로부터 쉽게 벗어나지 못한다. 어째서일까?

고통은 전염병처럼 옮는다.

– 마사 그레이엄

도이츠먼의 책에서 딘 오니쉬 박사도 같은 질문을 놓고 고민 했다.

오니쉬는 유명한 내과 의사이자 작가이며, 캘리포니아 소실리토에 있는 예방의학연구기관Preventive Medicine Research Institute 의 창립자이다. 그의 의학적 배경 지식은 매우 독특하다. 그는 요가와 명상을 치료의 일부로 활용하기 위해 연구 했다. 그래서 환자의 발병 원인이 생활 습관이라고 판단되는 경우 요가와 명상을 함께 적용해서 치료를 한다. 의학적 지식에 다른 특별한 방법을 병행해 치료를 하면 효과가 훨씬 좋다는 것을 발견한 것이다. 이는 물론 과학적으로 입증된 사실이다.

오니쉬 박사는 의대에 있을 때 자신이 알고 있는 민간요법을 병행하는 치료법을 시도하고 싶었다. 그래서 심장 질환을 앓고 있는 10명의 환자들에게 임상실험을 했다. 그들은 수술도 소용이 없는 시한부의 인생을 사는 사람들이었다. 그는 치료의 일환으로 환자들의 실제 삶에서의 문제-우울증, 고독함, 절망-에 도움을 줄 수 있는 채식 요리전문가, 요가 강사, 심리학자를 한 팀으로 구성했다. 그리고는 담배와 술, 또는 지방이 많이 들어간 음식을 환자들 스스로 절제 할 수 있도록 도왔다.

많은 심장 전문의들은 그 시한부 환자들이 병에서 절대 회복할 수 없다고 생각했지만 이 연구팀은 달랐다. 그들은 환자들에게 많은 도움과 격려를 주었고, 서서히 삶의 희망을 불어 넣어주었다. 그들이 사용했던 것은 약이 아니었다. 단지 환자들에게 변화라는 도구를 주었을 뿐 이었다. 연구팀은 환자들에게 삶의 여유를 즐기는 법을 알려주고, 영양가 있으면서도 맛있는 식단을 제공하는 등 흔들림 없이 도움의 손길을 제공했다. 그러자 환자들이 서서히 변화를 보이기 시작했다. 그것은 단지 신체적 변화만이 아니었다. 그들의 신념마저 변하기 시작했다.

오니쉬 박사는 의사가 죽음을 앞둔 환자에게 죽음의 두려움을 상기시키면서 삶에 대한 동기를 부여해봤자 아무 소용이 없다는 것을 입증했다. 누가 고통 속에서 더 살고 싶겠는가? 담배와 아이스크림이 인생의 유일한 낙이라면 그것들을 포기할 수 있겠는가? 반면, 그의 연구팀은 환자들이 인생의 가치를 마음속에 그릴 수 있도록 도왔다. 가치 있는 인생이란 여행을 다니고, 손자 손녀들과 놀아주며, 원만한 성생활 등을 누리는 것을 의미한다.

사실 오니쉬 박사의 상급자들은 그의 첫 실험 표본 수가 너무 적어 연구 결과를 일반화해서는 안 된다며 발표를 만류했다. 하지만 그는 단념하지 않고 평생 동안 대안 치료법을 연구했다. 우리에게는 얼마나 다행스러운 일인지 모른다. 그의 끊임없는 연구 덕에 흥미로운 통계 수치가 나왔으니 말이다. 그의 연구 초기에는 참가자 중 단 10 퍼센트만이 변화에 대한 의지를 갖고 있었다. 하지만 시간이 지날수록 수치가 계속 증가했다. 9개월이 지났을 때에는 참가자 중 91퍼센트의 병세가 호전되었고 계속해서 이 치료를 지속하길 희망했다.

존 카도조는 오니쉬 박사의 프로그램에 13년 동안 꾸준히 참여하고 있다. 그 덕분에 카도조는 수술을 받지 않아도 되었고, 평생 먹어야 하는 약도 끊을 수 있었다. 게다가 전혀 기대하지 못했던 건강한 삶을 누릴 수 있었다. 카도조는 소실리토에서 의사들을 대상으로 강연을 한 적이 있는데 그는 자신의 변화를 통해 그의 아내와 아이들, 심지어 친구들까지도 더 건강하고 긍정적으로 살아가는 법을 배울 수 있었다고 말했다.

그는 또 오니쉬 박사와 그의 연구팀 덕분에 자신의 감정을 숨기지 않고 표현하는 방법을 배웠다고 말했다. 많은 사람들이 처음에는 힘들어 하지만, 그는 의사소통하는 방법을 익히면서 그의 아내와 아이들과의 관계가 더 좋아졌다고 했다. 건강하고 행복한 삶을 살 수 있도록 도와주는 조력자들이 참 고맙지 않은가?

Risk Reinforcement

자, 이제 당신의 팀에 넣고 싶은 조력자를 3명에서 5명 정도 골라보라. 이 사람들을 당신의 비전을 찾도록 도와주고, 해야 할 일들을 정리해 주고, 계획을 실행하도록 돕는 이사회라고 생각하라. 그 다음에는 순위를 매겨라. 접근이 가장 용이한 사람을 위쪽으로 넣고 조직도를 만들라. 다음 주 내로 이 사람들에게 도움을 요청해 보자. 그러나 한 가지 기억해야 할 것이 있는데, 그들 모두가 거부할 수도 있다는 것이다. 그런 상황이 발생해도 실망하지 말라. 다른 사람들에게 당신을 도울 멋진 기회를 제공하면 된다!

우리는 가면 없이 살아갈 수 없다고 두려워하지만,
그 가면 안에서 살 수 없다는 것 또한 알고 있다.
사랑은 그 가면을 벗겨준다.

— 제임스 볼드윈—

CHAPTER 08

마음의 모험

변호사인 쉘라는 이미 두 번의 이혼을 겪은 상태에서 호른 연주가 대일 딘과 세 번째 결혼을 했다. 그녀는 이 세 번째 결혼 생활만큼은 영원할 것이라고 믿었다. 세 번째 결혼을 한 사람들 중 65퍼센트는 결국 이혼하게 된다는 수치는 잊어버리자. 결혼 한지 10년이 지났지만 쉘라와 대일은 더욱 단단한 결혼 생활을 이어 나가고 있다.

그들은 화목한 결혼 생활을 위해 서로 많이 배려하고 노력했다고 말한다. 그 덕분에 이 부부는 불가피했던 어려움도 잘 이겨낼 수 있었다고 한다. 그들은 한 때 사업이 어려워져 정들었던 샌프란시스코의 집을 팔고 시골로 내려가면서 부부 사이의 첫 시련을 겪었다.

쉘라는 가끔 대일과 힘든 시기를 거쳤다는 것을 인정했다. 참을 수 없는 분노, 좌절감, 과거의 실패, 그리고 서로가 서로에게 잘못했던 것에 대한 자책감으로 그들의 관계는 한 때 악화되기도 했었다. 그러나 이 부부는 서로간의 긴밀한 소통과 솔직한 대화로 위기를 잘 극복해낼 수 있었다. 같이 있을 때 많이 웃으려고 노력한 것도 꽤 좋게 작용했다. 또한 서로 웃으려고 농담을 주고받으면서 예기치 않게 새로운 사업도 구상할 수 있었다.

어느날 쉘라는 잦은 애정표현이 성관계만큼이나 부부 관계에 큰 효과가 있다고 말하며, 부부들이 '애정표현 마일리지' 계좌를 만들어야 한다며 농담을 했다. 비행기 마일리지 프로그램처럼, 부부가 서로에게 얼마나 점수를 얻고 있는지 알 수 있게 하는 것이다. 쉘라는 친구와 가족들이 농담처럼 던진 말에 많은 관심을 보이자, 이를 이용해 새로운 비즈니스를 시작하기로 결정했다. 현재 쉘라는 '애정표현 마일리지' 프로그램을 통해 부부 관계는 재밌어야 한다는 것을 널리 알리고 있다.

쉘라는 부부간의 엄청난 시련에도 불구하고 감사와 즐거운 마음으로 힘든 시기를 극복해 냈고, 성공적인 결혼 생활을 이어갈 수 있었다. 이번 장에서는 우리의 삶을 더욱 풍요롭게 해주는 부부 관계와 친구 관계에 대해 살펴 볼 것이다. 진부한 말이긴 하지만, 당신의 삶을 함께 공유할 사랑하는 사람이 없다면 성공은 아무런 의미가 없는 것이다.

사랑은 끊임없이 용서하는 것이다.

– 피터 우스티노브

처음 상담을 시작할 때, 나는 사람들이 경력에 대한 이야기를 하다가도 결국 인간관계로 화제를 전환시키는 것에 매우 놀랐다. 남자든 여자든, CEO든 신입사원이든 할 것 없이 모두 친구, 배우자, 혹은 다른 중요한 사람들과 늘 갈등을 겪는 듯 했다. 나는 곧 여러 분야의 사람들이 성공을 하며 살아도 그들이 가진 인간관계에 충분히 만족하지 못하고 있다는 사실을 발견했다.

사람들은 시간이나 거리와 같은 문제 때문에 우정을 오래 지속하지 못하는 것이 아니었다. 이런 문제는 서로 조금만 타협하고 스케줄만 맞추면 해결되는 것이기 때문이다. 사람들이 사랑하는 사람과의 관계에 있어서 가장 많이 하는 불만은 미래를 함께 공유하지 못한다는 것이었다. 그럼에도 불구하고 수 년 동안 잘 맞지 않는 배우자와 그냥 참으며 살거나 혹은 그런 삶의 양상을 무시해 버리는 사람들을 많이 보았다. 나는 사람들이 자신의 내면 깊숙한 곳의 성향을 공유하는 것을 두려워하는 것이 진짜 문제라는 것을 곧 깨달았다. 다시 한 번 말하지만 이런 경우도 관계의 두려움으로 인한 실패라 할 수 있겠다.

그러나 여기에 어려움이 있다. 피상적인 대화만 나누는 얕은 관계 말고 더욱 깊은 관계를 만들고 싶다면, 고정관념을 버리고 지금까지 시도하지 못했던 모험을 감행해야 한다. 바로 이 책에서 배운 과정을 통해서 말이다. 다른 어떤 종류의 모험보다 마음의 모험은 실제 당신의 감정을 발견할 수 있는 좋은 기회가 될 것이다.

정말 못하겠다는 생각이 든다면 당신은 지금 가장 큰 위험에 빠져 있는 것이다. 다음 질문들을 읽으면서 자신이 어느 항목에 해당하는지 알아보라.

〈인간관계를 맺을 때 어려운 점〉

1. 나와 잘 맞는 사람이 전혀 없다.

2. 나는 사람과의 관계에 있어 많은 기대를 하지 않는다. 그저 내가 하는 만큼 만 상대에게 바란다.

3. 나는 상처받고 싶지 않아 데이트를 하거나 사랑에 빠지는 것을 회피한다.

4. 나는 가끔 내 모든 옛 친구들이 어떻게 살아가는지 궁금하다.

5. 나는 살을 더 빼면, 시간이 더 나면, 돈을 더 많이 벌면, 더 좋은 직장에 다니게 되면 등의 핑계를 대며 연애를 미루고 있다.

지금쯤이면 당신은 우리를 수렁에 빠지게 하는 고정관념들이 무엇인지 알게 되었을 것이다. 자, 이제 위의 각 항목들 옆에 다음의 고정관념들을 적어보자.

〈고정관념〉

1. 나와 잘 맞는 사람이 있었다면 인간관계에 있어 아무런 문제가 없을 텐데.

2. 나는 좋은 인간관계(사랑, 애정, 충성심 등)를 가질 자격이 없어.

3. 나는 거절당하고 말거야. 나는 거절을 감당할 수 없어.

4. 내가 많이 노력하지 않아도 진정한 친구가 몇 명쯤은 있어야 하는 거 아닌가.

위에서 읽은 고정관념들 중에서 당신에게 해당되는 것이 있는가? 장담컨대, 당신에게 해당되는 것들이 적어도 한두 가지는 있을 것이다. 만약 위의 문장 중 어떤 것이라도 당신의 경험과 관련이 있다면, 이제 자신에게 더 어려운 질문을 던져볼 차례이다. 당신이 진정으로 원하는 것이 무엇이며 어떻게 그것을 얻을 것인가? 지난번에 출판한 책 《희망과의 여행 Traveling Hopefully: How to Lose Your Family Baggage and Jumpstart Your Life》에서 나는 나의 가족 문제에 대해 많이 언급했다(가족 문제와 관련해 조언을 얻고 싶다면 읽어보라). 따라서 이번에는 친구와 부부관계에 대한 이야기에 초점을 맞추려 한다. 동료와의 관계에 대한 문제는 제 10장에서 다룰 것이다.

인간관계에 있어 섣부른 판단은 관계를 갉아먹는 흰개미와 같다.

– 헨리 윈클러

우정은 가끔은 어렵지만 부부관계와 달리 아이들, 성관계, 돈, 집과 같은 문제가 얽혀있지 않기 때문에 훨씬 쉽게 해결할 수 있다. 또한 감정적인 문제도 덜하고 서로 기대하는 바가 상대적으로 그리 크지 않기 때문에 더 수월할 수 있다. 이제 친구와의 문제를 해결하는 것으로 모험에 첫 발걸음을 내딛어 보자. 그 다음에는 부부관계에 대해 다룰 것이다.

친구로부터 얻는 혜택

가끔 친구에게 뜻밖의 도움을 받아 놀랄 때가 있다. 우리는 친한 친구들에게 직접적인 도움을 받을 뿐만 아니라 그들로 인해 더 건강해질 수도 있다. 캘리포니아 헤이워드에 있는 카이저 퍼머넌트Kaiser

Permanente 의 성인 정신과 팀장인 마이클 웨터Micheal Wetter 박사에 따르면, 자신의 억눌린 감정을 다른 사람과 공유하지 않으면, 그 감정들이 시간이 지나면서 쌓이고, 결국 고혈압, 우울증, 불면증과 같은 병에 걸리게 된다고 한다. 즉 부정적인 감정들을 다른 사람과 공유하지 않으면 건강이 훨씬 악화될 수 있다.

남성, 여성에 상관없이 친한 친구가 많은 사람이 더 건강하게 오래 산다는 연구 결과도 있다. 특히 남성보다 여성에게 더 큰 효과가 있다고 한다. 우리는 제2장에서 남성은 스트레스를 받을 때 투쟁도주반응fight or flight reaction 을 보인다는 것을 배운 바 있다. 반면에 UCLA의 쉘리 테일러Shelly Taylor 박사의 말에 따르면, 여성은 스트레스를 받을수록 더 많은 이야기를 나누면서 스트레스를 해소한다고 한다.

이처럼 남성을 대상으로 하는 스트레스 관련 연구와 여성을 대상으로 한 쉘리 박사의 스트레스 해소 방법을 비교해 보면 남성과 여성이 서로 많이 다르다는 것을 알 수 있다. 쉘라 박사 연구팀이 관찰한 바에 따르면 여성은 스트레스를 받을 때 동성 친구를 찾는다고 한다. 연구팀은 이 반응을 배려와 친교반응tend and befriend response 이라고 부른다. 이는 여성의 본능적 생존 메커니즘으로, 남성은 위험에 맞서거나 도망치는 반면, 여성은 자신과 자신의 아이들을 지키려고 한다.

과학자들은 여성이 스트레스를 받는 상황에서 옥시토신(oxytocin:자궁수축 호르몬) 의 수치가 올라가 성관계나 모유수유 때 생성되는 황체호르몬(calming hormone. 주로 난소의 난포가 배란한 후에, 형성되는 황체에서 생성 분비되는 호르몬)이 분비된다고 한다. 옥시토신이 증가하면 스트레스와 혈압 수치가 낮아지고 면역체계도 원활해진다고 한다. 여성 대부분은 본능적으로 다른 여성과 친해지려하기 때문에 정신뿐만 아니라 육체적으로도 좋은 영향을 미친다는 것을 알 수 있다. 여성의 사회활동과 정기적인 저녁 모임의 중요성을 과학이 입증해 주니 좋지 않은가?

RISK TAKER'S TIP

우리는 꼭 친구들이 아니더라도, 사람들과 어울리는 것만으로도 소통한다는 느낌을 받을 수 있다. 스타벅스 및 여타 비슷한 커피 전문점이 왜 성공했다고 생각하는가? 이는 사람들에게 커피나 술을 제공할 뿐만 아니라 서로 소통할 수 있는 공간을 만들어 주었기 때문이다. 그러니 커피숍, 레스토랑, 공원 등에 가 다른 사람들과 함께 어울려 보라. 만약 혼자 여행을 하고 있다면 호텔방에만 있지 말고 활기가 넘치는 라운지나 로비에 나가보라. 영혼이 잠에서 깨며 에너지가 충전되는 느낌이 들 것이다.

변하지 않는 우정

첨단 이동통신기술을 갖춘 세상에서 살 때 한 가지 곤란한 점이 있다. 바로 이사나 이혼, 또는 전직 등으로 인한 인생의 전환기에도 오랜 친구와 연락을 끊을 수 없고, 반대로 어쩔 수 없이 새로운 사람들을 계속 만나야 한다는 것이다. 성인이 되면 어렸을 때만큼 새로운 친구를 계속 사귀는 것이 힘들다. 어렸을 때야 학교, 여름캠프, 운동 팀, 발레 수업, 걸스카우트 및 보이스카우트에서 새로운 친구를 쉽게 만날 수 있었고 “같이 놀래?”라는 말만 하면 바로 친구 관계를 맺을 수 있었다.

그러나 불행하게도 성인이 되어 친구 관계를 맺는 것은 더 어렵다. 대부분의 사람들은 오랜 친구를 소중히 여기는 방법을 잘 알고 있다. 하지만 새로운 사람들을 그냥 아는 사이에서 친한 친구 사이로 업그레이드하는 방법은 잘 모른다. 그럼에도 우리가 원하는 친구 관계가 질적으로나 양적으로 충분하지 않다는 것을 솔직하게 인정하는 사람은 드물다. 사람들은 이 문제가 얼마나 흔한 일인지 깨닫지 못하고 있다. 따라서 자신들처럼 친구 관계를 잘 형성하지 못하는 다른 사람들에게 쉽게 손을 내밀지 못하고 있다.

나는 예전에 바버라Barbara 라는 여성을 상담한 적이 있다. 그녀는 한 회사의 임원이었는데, 직장 때문에 세인트루이스에서 시카고로 이사를 왔다. 그녀는 붙임성이 없어 친구를 사귀는 것을 힘들어 했다. 몇 달 동안 겨우 몇 명의 여자 친구밖에 못 사귀었다는 생각에 매우 외로워하고 절망했다. 그녀는 자신을 ‘사회성이 결여된 패배자’ 라고 생각했다. 그녀는 시카고에 온지 1년이 채 되지 않았고, 작은 회사에서 일하고 있으며 그래도 세인트루이스에서는 꽤 많은 친구가 있었다고 말했다. 그러나 이것은 친구를 사귀지 못하는데 전혀 중요한 문제가 아니었다. 진짜 문제는 그녀 스스로 ‘나는 친구가 없어. 그러니 난 패배자야. 왜냐면 나는 패배자니까. 그러니까 친구가 없는 거야’ 라는 생각을 끊임없이 했다는 점이다.

자기 실현적 예언(self-fulfilling prophecy, 사람이 어떤 기대에 대해 믿음을 가지고 행동하고 결국 성취하게 된다는 이론) 에 대해 이야기 해보자. 나는 그녀가 스스로 내린 자아 판단이 완전히 잘못되었음을 지적했다. 그리고 그녀에게 다음과 같은 도전 질문들에 답해보라고 했다.

- 내 가정/결론이 정확한가?
- 남들에게 먼저 다가갈 때 생길 수 있는 최악의 상황은 무엇인가?
- 사람들의 반응이 어떻든 1년 후 그게 큰 문제가 될까?

그녀가 남들에게 먼저 다가갔을 때 생길 수 있는 최악의 상황은 남들이 그녀를 비웃거나 혹은 무례하게 거절할 수 있는 것이었다. 그러나 그녀는 곧 그런 일은 거의 일어나지 않을 것이라고 말했다. 더 현실적인 최악의 상황은 사람들이 그저 그녀의 제안을 거절하거나 혹은 보류하는 것뿐이었다. 바버라는 1년 전을 생각하며 쑥스럽게 웃었다. 그 당시 친구들에게 받았던 거절은 현재 아무런 상처로도 남아있지 않기 때문이었다.

그녀는 서서히 '나는 친구가 없는 패배자야.' 라는 내면 속 방해의 목소리를 지워갔다. 대신 '어딜 가든 친구를 늘 사귈 수 있어.' 라는 긍정적 메시지를 마음속에 새겼다. 이렇게 그녀는 새로운 친구를 사귈 준비를 하고 있었지만 여전히 어떻게, 어디서부터 시작해야 좋을지 확신이 서지 않았다. 그녀는 시카고 문화를 즐겨 보고 싶었지만 혼자 하기가 겁나 계속 머뭇거렸다고 했다. 나는 바로 이 지점부터 그녀가 도전을 시작해야 한다고 생각했다. 나는 바버라에게 시카고 문화 체험을 함께 즐길 수 있는 친구 목록을 만들어 보라고 제안했다. 그녀는 내 말을 듣자마자 물어

볼 친구가 전혀 없다고 말하면서 즉각적인 부정 반응Immediate Negative Response, INR 을 보였다. 그녀 내면에 그녀를 제한하는 목소리가 여전히 남아 있었던 것이다. 그러나 그녀는 곧 이 상황을 극복해 냈고, 이웃 주민, 헤어디자이너, 그리고 몇몇 동료들을 생각해 냈다.

이제 실제로 모험을 즐길 차례였다. 바버라는 심호흡 기술deep-breathing technique 과 긍정적 결과 예상하기visualizing a positive outcome 를 사용해 친구들에게 다가가 미술 전시회, 콘서트, 극장, 유명한 레스토랑을 탐방하면서 함께 시카고 관광을 즐겨 보지 않겠냐는 제안을 했다.

바버라는 나와 함께 대화를 연습하고, 거절을 당할 수도 있다는 점을 충분히 인지하고 나서 이를 실천에 옮겼다. 그녀는 두 세 명만이라도 제안에 응해 주면 좋을 것 같다고 이야기 했다. 하지만 네 명 모두가 초대에 응하자 그녀는 정말 깜짝 놀라지 않을 수 없었다. 그녀는 바로 전시회와 와인 바에 갈 계획을 세웠고 모임을 하나 만들었다. 내가 마지막으로 바버라와 이야기를 했을 때 그녀는 맨하탄에서 쇼핑을 하고 브로드웨이 쇼를 보러 갈 계획을 세우고 있었다. 바버라는 작은 모험을 통해 거대한 인맥을 쌓을 수 있었다.

RISK TAKER'S Tools

〈흔들림 없는 우정을 형성하기 위한 시도〉

새로운 친구를 사귀는데 있어 힘든 점은 무엇인가? 먼저 자신의 문제점을 파악하라.(힌트: 당신의 제한적인 메시지를 생각해보라.) 사람들이 모두 바쁠 거라고 확신하는가? 독신인 경우, 결혼한 사람들은 독신들과 어울릴 시간이 없다고 생각하는가? 반대로 당신이 결혼했다면, 독신인 사람이 당신을 지루하게 여길 것이라고 생각하지는 않는가? 당신의 고정 관념이 무엇이든 간에, 한 번 도전해보라. 당신의 추측이 완전히 틀렸을 수도 있다. 그러니 친구를 사귀고 재미있게 시간을 보낼 수 있는 좋은 기회를 잡아보라.

이제 흔들림 없는 우정을 유지하는 방법 중 한 가지를 시도해보라. 물론 모두 다 도전해 보아도 좋다.

1. 먼저 자신의 관심사를 선택하고, 바버라의 방식을 사용한다. 산악 클럽, 와인 감정 수업, 독서클럽, 골프 클리닉이나 강연회에 함께 갈 사람들(동성끼리여도 좋고 남녀가 섞여도 좋다)을 찾는다. 그리고 다음 모임에서 리더 역할을 자청해 보라. 얼마나 많은 사람들이 즐거운 마음으로 협조하는지 경험하면 매우 놀랄 것이다. 그 후에는 다른 사람이 좋은 아이디어를 제공해 줄 것이고, 이제 당신이 할 일은 그저 그 모임에 참여하는 것뿐이다. 정말 놀랍지 않은가?

2. 모임의 분위기를 띄우고 사람들이 더 친해지도록 만들고 싶다면 자원 봉사자의 도움을 구하라. 나는 데보라 로츠Deborah Lotz 라는 친구를 만난 적이 있다(실은 그녀가 먼저 다가와서 만나게 되었다). 우리는 둘 다 고등학교 때 행진악대Marching Band 에 있었다는 사실을 알고 난 후에 더 친해질 수 있었다. 즐거운 대화를 나누고 나서 데보라와 나는 밴드 경

연대회를 함께 보러 가기로 했다. 그 후에 우리는 '엄마들의 밴드 모임'을 만들어 유익한 시간을 보냈으며 친분 관계 또한 매우 깊어졌다.

3. 피크닉이나 바베큐 파티를 통해 이웃과 친해져라. 아니면 이웃들과 함께 '동네 지키기'와 같은 새로운 모임을 시작해도 좋다. 이웃 사람들도 어색한 분위기를 쉽게 깨지 못해서 그렇지, 어색한 분위기만 해결된다면 다른 사람들과 친해지고 싶어 한다. 어색한 분위기를 먼저 깨고 파티를 여는 것은 어떤가?

지금까지 새로운 친구를 사귀는 방법을 살펴보았다. 이 방법들의 공통점은 무엇인가? 바로 당신의 진짜 모습을 보여주는 것을 두려워해선 안 된다는 것이다. '가난해 보이지 않을까?, 붙임성이 없어 보이지 않나?, 어색해 보이지 않을까?, 사랑스럽지 않게 보이면 어쩌지?'라고 걱정하는 모습도 당신의 일부분이다. 당신이 먼저 다가가기만 한다면 고독한 항해를 하고 있는 많은 사람들을 만날 수 있다(데보라가 내게 다가왔던 것처럼 말이다.) 이렇게만 한다면 너무 많은 친구를 사귀어 만날 시간이 부족할 지경에 이를 수도 있다. 나는 이를 '행복한 고민'이라 부른다. 이렇게 되려면 어떻게 해야 할까? 정답은 간단하다. 친구를 모두 불러 파티나 저녁 식사에 초대하거나 걷기 대회나 스포츠대회에 함께 참여할 수도 있다. 아니면 당신 스케줄에 맞춰 하고 싶은 일들을 함께 하면 된다.

관계 정리하기

가끔은 많은 노력에도 불구하고 우정에 금이 가기도 한다. 바로 이때가 관계라는 서랍을 정리해야 할 시기이다. 부정적인 영향을 끼치고 당신의 긍정적 에너지를 빼앗아 가는 사람들에게 얽매여 있는 것은 또 다른 수렁에 빠져 있는 것과 같다. 옷장 구석에 걸려있는 촌스러운 블라우스와 같이 계속 내 인생에 걸려 있다면 참으로 괴로운 일이 아니겠는가?

나는 과거에 약 11킬로그램을 감량한 적이 있는데, 거의 10년 만에 겨우 뺀 것이었다. 그 때 한 친구가 내게 이런 말을 했다. 어차피 살이 다시 찔 테니 맞지 않는 옷을 다른 사람들한테 주지 말라는 것이었다. 하지만 나는 곧바로 내가 살 쪘을 때 입었던 옷을 모조리 노숙자 보호소에 기부했다. 나는 이 친구와 관계를 끊을 생각을 심각하게 했다. 하지만 나는 관계를 끊는 대신 내 속내를 털어놓기로 결심하고, 친구에게 내가 도움을 필요로 할 때 그런 말을 듣는 것이 얼마나 마음 아픈 일인지 이야기했다. 그녀의 반응이 어땠는지 궁금하지 않은가? 그녀는 나와 함께 조깅을 하기 시작했고 내가 계속 몸매를 유지할 수 있도록 도와주었다. 나는 나의 감정을 친구에게 솔직하게 털어놓길 잘했다고 생각했다. 그 덕분에 나는 친구의 도움도 얻었고 친구와 관계를 끊을 필요도 없었다.

나는 사람들을 가볍게 사귀는 것을 좋아하지 않는다. 가벼운 관계를 맺고 있는 사람들이 별로 듣고 싶어 하지 않는 말을 종종 하기 때문이다. 우리는 우리의 인간관계를 돌아보고 원하는 관계를 만들고 있는지, 어쩌다가 관계를 끊지도 못한 채 끌려 다니고 있는 것은 아닌지 확인해 봐야 한다. 만약 친했던 관계에 금이 가기 시작했다면 솔직한 대화로 다시 잘 지낼 수 있을지 생각해 보라. 그러나 만약 그 관계가 회복할 수 없는 정도로 망가졌다면, 다음 질문들을 스스로에게 던져보자.

1. 친구와의 관계 속에서 당신은 항상 베푸는 입장이고 돌아오는 보답이 너무 적은가?
2. 이 사람이 당신의 좋은 에너지를 빼앗아 가고 당신의 영감에 좋지 않은 영향을 미치는가?
3. 이 친구는 당신을 제한하는 사람인가 아니면 조력자인가?
4. 이 친구가 전화도 안 되고 인터넷도 안 되는 먼 지역으로 갑자기 이사 간다면 다행이라는 생각이 들 것 같은가?

만약 '예' 라는 대답이 2개 이상 나오면, 그 친구와의 관계를 이제 그만 끊어도 좋다는 것을 의미한다. 혹은 그들과 함께 보내는 시간과 노력을 줄여야 한다. 힘든 일이긴 하지만, 당신을 정말 아껴주는 사람들과 만날 시간도 부족할 만큼 바쁘다면, 이제는 정말 중요한 결정을 내려야 할 때이지 않은가.

당신이 무의미한 관계들을 정리했다 하더라도, 여전히 가치 없는 관계들 속에 붙들려 있지 않은지 돌아봐야 한다. 만약 시간이 부족하다면, 각 관계마다 적절한 선을 긋는 것도 좋은 방법이다. 지나치게 긴 전화통화는 삼가고 점심 만남, 또는 여러 사회 활동 참여를 자제한다. 사람들에게 당분간 잘 볼 수 없을 거라고 이야기 하되, 곧 다시 모임에 참여 하겠다고 말하라. 당신이 그들과의 경계선을 조용히 옆으로 옮기면서 그들에게 잠시 당신을 내버려 두기를 부탁하는 것이다.

아직 무의미한 관계를 다 정리하지 못했다면 예의를 지키면서 확고하게 당신의 의견을 전달해야 한다. 가족, 직장, 혹은 스포츠 강습 때문에 너무 바쁘다고 이야기 하고 나중에 만나자고 하라. 당신이 그 사람과의 관계를 어떻게 생각하는지 말하면서까지 그들에게 상처를 줄 필요는 없다. 대부분의 사람들은 초대하는 횟수가 줄어들면 뭔가 변화가 있다는 것을 금방 알아차리게 된다. 그렇지 않다면 정중하게 알려주어야 한다. 마지막으로 당신 또한 반대 입장에 처할 수 있다는 것을 명심하고 모든 관계에서 할 수 있는 한 최선을 다해야 한다.

오랜 친구가 좋은 친구

친구를 새로 사귄다는 것이 오랜 친구를 버려야 한다는 것은 아니다. 오랫동안 사귄 친구와는 당연히 잘 지내야 하고 함께한 시간이 오래된 만큼 더 소중히 여겨야 하는 것은 당연하다. 위에서 언급했듯이 친구란 당신에게 하나의 공동체를 만들어 주고, 즐거움과 웃음을 공유할 뿐만 아니라 힘든 시기를 잘 버텨낼 수 있도록 도와주는 역할을 한다. 물론 일이나 가족 문제로 너무 지쳐있을 때 서로 연락하는 것이 힘들긴 하지만 오랜 친구와의 관계를 지속하는 것도 중요하다.

데보라가 내게 다가왔을 때, 나는 이렇게 똑똑하고, 재미있고, 재능 있는 여성과 친구가 되면 좋겠다고 생각했다. 행진악대 시즌이 끝나고 우리는 더 이상 함께 갈 곳이 없어졌다. 그 뒤로 몇 번이나 더 만나려고 시도하긴 했지만 일을 하는 두 엄마들에게 꽤 벅찬 일이었다. 그래서 우리는 '걷는 수요일'을 만들었다. 매주 수요일 아침마다 둘째 아들을 중학교 앞에 내려준 뒤, 나와 데보라는 해변가에서 한 시간 동안 함께 산책을 했다. 물론 운동보다 수다가 주된 목적이긴 했지만, 그 덕분에 데브라와 2년 동안 계속 연락을 할 수 있었고 지금도 여전히 잘 지내고 있다.

다음은 친구와 좋은 관계를 유지할 수 있는 몇 가지 방법들이다.

■ 적당한 시간을 찾아라. 데보라와 나처럼 당신도 충분히 좋은 계기를 만들 수 있다. 소중한 친구를 위해 당신의 시간을 할애해야 한다는 것을 잊지 마라. 혼자 체육관에 가서 운동을 하기 보다는 친구와 함께 산책을 하고 주말마다 골프를 함께 치거나 온천에 가거나 가족들과 함께 휴가를 보내는 방법도 좋은 생각이다. 짧게 전화 통화를 하거나 함께 커피를 마시는 일도 깊은 관계를 만들 수 있는 좋은 방법이다.

■ 계산적으로 행동하지 말 것. 친구 관계 속에서, 누가 마지막으로 전화했고, 또 누가 저녁을 사야할 차례인지와 같은 것들에 신경을 쓰는 것은 계산적인 행동이다. 그런 사소한 것들은 그만 잊어버리고 우정에 대해 더 깊이 생각해 보도록 하자. 내 친구 웬디는 내 생일을 절대 잊어버리는 법이 없고 저녁 식사에 초대하면 절대 빈손으로 오지 않는다. 또한 그녀는 내가 날짜나 그녀에 대한 상세한 정보를 잊어버려도 늘 용서해준다.

■ 좋은 일이든 나쁜 일이든 항상 옆 자리에 있어주어라. 친구가 결혼을 할 때 혹은 아이를 낳을 때 등 기쁜 일이 있을 때 옆 자리에 함께 있어 주는 것이 매우 중요하다. 그러나 더 중요한 것은 친구가 아프거나 가족을 잃었거나 혹은 직장을 잃었을 때 등 나쁜 일이 생겼을 때 함께 있어 주는 것이다.

■ 친구가 당신의 모든 기대를 충족해 줄 것이라는 기대는 버리라. 친구는 당신의 부모가 아니다. 그러니 친구들이 당신에게 모든 것을 해 줄 것이라는 기대는 버려야 한다. 물론 가장 친한 친구를 만들어 인생의 많은 것들을 함께 공유하는 것도 참 좋은 일이다. 그러나 모든 것을 한 친구와만 하는 것 보다는 테니스 할 때, 쇼핑할 때, 콘서트에 갈 때, 영화를 보러 갈 때 각기 다른 친구와 함께 하는 것도 괜찮다.

자 이제 좀 더 복잡한 문제를 다뤄 보자. 바로 사랑이라는 주제이다. '사랑이란 무엇인가?', '어떻게 사랑을 찾을 수 있으며 어떻게 그 사랑을 지킬 수 있을까?' 이와 같은 질문들은 문학, 철학, 영화, 여러 강연 등에서 종종 논의되는 주제이다. 나는 사랑에 빠졌을 때 어떻게 그 사랑을 지켜 낼 수 있는가에 관한 조언을 들려주고자 한다. 물론 나의 조언에도 한계가 있을 수 있으니 적절히 적용하여 당신의 사랑을 방해하는 일이 없었으면 좋겠다.

사랑을 하면 누구나 시인이 된다.

– 플라톤

당신의 사랑이야기는 무엇인가?

수지와 오토 콜린스Susie and Otto Collins 는 세계적으로 유명한 부부 관계 상담사이자 작가, 그리고 강사이다. 또 행복한 인생을 함께 살아가는 부부이기도 하다. 그들은 전 세계의 수많은 부부들이 겪는 문제들을 해결해 주기 위해 노력한다. 배우자 간 부족한 믿음, 질투, 의사소통의 문제, 서로를 위해 헌신하지 않는 것, 자기와 맞는 배우자 찾기, 이혼의 고통 등과 관련해서 상담을 하고 있다.

나는 부부 관계에서 많은 갈등을 겪고 있는 사람들이 어떤 공통점을 갖고 있는 건 아닐지 궁금했다. 이것에 대해 수지와 오토 부부의 시각은 놀라울 정도로 간단하면서도 한편으로는 복잡했다. "부부들은 서로 오해하면서 그런 갈등을 겪는 것입니다." 콜린스 부부의 말은 매우 모호했다. 그들은 나의 이해를 돕기 위해 한 남자의 이야기를 들려주었다. 그 남자는 아내가 바람을 피운 이후로 그녀를 불신해 왔지만 다시 믿음을 회복하고 싶어 했다. 부부 관계를 끊지는 않았지만, 남편은 결혼생활 내내 아내를 비난하고 아내의 바람으로 인해 받았던 상처를 털어내려 하지 않았다. 남편의 마음속에는 여전히 아내를 향한 분노가 자리 잡고 있었다.

"남편은 불신의 문제에 갇혀 있는 거죠."라고 오토가 이야기를 시작했다. "그는 자신의 과오나 자신이 어떻게 부부관계를 망쳐가고 있는지는 보지 않은 채, 그저 아내가 잘못한 것들만 들춰내며 살아왔던 겁니다.

우리는 사람들이 오해를 떨쳐 버리고 사실을 직시할 수 있도록 도와줍니다. 그의 경우, 그는 늘 자신만이 옳은 사람이었습니다. 그래서 문제 해결을 위해 그 잘못된 생각을 내려놓아야만 했어요."

물론 남편 자신이 옳다는 사실이 더 나은 배우자를 찾는데 도움이 되는 것은 아니었다. 수지는 더 나아가 부부는 서로 원하는 바에 대해 솔직히 이야기하고 그 약속을 지키기 위해 노력해야 한다고 덧붙였다. 그들은 자신들의 결혼 생활을 예로 들며 이야기를 이어 나갔다. "우리는 서로를 늘 진심으로 대하자는 약속을 했어요. 가끔 어떤 부부들은 마치 서로를 비난하거나 늘 옳기 위해 약속을 정하는 것 같아요. 예를 들어 우리 부부가 싸웠다고 해보죠. 제가 발끈해서 입을 아예 닫아 버릴 수도 있죠. 제 식대로 하기를 고집 부리면서 말이에요. 그렇지만 늘 서로에게 솔직하자는 약속을 생각하면서 마음을 열고 대화를 시도해 볼 수도 있어요. 우리는 아무리 힘든 문제가 있어도 늘 우리의 약속을 기억하며 함께 이겨나가고 있어요."

나는 그들에게 내 친구 그웬Gwen 의 이야기를 꺼냈다. 그녀는 항상 살을 빼기 전까지는 사랑하는 사람을 찾을 수 없고 심지어 데이트도 한 번 못할 것이라는 부정적인 생각을 하던 친구였다. 오토와 수지는 그녀가 '자신이 뚱뚱하기 때문에 사랑받을 수 없을 것' 이라는 그녀만의 생각에 사로잡혀 있는 것이라고 했다. 다른 인생을 살지, 살아오던 방식대로 살지 결정하는 것은 그녀에게 달려 있었다. 또 다른 인생을 살기로 했다면 얼마나 행복한 삶을 사는가도 그녀 하기 나름이었다.

만약 그웬이 지금까지와는 다른 삶을 살겠다고 결정해서, 자기 자신을 똑똑하고 재미있으며 사람들에게 많은 것을 줄 수 있는 사람이라고 생각했다면, 그녀는 정말로 자신이 생각하는 사람이 되어 있었을 것이다. 또 자신의 새 신념대로 행동했다면, 체중은 그다지 큰 문제가 되지 않았을 것이며, 사랑하는 사람을 찾을 기회 또한 많았을 것이다. 수지와 오토 콜린스는 우리가 현재 새로운 사랑을 찾고 있든, 사랑하는 사람과의 관계를 지속시키고 싶어 하든, 우리만의 새로운 사랑 이야기를 쓸 기회를 갖고 있다고 했다. 그들의 말처럼, 우리만의 새로운 사랑 이야기를 써 보는 것이 어떤가? 멋진 사랑 이야기로 베스트셀러를 만들어 보는 것이다!

RISK TAKER'S TIP

당신만의 '사랑 이야기' 에 대해 생각해 보라. 당신이 독신이라면 사랑을 위해 자신이 무엇을 할 수 있는지에 대해 써보라. 이제 새롭게 쓴 이야기대로 당신의 삶을 새롭게 시작해보라. 만약 당신에게 사랑하는 사람이 있다면 그 사람을 위해 할 수 있는 것들을 적어보라. 그러고 나서 그 사람과 이야기를 나눠 보라. 이야기를 함께 써보자고 제안하는 것도 좋다. 서로의 이야기를 비교해 보면서 기록한 그대로의 삶을 만들어 나가는 것도 좋은 방법이 될 것이다!

실제적인 연애

몇 년 전에 1년 정도 사귀던 사람이 내게 이메일로 이별을 통보했을 때, 나는 거의 죽은 사람처럼 지냈었다. 그 후 왜 우리가 헤어졌는지에 대해 거의 집착에 가깝게 곰곰이 되짚어 보면서 거의 집착에 가깝게 얼마나 많은 생각들을 했는지 모른다. 사귀면서 내가 무엇을 원하는지, 무엇을 필요로 하는지 몰랐기 때문이었을까? 내가 내 기대를 충분히 전달하지 못해서였을까? 아니면 경고를 해주는 어떤 상황들이 있었을 텐데 내가 알아채지 못했던 것일까?

그래서 나는 내 지난 사랑에 대해 다시 생각해 보기로 결심했다. 이메일로 차인 사건뿐만 아니라, 이성과의 모든 경험들에 대해서 말이다. 나의 목표는 과거의 연애 속에서 어떤 특정한 패턴을 찾아, 연애하는 동안 어떤 점이 좋았고 나빴는지를 알아내는 것이었다. 내 행동과 선택들을 세세하게 분석해 보고 얻은 결론을 다른 사람과 사귈 때 적용할 수 있기를 기대했다. 그렇지 않으면 내가 사랑에 빠졌다는 것을 알려주는 뇌 화학물질brain chemicals 의 작용에 또 의지할 수밖에 없을 테니까 말이다.

헬렌 피셔Helen Fisher 박사는 30년 동안 사랑에 대해 연구한 저명한 생물 인류학자이다. 그녀는 사랑을 '성적 갈망lust, 끌림attraction, 애착attachment' 이라는 세 단계로 나눠 파악했고, 각 단계마다 서로 다른 호르몬이 생성된다는 사실을 발견했다. 먼저 첫 번째 성적 갈망의 단계에서는 남성이든 여성이든 모두 에스트로겐과 테스토스테론을 분비한다. 이로써 자신의 성적인 매력을 고조시키고 다음 단계인 끌림의 단계로 유도한다.

그 다음 끌림의 단계에서는 세 가지 다른 호르몬이 분비되어 상대방에게 푹 빠진 상태가 된다. 이 세 가지 호르몬은 다음과 같다. 먼저 아드레날린은 심장 박동 수를 높이고 땀이 나게 한다(꼭 공포에 빠진 상태 같지 않은가?). 두 번째는 도파민으로 마치 코카인의 작용처럼 얼굴이 빨갛게 달아오르게 한다. 세 번째는 세로토닌인데, 이 호르몬은 분노와 우울을 눌러주어 행복한 상태가 되도록 한다.

마지막으로 세 번째 단계인 애착에서는 남녀를 불문하고 오르가즘을 느낄 때 분비되는 옥시토신이 분비된다. 옥시토신은 우정에 대해 다룰 때 이미 한 번 언급했던 것으로, 이 호르몬이 분비되면 상대방이 매우 좋은 사람으로 보인다. 그래서 섹스를 하면 관계가 더 깊어지고 그 사람이 더 좋아지는 것이다. 그렇다고 해서 꼭 좋은 관계가 영원히 지속된다는 뜻은 아니다. 그저 우리의 뇌는 지구에 인류를 번성하기위해 해야 할 일을 하고 있는 것뿐이다. 그러나 성적인 매력이 단지 뇌의 호르몬 물질의 화학작용의 결과일 뿐이라는 사실을 알게 된다면 누구나 조금 당황스러워 할 것이다. 그렇지 않은가?

에스키모 인들은 눈(snow) 을 52가지 종류로 나누고 각각에 이름을 붙였다. 이는 그만큼 눈이 그들에게 소중하기 때문이다. 이처럼 우리는 사랑에 많은 이름을 붙여야한다.

– 마가렛 애트우드

뇌의 화학작용으로 우리가 사랑에 빠졌다는 것을 알았다면, 이제 그 사랑을 어떻게 지켜갈 것인가? 내가 만든 '연애와 관계의 목록' 을 살펴보고 물음에 답해보라.

RISK TAKER'S Tools

〈연애와 관계의 목록〉

아래에 있는 '연애와 관계의 목록' 을 작성해 보자. 지금 현재 사랑하는 사람이 있든 없든 상관없다. 다음 질문들은 당신이 사랑하는 사람을 찾을 때 현실과 이상이 어떻게 다른지 알려줄 것이다. 최대한 객관적인 시각을 유지하도록 하라. 그러면 당신이 사랑하는 사람으로부터 바라는 점이 무엇인지, 혹은 헤어지고 싶도록 만드는 요인이 무엇인지 알아낼 수 있을 것이다.

과거 두 세 개의 좋았던 경험들을 떠올려 보자. 여기서 좋았던 경험이라는 것은 그 관계가 오래 지속되지 않았을 지라도 사귀면서 여러 좋은 점이 있었던 경우를 말한다.(물론 대부분의 경우 악몽처럼 끔찍한 경험이 더 많긴 하겠지만, 굳이 좋지 않은 경험부터 말할 필요는 없지 않은가?) 그리고 다음에 나오는 연습 문제들을 읽어보고 자신에게 구체적으로 적용시켜 보자. 예전에 경험들을 떠올려 보면서 충분히 시간을 갖고 답을 적어보라.

문제를 풀 때는 한 번에 한 사람씩 해도 좋고, 동시에 여러 사람을 비교 대조하면서 해도 좋다. 항목을 읽다 보면 자신에게 가장 중요한 항목이 생길 것이다. 우리는 이 항목들을 이용해 과거 사귀었던 사람들의 순위를 매길 것이다. 예를 들어 누군가와 사귈 때 상대방과의 감정 공유를 가장 중요하게 생각하면 높은 점수를, 삶의 방식의 유형을 가장 덜 중요하게 생각한다면 가장 낮은 점수를 주는 것이다. 각 5개의 항목에 대해 1에서 10사이의 점수를 매기는데, 1이 가장 부정적이고 10이 가장 긍정적인 것이다. 그리고 나서 총 점수를 더한다. 50점을 받은 파트너가 가장 이상적이긴 하지만, 혹여 점수가 너무 낮더라도 실망할 필요는 없다. 그 사람과의 관계는 이미 끝났으니까 말이다.

만약 현재 사랑하는 사람이 있다면 이 테스트를 통해 그 사람과의 관계에서 당신의 만족도를 알 수 있고, 이를 계기로 그 사람과의 관계를 천천히 돌아 볼 수 있게 될 것이다. 또 문제를 풀고 나서 과거에 사랑했던 사람과 내가 잘 맞지 않았다는 사실을 깨닫게 되면, 앞으로 사랑을 시작할 때 어떤 관점으로 상대방을 골라야 하는지 알 수 있을 것이다.

다음 질문들은 여성의 관점에서 쓴 것이며 여기서 '그'는 대명사임을 알아두자. 그저 읽기 쉽도록 다음과 같이 만든 것이니 남성들은 무시당한다고 생각하지 말고, '그'를 '그녀'로 바꿔 읽길 바란다.

〈지적인 관계〉

■ 당신의 파트너에게서 지적인 자극을 받았는가?

■ 그는 당신을 얕잡아 보지 않으면서도 긍정적인 방법으로 당신의 의견에 반박했는가?

■ 그는 당신이 더 배울 수 있도록, 더 많은 독서를 할 수 있도록 혹

은 성장할 수 있도록 영감을 불어 넣어 주었는가?

■ 사귀면서 일상생활이나 주변 사람들에 대한 것 말고도 다양한 것에 대해 대화를 하거나 토론을 한 적이 있는가?

■ 서로 뭔가를 배우기를 희망하며, 자신의 지적 수준을 최고로 끌어 올리는 데 도움이 되었는가?

점수:______

〈감정적 공유〉

■ 당신의 파트너와 함께 대화를 나누고, 활동하고, 많은 시간을 보내는 것이 즐거웠는가? 서로의 이야기들과 통찰들과 기억들을 함께 공유하기를 고대했는가?

■ 그를 신뢰했는가? 그가 당신을 신뢰했다는 느낌을 받았는가?

■ 서로 진심으로 지지해 주었는가? 당신의 장점과 단점이 상대방에게 드러나는 데 있어서 불편하진 않았는가? 그에게도 환상속의 완벽한 남자가 되어주기를 바라기보다는, 장단점을 편하게 보여줄 수 있도록 해 주었는가?

■ 진심으로 아껴주고 가족, 직장, 기분, 건강 등 삶에 있어서 다른 중요한 것들에 대해 진정으로 걱정해 주었는가?

■ 그는 항상 용기를 북돋아 주며 가장 친한 친구의 역할을 해 주었는가?

점수:______

〈약속과 신뢰〉

■ 당신의 파트너는 항상 당신이 원하는 약속들을 들어 줄 수 있는 사람이었는가?

■ 당신은 그와 오랫동안 사귈 수 있을 거라고 생각했는가? 즉 당신

과 함께 늙어갈 수 있는 배우자라고 생각했는가?

■ 그는 직장을 잃거나 재정적 위기가 와도 잘 견뎌낼 수 있는 사람처럼 보였는가? 당신이 아프면 옆에서 간호해 줄 수 있는 사람이라고 생각했는가?

■ 만약 당신에게 전 남편의 아이가 있다고 가정했을 때, 그는 당신의 아이를 사랑해주고 잘 키워줄 수 있을 만한 사람인가?

■ 그는 당신의 친구, 부모, 형제들을 사랑해 줄 만한 사람이었는가? 아니면 최소한 인내해주고 존중해줄 만한 사람이었는가?

점수:______

〈생활방식의 차이〉

■ 당신의 일상적인 생활방식과 리듬이 그와 잘 맞았는가? 만약 그는 집에 있기를 좋아하는 사람이고 당신은 사교성이 좋은 사람이라면, 당신이 그의 성격에 잘 맞춰줄 수 있을 것 같은가?

■ 함께 있을 때 즐거웠는가? 함께 공유하는 것들이 많고 여행이라든지, 운동이라든지, 요리, 댄스 및 스포츠와 같은 취미 등을 함께 즐겼는가?

■ 각자의 관심사에 따라 따로 여가시간을 보내는 것에 대해 크게 신경 쓰지 않았는가?

■ 미적인 감각이 비슷하거나 혹은 타협할 만했는가? 함께 살아도 불편하지 않을 것 같은가?

■ 재정 문제와 관련해서 함께 결정했는가, 아니면 따로 결정했는가? 음식, 돈, 일정, 관심사, 집, 가족 등에 대해 서로의 생각과 감정을 공유할 수 있었는가?

점수:______

〈성적 이끌림〉

■ 당신의 파트너는 성적으로 끌렸는가? 만약 관능성이 당신에게 중요했다면(단순히 성적 취향만이 아니라), 이를 파트너와 충분히 공유했는가?

■ 그의 외모와 상관없이 성적으로 이끌렸는가?

■ 그와 잠자리를 하는 것에 대해 생각해 본적이 있는가? 그에게 애정 행위를 많이 해 주었는가?

■ 섹스에 대해 편하게 이야기 할 수 있었는가? 침실에서 마음껏 웃고 울 수 있었는가?

■ 서로 성적으로 이끌렸는가? 평생 동안 이 사람에게 당신은 성적으로 매력적일 것 같다는 생각이 들었는가?

점수:______

이제 점수를 합산하고 다음 표를 확인해 보자.

1-16 헤어지는 것이 나은 관계

이 사람과의 관계에 대해 곰곰이 잘 생각해 보고 자신에게 물어보자. 정말 당신의 시간과 에너지를 쏟을 만한 가치가 있었는가?(교훈을 얻을 목적이 아니라면 말이다) 각 항목을 다시 보고 당신의 대답을 확인해보자. 더 중요한 것은 그 사람과의 관계에서 무엇을 얻었는가 보다는 무엇을 얻지 못 했는가 이다. 부족해도 괜찮은 것들이었는가? 현실을 보지 못하고 자신의 환상 속에서 관계를 지속하지는 않았는가?

만약 이 점수가 현재 연애하고 있는 사람의 점수라면 서로를 더 알 수 있는 기회를 만들어야 한다. 만난 지 꽤 된 사이라면, 가치가 있는 관계인지 신중하게 재고해 보라. 이 관계를 받아들일 준비가 되어 있는가?

17-33 만나볼 가치가 있는 관계

사랑하는 사람과의 관계가 단단하다. 그러나 서로 잘 맞지 않았던 부분이 있었던 것 같다. 당신은 무엇이 문제인지 지각하고 있었는가? 아니면 그 문제들을 그냥 무시하고 관계를 지속시킬 수 있다고 긍정적으로 생각했는가? 지금 그 사람과 헤어진 것을 후회하는가? 그때로 되돌아가면 많은 것을 바꿀 수 있었을 거라는 생각이 드는가? 이런 생각들이 앞으로 연애할 때 어떤 영향을 미칠 것 같은가?

만약 이 점수가 현재 연애하는 사람의 것이라면, 서로 비슷한 점도 많고 공유하는 것도 이미 많다. 정기적으로 위 5개 항목을 점검해 보도록 하자. 분명 많은 도움이 될 것이다.

34-50 장래성 있는 만남

당신은 행운아다! 당신은 사랑하는 사람을 매료시킬 매력을 충분히 갖고 있다. 또 사귀었던 사람과 여러모로 잘 어울렸으며 만남도 매우 장래성이 있었다. 그 사람과의 관계에서 점수가 높았던 항목들을 적어놓도록 하자.

그렇다면 왜 그 사람과 왜 헤어질 수밖에 없었을까. 당신이 다르게 행동할 수도 있었던 일은 없었는가? 그 사람에게 무엇을 요구했었는가? 다음에 연애할 때 당신은 여기서 배운 교훈을 어떻게 적용시키겠는가?

만약 현재 만나고 있는 사람의 점수라면 당신은 정말 운이 좋은 사람이다! 당신은 운명의 상대를 만난 것이며, 오랫동안 관계를 지속시킬 가능성이 높다.

Risk Reinforcement

당신이 사랑하는 사람에게 기대하는 것들이 무엇인지 적어보라. 정직함 이라든지, 유머라든지, 재정 상태, 혹은 건강과 같은 것들 말이다. 그 다음 상대방과 헤어질 수 있는 요인들을 적어보라. 그 사람의 행동, 넉넉하지 않은 재정, 나쁜 건강 습관 등이 있을 것이다. 이 리스트를 잘 간직하고, 당신이 실제 누군가와 연애할 때 일종의 안내서로 사용하도록 하라. 그러면 당신이 호르몬 작용으로 인해 누군가를 사랑한다고 느끼기 전에 그 사람을 좀 더 객관적으로 바라 볼 수 있을 것이다.

왜 항상 돈은 금방 바닥이 나는 걸까?

— 존 베리모어 —

CHAPTER 09

제정 관리하기

마술사 메를린Merlin 은 재무 설계사도, 주식 중매인도, 회계사도 아니었지만 부에 대한 몇 가지 교훈을 남겼다. 마치 그는 테렌스 핸베리 화이트T.H.White 작가의 《과거와 미래의 왕 The Once and Future King》에 나오는 아더 왕의 마법 선생이다.

그의 많은 특징 중, 가장 유명한 것은 바로 시간을 거꾸로 산다는 것이다. 그는 이미 미래를 살아왔기 때문에 미래를 예언할 수 있었다. 메를린의 미래를 내다보는 통찰력은 늘 힘든 고비에 맞서 싸워야만 했던 아더 왕에게 매우 값진 선물과도 같았다. 그런데 메를린이 시간을 거꾸로 산다는 점과 당신의 재정 관리 능력이 도대체 무슨 상관이 있다는 것일까? 많다. 그것도 아주 많이.

1989년 하버드 비즈니스 리뷰에서 '메를린 효과'에 대해 다룬 적이 있다. '메를린 효과'란 자신의 현재 비전이 미래에 어떻게 펼쳐질지 그리다 보면, 지금 눈앞의 문제를 어떻게 해결해야 할지 길이 보인다는 것이다. 즉, 현재 상황의 여러 한계들은 무시하고, 신중하게 자신이 원하는 미래만 생각하다 보면 독창적인 방법을 생각해 낼 수 있게 된다는 것이다. 그래서 현재의 능력으로 이룰 수 있는 것보다 더 많이 이룰 수 있다는 논리이다.

게리 하멜Gary Hamel 과 C.K. 프라할라드C.K.Prahalad 는 캐논, 랜드로바, 나사와 같이 거대한 변화의 물결을 경험한 회사들을 조사한 적이 있다. 그들의 연구 목적은 이 회사들의 성공 요인이 무엇이었는지 파악하는 것이었다. 연구 결과, 각 회사의 공통된 성공 요인은 바로 새로운 믿음을 기반으로 미래에 대한 비전을 갖고 있었다는 점이다. 즉 현실에서는 전혀 불가능해 보였던 꿈들을 포기하지 않고 좇아 결국 이루어 낸 것이다.

이번 장에서는 어떻게 하면 미래에 좀 더 많은 재산을 모을 수 있을지 알아 볼 것이다. 메를린 효과를 적용함으로써, 값지고 새로운 비전을 세울 것이다. 하지만 미래의 비전을 생각해 보기 전에, 과거를 먼저 돌아보고 가능하다면 돈에 관련된 나쁜 습관을 먼저 버려야만 한다. 또 부의 가치와 자신의 가치를 혼동하지 않도록 구별해 주는 중요한 요인들을 살펴볼 것이다. 더불어 신경경제학neuro economist 에 대해서도 알아볼 것이다. 이 이론이 우리의 본능과 논리적 반응의 메커니즘을 어떻게 설명하고 있는지 다룰 것이며, 이 메커니즘이 우리의 소비 패턴, 재정 위기 때의 인내심, 재산 관리능력에 어떤 영향을 미치는지도 알아보겠다.

돈에 대한 기억, 그리고 그 기억이 남긴 교훈

자, 이제 메를린 방식대로 우리의 미래 재산에 대해 생각해 보자. 우선 당신이 시간을 거슬러 살 수 있다고 가정해 보라. 당신의 현 재산 상태에 대해 스스로에게 뭐라고 말했을 것 같은가? 돈의 의미를 다시 생각해 보라고 하겠는가? 아니면 돈을 더 벌어야한다고 하겠는가, 아니면 더 즐겨도 좋다고 하겠는가? 혹은 모험을 해보라고 할 것인가, 아니면 반대로 더 검소해 지라고 할 것인가?

세상에는 부유한 사람들이 넘쳐난다.

– 코코 샤넬

다른 사람보다 자신에게 더 많은 돈을 쓰라고 하겠는가? 아니면 다른 사람을 위해 더 많이 베풀어야 한다고 말하겠는가? 당신의 미래 재정 상태에 대해 만족하고 스트레스를 받지 않기 위해서 어떻게 했을지 생각해 보라.

어쩌면 당신은 더 많은 돈이 필요하다고 말 할지도 모르겠다. 하지만 사회 과학자들이 말하는 것처럼 돈이 아무리 많아도 행복을 살 수는 없다. 물론 누군가 당신에게 백만 달러를 손에 쥐어 준다면, 당신은 이 말이 틀렸다는 것을 증명할지도 모르겠지만 말이다. 아마도 잠시 동안은 행복해 질지도 모르겠다. 그러나 이 희열이 얼마나 오래 갈 수 있을까.

지난 몇 년간 심리학자들은 로또 당첨자들에 대해 연구해 왔다. 그들은 한동안은 잭팟을 하면서 행복에 취해 있었지만 로또에 당첨되기 전의 행복 지수로 돌아가는 데는 얼마 걸리지 않다. 또 당첨자들은 평소 그들이 행복을 느끼던 것들, 예를 들어 친구와의 대화라든지 텔레비전 시청 등 삶에 소소한 기쁨을 주던 것들을 더 이상 즐기지 못했다. 심지어 그들 중 몇몇은 이런 뜻밖의 횡재 때문에 비참한 삶을 살아야 했다. 돈이 갑자기 많아지자, 일을 그만두고 더 좋은 곳으로 이사 가면서 오랜 친구들 및 지인들과의 관계를 끊어 버렸기 때문이다.

당신이라면 어땠을 것 같은가? 다른 곳에 돈을 투자했을 것 같은가? 아니면 모든 돈을 탕진해 버렸을 것 같은가? 더 신경이 예민한 사람이 되었을 것 같은가? 아니면 안도의 한숨을 쉬었을 것 같은가? 잠시 과거로의 짧은 여행을 다녀보자. 이는 당신의 미래 재정 상태가 어떠할 지 상상하는데 도움이 될 것이다. 다음 문장들을 살펴보고 평소 생각하던 바와 비슷한 것들이 있는지 확인해 보자.

■ 돈은 하늘에서 뚝 떨어지지 않는다.

■ 더 나은 삶을 살고 싶다면 다른 사람들 보다 일을 더 열심히 일 해야 한다.

■ 부자들은 다 똑같다. 그들은 얄팍하고 부패했으며 탐욕스럽다.

■ 나는 세일하는 물건을 샀다. 이 정도는 사도된다.

■ 내가 돈을 얼마나 벌든 상관없이, 한 번도 풍족하다고 느낀 적이 없다.

위의 문장들 중 어느 하나라도 마음에 와 닿는 것이 있는가? 당신이 어렸을 때 본 아버지는 록펠러Rockefeller 같은 사람이 아니었을 수도 있다. 어머니는 1달러라도 아끼려는 아주 검소한 분이였을 수도 있다. 혹은 늘 충동적으로 쇼핑을 하는 분이였을 수도 있다. 그래서 당신은 항상 어머니가 아버지 모르게 산 물건들을 옷장 깊숙이 숨겨 놓고, 아버지가 기분 좋을 때 꺼내 놓는 모습을 많이 봤을 지도 모른다.

이런 경험들이 당신의 소비 습관에 어떤 영향을 미쳤는지 생각해 보라. 어느 누구도 당신을 의자에 앉혀 놓고 돈을 어떻게 써야 하는지 알려주지 않았다. 또는 어떻게 수입과 지출을 대조하고 좋은 저축 습관을 기를 수 있는지 설명해 주지도 않았을 것이다. 우리는 누군가의 설명에 의해 배운 것이 아니라, 부모님을 보면서 자연스럽게 습득 하게 된 것이다. 혹시라도 부모님으로부터 돈이란 당신과 당신이 아끼는 사람의 필요를 채워주기 위한 수단이라고 배웠다면 다행이다. 그러나 불행히도(우리 대부분이 해당 될 것이다) 다음 아래와 같은 것들을 배웠을 수도 있다.

■ 가족끼리 돈에 대한 이야기는 전혀 하지 않는다. 돈에 대해 이야기 하는 것은 매우 어리석고 실례가 되는 일이다. 교훈: 돈이란 수치스러운 것이며, 돈에 대해 토론하는 것은 옳지 않다.

■ 아버지가 당신에게 용돈을 주지 않자, 당신은 용돈을 주기 전까지 자신을 볼 수 없을 것이라고 말했다. 교훈: 돈을 무기로 사용할 수 있다.

■ 미안해. 네 생일 파티에 갈 수 없을 것 같아. 일 해야 하거든. 그렇

지만 좋은 선물을 준비했어. 교훈: 사랑을 받을 순 없겠지만, 그래도 물질적으로 돌려받을 자격은 있다.

■ 이웃의 차가 훨씬 더 좋아. 나는 이 고물 차를 운전하는 것이 너무 창피해. 언제 새 차를 살 수 있을까? 교훈: 돈으로 다를 사람에게 과시를 할 수 있다.

■ 돈이나 물질적인 소유물에 너무 집착하면 안 돼. 우리 가족은 너무 욕심이 많아. 교훈: 재정적으로 충분한 여유가 있을 지라도 사치는 좋지 않다.

■ 너희 아빠한테 너무 화가 나서 새 옷을 샀어. 내가 신용카드를 막 써버리면 너희 아빠도 화가 날거야. 교훈: 돈으로 다른 사람에게 벌을 주거나 통제할 수 있다.

시간이 아무리 흘러도 과거의 힘들었던 기억들은 쉽게 없어지지 않는다. 오히려 더 생생하게 우리의 머릿속에 남아있기 마련이다. 돈과 관련된 기억들도 마찬가지로 꽤 오랫동안 지워지지 않으며, 어쩌면 평생 없어지지 않을지도 모른다. 크면서 바르게 돈을 쓰는 법을 배웠다면, 미래에 많은 재산을 모을 수 있는 기반을 이미 마련한 것이다. 하지만 반대로 돈에 대한 개념을 제대로 배우지 못하고 나쁜 습관이 들었다면, 아마도 지금쯤 경제적 문제로 힘들어 하고 있을 수도 있고 훗날 더 심각한 재정 상태에 놓일 수도 있다. 진흙탕에 빠진 트럭이 빠져 나오려고 하면 할수록 더 깊이 빠져 들듯, 돈 문제로 한 번 어려움을 겪으면 헤어 나오기가 매우 힘들다.

따라서 나는 돈에 대한 고정관념을 없애고 그 동안의 나쁜 습관들을 바꿀 수 있는 방법들을 함께 공유하고 싶다. 다음 장에서 건강에 대해 이야기 할 때도 다루겠지만, 돈과 건강 문제는 내면(내면의 믿음)과 외면(행동 패턴)을 함께 바꿔야만 해결할 수 있다. 이 글을 읽으면서, 어떤 사람들은 내면을 통찰하는 시간을 통해 자신의 습관이 바뀌는 놀라운 경험을 하게 될 것이다. 또 어떤 이들은 고정 관념을 없애고 실천에 옮기면서 어느새 자신의 신념이 변해 있는 것을 깨닫게 될 것이다.

행복한 삶을 사는데 있어 돈의 역할도 꽤 중요하다. – 당신이 돈 말고도 중요하다고 생각하는 여러 가치가 있다고 믿을지라도 – 따라서 현재 우리에게 당면한 돈과 관련된 여러 문제의 원인이 되는 내적 및 외적 요소들에 대해 생각해 볼 것이다. 자, 글을 계속 읽어 나가기 전에, 갑자기 찾아올지도 모르는 두려움이나 저항심에 미리 대비해 두자. 돈에 대한 신념을 살피다 보면, 사랑, 안정감, 자신에 대한 다른 사람들의 평가 혹은 과소평가에 대한 여러 감정들이 드러날 것이다.

나의 돈에 대한 개념은 이혼한 부모님의 영향이 컸다. 아버지는 내가 10살 때 자신에게 정신과 상담을 받던 한 환자와 결혼하면서 어머니와 헤어지셨다. 나의 첫째 오빠가 차 사고로 세상을 떠난 지 4달밖에 지나지 않은 때였다. 어머니는 우리 다섯 남매를 키우기 위해 47세의 나이로 20년 만에 처음으로 다시 직장을 구하셔야만 했다. 그 이후로 나는 늘 습관적으로 돈 걱정을 하게 되었다. 이런 나의 걱정하는 습관은 아버지가 병원을 처분한 후, 더 적은 월급을 받고 해외로 이사 가면서 더욱 심해졌다. 우리는 강가 근처의 아름다운 집을 팔아 작은 아파트로 이사를 가야 했고, 우리 남매는 사립학교에서 공립학교로 전학을 가야만 했다. 생활환경이 어려워지긴 했지만, 어머니는 우리 남매를 잘 키우려고 무던히 애를 쓰셨다. 사실 정확히 어떤 일이 벌어지고 있는지 자세히 알지 못했지만, 한 가지 확실하게 깨달을 수 있었던 것은, 바로 돈이 없는 것이 무섭다는 사실이었다.

나는 어른이 되고 엔터테인먼트사의 임원이 되어 가족을 충분히 부양할 수 있는 돈을 벌고, 또 해안가 근처에 멋진 집도 살 수 있었지만, 여전히 돈에 대해 염려하는 습관은 없어지지 않았다. 돈을 버는 데는 아무런 문제가 없었지만, 돈을 어떻게 관리해야 하는지, 또 돈을 어떻게 써야 하는지 잘 몰라 힘들었다. 물론 검소하다는 것이 나쁘다는 뜻은 아니다.

나의 습관이 여전히 남아 있었던 이유는 아마도 과거에 지나치게 집착하고 있었기 때문일 것이다. 나는 수입이 상위 5% 안에 들 정도로 많은 돈을 벌었음에 불구하고, 늘 돈을 버는 기쁨 보다 걱정이 훨씬 앞섰다. 나의 돈에 대한 고정관념은 무엇이었을까? 바로 돈이란 눈 깜짝 할 사이에 사라질 수도 있다는 두려움이었다.

돈에 대한 사고방식

이제 우리가 돈을 어떻게 바라보고 있는지, 즉 돈에 대한 사고방식을 살펴볼 것이다. 이 사고방식은 우리의 돈에 대한 신념을 나타낸다. 이 신념은 돈과 관련된 우리의 두려움, 희망, 고정관념을 포함하며 소비 패턴에도 영향을 미친다. 8장에서 수지와 오토 콜린스는 우리가 우리의 신념과 여러 상황들을 소재로 이야기를 만들어 간다고 했다. 그 이야기가 좋은 이야기든 나쁜 이야기든 말이다. 그들은 이것을 연애관계에 대해 말하면서 언급했지만, 나는 돈과 관련된 문제에도 똑같이 적용할 수 있다고 생각한다. 내가 만들어 가고 있는 이야기가 정말 옳은 방향으로 흘러가고 있는가 하고 스스로에게 계속 질문을 던지다 보면, 우리는 어느새 한계를 뛰어넘어 비참한 인생에서 벗어나게 될 것이다.

다음 내용을 읽고 자신의 모습을 재발견 해보자. 혹시라도 배우자나 가족, 친구가 떠오르더라도 놀라지 말라. 만약 이 사람들 중 한 명이 당신이 겪고 있는 돈 문제를 함께 해결해야 하는 사람이라면, 그 사람이 당신의 부족한 부분을 채워주고 있는지 아니면 상황을 더욱 악화시키고 있는지 잘 생각해 보자

돈을 헤프게 쓰는 사람

당신이 만약 돈을 헤프게 쓰는 사람이라면 아마도 낮은 자존감이나 무기력증과 같은 부정적인 감정으로 인해 충동적으로 돈을 많이 쓰는 것일 수도 있다. 마약 중독이나 알코올 중독인 사람들이 갈수록 더 많은 마약이나 알코올을 원하는 것처럼, 돈을 많이 쓰면 쓸수록 당신의 소비 범위도 넓어질 것이다.

신경경제학이란 인간의 행동과 경제를 결합시켜 연구하는 새로운 학문이다. 스탠포드의 신경경제학자인 카밀리아 쿠넨과 브라이언 크넛선은 다음과 같은 연구 결과를 내놓았다. 사람들의 뇌가 '긍정적 흥분 상태' 일 때, 사람들은 어떤 위험을 감수하기 보다는 잠재적인 혜택에 더 집중한다는 것이다. 그래서 사람들이 비싼 가죽 자켓을 사거나 블랙잭에서 돈을 따면 기분이 좋아지고 흥분해서 돈을 더 많이 써버리는 어리석은 행동을 하게 된다고 한다. 내 친구는 이 현상을 '멕시코 드레스 신드롬' 이라 부른다. 당신이 만약 휴가를 받고 들뜬 마음으로 쇼핑을 가게 되면, 비싼 드레스에 혹해 충동적으로 사게 된다. 그런데 집에 오면 그 옷을 사던 순간만큼 옷이 예뻐 보이지 않는다. 그러나 후회하기에는 때가 너무 늦었다.

돈을 헤프게 쓰는 사람들은 카드와 수표를 흥청망청 썼다는 사실을 부정하거나 혹은 무시하려 할 것이다. 또는 자신이 그 상황을 통제하지 못해 그랬던 것이 아니며 이를 부끄러운 행동이라고 생각하지 않는다고 말할 수도 있다. 그들은 앞으로 만날 고객에게 잘 보이기 위해 자동차가 불가피하게 필요했다고 말하거나 배우자와 싸워서, 스트레스를 받아서 명품 가방을 산 것이라고 핑계를 대며 자신의 행동을 정당화하려고 할지도 모른다. 그러나 사실은 돈을 헤프게 쓰는 것 자체가 오히려 스트레스의 요인이 되며 이 스트레스로 인해 돈을 더 헤프게 쓰게 되는 것이다.

만약 당신이 돈을 헤프게 쓰는 사람이라면, 아마 당신이 사랑하는 사람들 모르게 돈을 쓰고 있을 것이다. 당신의 배우자나 아이들에게 거짓말을 한다는 것이 얼마나 부끄러운 일인지 알면서도, 당신은 원하는 것을 갖기 위해(꼭 필요하지 않은) 이 부끄러움을 감수하고 있는 것이다. 확인된 사실은 아니지만, 이런 성향의 사람들은 충동적으로 도박에 빠지거나 사기를 칠 가능성이 높아 결국 파산할 수도 있다고 한다. 이들은 아마 파산뿐만 아니라 인간관계가 허물어져 남은 인생 내내 자책하며 살아가게 될지도 모른다. 자, 더 늦기 전에 변화를 시도해 보는 것은 어떨까?

희생에 중독된 사람들

희생에 중독된 사람들은 가난이 미덕이라고 확신한다. 이는 어렸을 적 부모의 영향이 여전히 미치고 있는 것일 수도 있고, 아니면 자신의 가난을 자랑스럽게 생각하기 때문일 수도 있다. 이런 고정관념이 어디서부터 시작되었든, 당신은 자신의 욕구를 부정하면서 살고 있거나, 혹은 중고품 가게에서 옷과 가구를 구입하며, 심지어 원하는 음식을 충분히 먹을 형편이 됨에도 불구하고 혼자 먹을 때는 돈 쓰기를 아까워하는 사람일 것이다. 만약 당신이 지금까지 자신의 가치를 스스로 낮게 평가했다면, 적은 돈을 받으면서도 늦게까지 일하고 또 고객에게 자신이 일한 만큼의 대가를 요구하지 못하는 등, 늘 희생하며 살아 올 수밖에 없었을 것이다.

자신은 늘 희생하는 반면, 친구나 가족들을 위해서라면 돈을 아낌없이 쓸 것이다. 당신 자신을 위해서는 절대 사지 않을 것들을 사주면서 말이다. 당신은 스스로 돈에 매여 사는 것은 얄팍한 부자들이나 하는 행동이라고 생각할지 모르겠지만 당신도 그들만큼이나 돈의 노예로 살고 있다는 것을 기억해야 한다. 당신 마음 속 깊숙한 곳을 들여다보라. 자신에게 부당한 요구를 하면서 불필요한 희생을 강요하고 있지는 않는가? 자신은 그럴 가치가 없다고 말하면서 말이다.

누가 당신에게 자격이 없다고 말했는가?

허황된 꿈을 좇는 사람

허황된 꿈을 좇는 사람은 늘 인생 역전을 기다린다. 그래서 그들은 로또에 당첨되거나 거대한 액수의 계약을 따낼 날만 고대하고 있다. 내가 여기서 말한 '기다린다' 라는 뜻은 말 그대로 기다린다는 것이다. 만약 당신이 허황된 꿈을 좇는 사람이라면, 그동안 돈, 일, 인간관계에 있어서 많은 부분을 놓치며 살아왔을 것이다.

이 유형의 사람들은 절대 그들의 행동에 책임을 지지 않으며 그들 능력 밖의 돈을 쓴다. 큰 건 하나를 터뜨리기 위해서는 그만큼 배포가 큰 사람으로 살아야 한다고 믿기 때문이다. 그러나 사실, 그들 스스로 내면은 전혀 그렇지 않다는 것을 잘 알기 때문에 일부러 대단한 사람처럼 보이기 위해 노력하는 것뿐이다. 기억하라. 당신이 얼마나 대단한 사람인지 관심을 갖는 사람들은 많지 않다.

그동안 그들은 현실을 무시한 채 오직 미래에만 초점을 맞추며 살아온 것뿐이며 스스로를 빚에 허덕이게 만들었다. 왜냐하면 그들은 돈이 많이 생기기만 하면 과거의 빚을 다 청산할 수 있고, 그 다음부터 풍족한 생활을 꾸려 나갈 수 있다고 확신하기 때문이다. 그러나 이것은 현실적으로 전혀 실현 불가능한 이야기이며, 결국 돈 뿐만 아니라 인생까지도 허비하고 말 것이다. 즉 미래를 기다리느라 현실을 소비하고 있는 것이다.

당신은 언제 현실로 돌아올 것인가?

현실에 안주하는 사람들

현실에 안주하는 사람들은 늘 다음과 같은 말을 한다. “괜찮아. 이정도면 충분해. 나는 이정도만 있어도 괜찮아.” 이들은 현재 인생에 만족하고 더 이상 아무것도 바라지 않는다. 그래서 더 나은 삶을 만들려는 의지도 없으며 아무런 도전도 하지 않으려 한다. 그리고 내면에 이런 두려움이 가득 차 있다면 그들은 어떤 꿈도 포부도 가질 수 없게 된다.

그들은 스스로 여태까지 다른 사람들을 위해 해야 할 일을 잘 해왔다고 자랑스럽게 말할지도 모르겠다. 하지만 그들은 자신에게 혹은 다른 사람들에게 실망을 안긴 적도 많았을 것이다. 그들이 다른 사람의 기대에만 맞춰 살지 않고 조금이라도 그들의 꿈을 추구하며 살았더라면, 그들이 어떤 것을 이루었을지 누가 알겠는가? 어쩌면 남부럽지 않은 직업을 가졌을 수도 있다. 하지만 현실에서는 돈 문제뿐 아니라 지금까지 살아온 인생에 대해 씁쓸해 하고 있을 수도 있다. 물론 허황된 미래만 추구하는 사람이 되라는 뜻은 아니다. 하지만 어떤 면에서는 조금 모험을 할 필요도 있다.

당신이 열정을 잃고 현실에 안주하게 된 이유가 혹시 두려움 때문은 아닌가?

돈 문제에 얽히고 싶지 않은 사람

돈 문제에 얽히고 싶어 하지 않은 사람이라 해도, 그들은 배우자, 가족, 사업 파트너 등 그들이 사랑하는 사람들과 기본적으로 돈 문제를 겪을 수밖에 없다는 것을 안다. 하지만 그들은 돈 문제를 함께 해결하려고 하기 보다는 다른 변명을 만들어 피하거나 다른 대안을 찾아보려는 경향을 보인다. 못되거나 인색한 사람이 되고 싶지 않기 때문이다. 그러나 그들이 이런 식으로 문제에 직면하지 않고 늘 무시해 버리기만 한다면 결국 파산하고 말 것이다.

예를 들어 보자. 어떤 사람이 늘 허황된 꿈만 좇는 사람과 결혼을 했다. 그는 늘 열심히 일 하지만 아내는 그의 월급을 쇼핑하는데 다 써버린다. 한 손에는 5 달러짜리 라떼를 들고, 아직 할부를 다 내지 못한 자동차를 타고 쇼핑몰로 가서 신용카드로 온갖 물건들을 산후에 남편이 모르는 곳에 숨겨둔다. 그는 아내가 돈을 다 갚지 못할꺼라는 것을 알았지만, 아내의 비싼 물건이나 신용카드 명세서를 봐도 못 본 척 그냥 지나가거나 쓸데없는 잔소리를 하지 않았다. 다른 예를 보자. 남편은 자신이 힘들게 번 돈으로 전자제품 혹은 컴퓨터를 사는데 다 써버리곤 한다. 아내는 왜 아이들 대학 등록금이나 퇴직 후를 대비해 저축하지 않는지 그저 답답할 뿐이다. 그녀는 그런 남편이 괜찮았던 것일까? 그렇지 않다. 그녀는 그저 남편을 화나게 하고 싶지 않을 뿐이었다. 어쨌거나 남편이 열심히 돈을 벌어오기 때문이다.

지금 돈 문제를 해결하는 것이 두려운가? 그렇다면 후에 어떤 심각한 문제를 겪을지 아무도 모른다.

RISK TAKER'S Tools

〈돈에 대한 자신의 사고방식 들여다보기〉

위에서 읽은 사람들의 돈에 대한 사고방식을 잠시 생각해보자. 그리고 이제 조금은 잔인하지만 솔직해져야 할 때이다. 공감이 가는 문항이 없었는가? 당신의 신념 및 행동과 일치하는 이야기는 없었는가? 당신은 돈을 헤프게 쓰는 유형에 속하는가? 아니면 현실에 안주하는 유형에 속하는가? 당신은 위의 글을 읽으면서 자신뿐만 아니라 배우자, 친구, 가족들의 유형도 알아 낼 수 있었을 것이다. 우리의 과거를 돌이켜 보자. 당신은 허황된 꿈을 좇는 사람에게 희생에 중독된 사람의 역할을 하지 않았는가? 혹은 돈 문제에 얽히고 싶어 하지 않은 사람에게 돈을 헤프게 쓰는 사람의 역할을 하진 않았는가?

이제 노트를 준비하고 적어보자. 만약 두려움이 몰려온다면 잠시 멈추고, 깊게 심호흡을 해보자. 눈을 감고 작은 소리로 '진정하자' 혹은 '나는 할 수 있어' 등 마음을 편하게 해주는 말들을 떠올려 보라. 내 직업이 당신을 기분 좋게 만들어 주는 일은 아니지만, 그래도 내가 제시한 과정대로 따라하다 보면 행복을 경험할 수 있을 것이다. 왜냐하면 내 직업은 당신이 몰랐던 점들을 일깨워주고 잘못된 신념을 돌이켜 행동을 변화시킬 수 있도록 도와주는 것이기 때문이다. 위의 항목을 읽으면서 당신이 부정적 유형에 속한다는 것을 발견했어도 상관없다. 나중에 집이 저당 잡히거나 신용카드가 정지되었을 때 깨닫는 것보다 지금 깨닫고 미리 예방하는 편이 훨씬 현명하다.

다음 글을 읽고 실천에 옮겨보자.

1. 자신의 현재 삶에 대한 이야기를 써 봄으로써 돈에 대한 자신의 사고방식을 파악하라. 위의 나온 유형중 하나를 선택해도 되고 혹은 자신의 돈에 대한 신념과 소비 패턴을 반영한 새로운 유형을 만들어도 좋다. 어렸을 때 돈에 관련한 좋지 않은 기억이나 두려움들이 있다면 함께 써

보자.

2. 지금까지 당신의 소비 패턴에 영향을 미쳐왔던 고정관념이 무엇인지 생각해 보라. 이는 매우 중요한 과정으로, 충분히 시간을 갖고 당신을 사로잡고 있는 고정관념이 무엇인지 생각해보라. 온통 부정적인 것들만 생각날 수도 있다. 배우자에게 화가 난 자신을 발견 할 수도 있고, 혼자라는 느낌과 아무도 자신을 사랑해 주지 않는다는 느낌을 받을 수도 있으며, 혹은 자신은 남들에게 베풀 능력이 없다는 생각을 할 수도 있다.

3. 고정관념으로 인해 자신을 망치고 있는 세 가지 행동을 생각해 보자. 예를 들어 당신은 늘 일만 하고 당신을 무시하는 남편에게 화가 나서 과소비를 하고 있을 수도 있다. 혹은 당신이 희생에 중독된 유형에 속한 사람이여서 자신에게 투자 하는 것을 꺼려할 수도 있다. 스테이크나 더 좋은 와인을 먹을 수 있는 형편이 되면서도 늘 라면만 먹는 사람처럼 말이다. 또는 너무 허황된 꿈에만 집착하는 바람에 세금이 항상 밀리고 친구와 가족에게 빌린 돈을 못 갚은 상태일 수도 있다. 잘 생각해 보고 적어보자.

앞서 언급했듯이, 어려움을 극복하기 위한 첫 단계는 바로 자신의 상태를 파악하는 것이다. 물론 자신의 상태를 직시하는 것이 얼마나 고통스럽고 무서운 일인지 잘 안다. 하지만 과감하게 실천해보도록 하자. 자신이 적은 이야기를 주위의 친한 지인이나 믿을 만한 성직자 혹은 전문상담사와 공유하는 것도 좋은 방법이다. 그러나 당신의 노력을 과소평가할 것 같은 사람과는 공유하지 않도록 한다. 당신의 좋지 못한 습관들을 누군가에게 노출시킨다는 것은 때론 상처로 되돌아 올 수 있기 때문이다. 또 그 사람이 당신과 재정적으로 얽혀있는 사람이라면, 그들이 마음의 상처를 입고 근심할 수 있으니 다른 대상을 찾는 것이 좋다. 그들의 상처와 근심이 당신에게 또 다른 아픔이 될 수 있기 때문이다.

변화라는 문을 열기까지 많은 두려움이 엄습해오기 때문에 아주 큰 용기가 필요하다. 그러나 한 번 그 두려움을 깨고 변화의 문을 열기만 한다면, 문 밖에 나를 도와주려는 사람이 매우 많다는 사실을 알게 될 것이다. 당신은 상담사, 신뢰할 수 있는 친구, 익명의 채무자 모Debtor's Anonymous group 등으로부터 도움을 얻을 수도 있고, 혹은 당신 스스로 내면의 새로운 모습을 발견해 나쁜 습관을 바꿀 수도 있다. 서두르지 말고 이 장에서 배운 과정들을 천천히 실행에 옮겨 더 밝은 미래를 꿈꿔보자.

RISK TAKER'S TIP

나는 파산한 사람들의 회복을 도울 때 사람들의 중독성, 혹은 부정적 패턴을 바꾸는데 효과적인 프로그램을 많이 발견했다. 프로그램을 고를 때는 당신에게 맞는 유형을 고르는 것이 매우 중요한데, 익명의 채무자 모임과 같은 그룹에 참여하면서 '편안함'을 느끼기 시작했다면 자신에게 맞는 타입을 고른 것이다. 나이, 사회 경제에 대한 지식수준, 교육 수준이 비슷한 사람들의 모임이 때로는 더욱 효과적일 수도 있다. 그러나 때때로 당신에게 필요한 모임임에도 불구하고 '이 모임은 나와 맞지 않아'라고 섣불리 판단하고 거부하는 경우도 있다.

다른 사람의 성공한 예를 살펴보자. 위의 유형 중 현실에 안주하는 사람의 유형을 정확하게 파악하는 것이 아마도 가장 어려웠을 것이다. 이 유형에 속한 사람들은 아무리 똑똑하고 부지런할 지라도 많은 돈을 모으지 못한다. 무언가(자신을 포함해서) 그들을 계속 붙잡고 있으며, 그들을 매우 절망적인 상태로 몰아간다. 다시 한 번 말하지만 재정적인 어려움을 이겨낼 때 가장 좋은 방법은 먼저 자신의 고정관념을 들여다보는 것이다.

한때 나의 고객이었던 마커스는 매우 다재다능하며 성실한 사람이었다. 처음 그는 자신의 사진 촬영 사업을 도와달라고 연락을 해왔었다. 그 당시 그는 재정적인 어려움으로 매우 힘든 상태였으며, 거의 파산 직전에 놓여 있었다. 그는 단골고객을 잃어 가고 있었고, 여러 장비를 사들이느라 과소비를 하고 있었으며, 그의 여동생에게 지나치게 많은 돈을 쓰고 있었다.

우선 그가 재정적 위기에 처한 원인을 찾기 위해 그의 사업이 잘될 때와 안 될 때를 비교해 보았으나 특정 원인을 찾을 수 없었다. 그러나 마커스와 조금 더 깊이 이야기를 나누다 보니 그가 돈을 많이 버는데 큰 욕심이 없다는 것을 알아냈다. 바로 그 점이 마커스가 파산에 이르게 된 주요 원인이었다. 왜 그는 돈을 많이 모으는데 욕심이 없었던 것일까? 그는 어렸을 때부터 그의 아버지가 돈을 벌기 위해 늘 애쓰는 모습을 보면서 어떤 두려움이 생겼다고 했다. 그의 아버지는 자동차 영업과 전자제품 영업에 종사하면서 힘들게 돈을 벌었다. 덕분에 그의 가족은 큰 재정적 어려움 없이 잘 살 수 있었고 그와 그의 여동생도 많은 사랑을 받으며 자랄 수 있었다. 그럼에도 불구하고 마커스는 늘 아버지가 돈을 벌어야 한다는 중압감 속에서 살아가고 있다는 생각을 지울 수 없었다.

마커스는 사업을 시작했을 때, 부모님에게 사업에 대한 이야기를 전혀 하지 않았다. 부모님이 자신에게 돈을 요구 할까봐 그랬던 것은 아니다. 오히려 부모님은 은퇴 후에 편히 살고 계셨고 아들의 도움이 전혀 필요 없었다.

마커스는 그저 자신이 아버지보다 더 많은 돈을 번다는 것을 아버지가 아시면 창피해 하실 지도 모른다는 생각에서 이야기하기를 꺼렸던 것이다. 그러나 모순적이게도, 마커스의 아버지는 돈을 많이 버는 직업을 갖고 있지 않았을 뿐더러, 자식의 성공을 충분히 기뻐해 줄 수 있는 분이셨다. 마커스는 곧 아버지가 자신의 성공으로 인해 부끄러움을 느끼실 수 있다는 그의 고정관념이 잘못되었다는 것을 깨달았다. 그는 완전히 잘못된 생각 때문에 돈에 대한 신념과 행동을 바꿀 수 없었던 것이다.

우리는 곧 문제점 직시, 임무의 단순화, 계획 실행 단계에 대해 생각해 보았다. 마커스는 돈을 많이 벌 수 있다는 긍정적인 꿈을 갖고 계획을 세우기 시작했고, 1년이 채 지나기도 전에 많은 수입이 생겼다. 뿐만 아니라 그는 여동생에게도 더 이상 ATM 기계 노릇을 하지 않을 거라는 다짐을 하고, 그 대신 돈을 더 모아 미래 자신의 가족을 위해 저축할 것이라는 계획도 세웠다. 그는 성인이 된 이후 처음으로 현실에 안주하려는 자신의 성향을 깨고 재정적인 어려움에서 빠져 나올 수 있었다.

직감과 논리 사이의 줄다리기

이제 우리는 고정관념과 행동을 변화시키는데 있어 뇌의 역할을 알고 있으면 많은 도움을 받을 수 있다는 사실을 배웠다. 우리의 뇌는 본능적으로 생존을 위해 위험은 피하고 안전한 곳을 찾으려고 한다. 수 천 년 전 원시시대 사람들이 늘 음식과 살 곳을 찾아 헤매고, 섹스를 추구하고, 그들을 위협하는 위험들, 예를 들어 그들을 헤치려는 적이나, 육식동물, 자연 재해 등으로부터 자신들을 안전하게 지키려고 했던 것을 보면 알 수 있다. 오늘날 우리도 전혀 다르지 않다.

물론 원시시대 초기에는 논리보다는 직감이 훨씬 더 중요했다. 왜냐하면 그들은 먹을 음식을 구하고 주위의 위험으로부터 빨리 피할 수 있는 능력이 필요했기 때문이다. 오늘날 우리도 이 직감으로 위험을 피하기도 한다. 우리 쪽으로 달려오는 차를 피하기 위해 0.1초의 빠른 속도로 인도로 피하는 것을 보면 알 수 있다. 만약 논리적으로 반응을 했다면 이미 차에 치여 죽었을 것이다. 하지만 정보 사회를 살아가는 우리에게는 논리적 능력이 과거보다 훨씬 더 중요해진 것이 사실이다. 그런데 우리는 우리 뇌가 각각 다른 상황에서 가장 좋은 결론을 도출하기 위해 어떻게 작용하는지에 대해서는 잘 알지 못한다. 분명하게 파악할 수는 없지만, 마치 우리의 뇌 안에서 직감과 논리가 상호 줄다리기를 하는 것과 같다.

우리 뇌의 측좌핵nucleus accumbens 이란 곳이 보상을 담당한다는 사실까지 알 필요는 없을 것이다. 그러나 뇌 속의 직감과 논리 사이의 상호 작용에 대해서 알고 있으면 많은 도움을 받을 수 있다. 우리는 직감을 담당하고 있는 부분을 우뇌, 논리를 담당하고 있는 부분을 좌뇌 라고 부르는데, 사실 생물학적으로 보면 뇌는 오른쪽 왼쪽이 아니라 윗부분과 아랫부분으로 나뉜다. 우리가 제8장에서 배웠던 것처럼, 감정과 논리 사이에 균형을 맞추는 것은 매우 중요하다.

다음 연구자가 낸 문제를 보면 이 말이 어떤 의미인지 알 수 있을 것이다.

다음 문제를 읽고 최대한 빨리 대답 해보라: 만약 존 F. 케네디가 암살당하지 않았더라면 그는 지금 몇 살이겠는가? 그가 몇 살일지 생각이 났다면 기억해두자.

자, 이제 부터는 논리적으로 생각해 볼 차례이다. 위의 끔찍한 사건을 기억할 수 있는 나이라면 그 당시 그가 몇 살이었는지 생각해 보라. 아니면 그 사건이 일어난 해를 기억하거나 존 F. 케네디가 몇 번째 대통령이었는지를 기억하면 지금 쯤 그가 몇 살일지 계산하는데 도움이 될 것이다. 자 이제 다시 대답해 보자.

당신이 첫 번째로 대답한 나이는 몇 살이었는가? 아마도 70에서 75살 정도였을 것이다. 이제 두 번째 대답을 생각해 보라. 아마도 첫 번째 답에서 10-20년 정도를 더했을 것이다.(존 F. 케네디는 1917년도에 태어났다). 어찌된 일일까? 먼저, 첫 번째 질문을 읽었을 때 당신은 직감적으로 존 F. 케네디와 그의 부인 재키의 젊었을 때의 사진들을 떠올렸을 것이다. 그래서 당신은 그가 살아있는 경우, 현재 나이보다 훨씬 더 젊다고 생각할 수밖에 없었을 것이다. 심리학자들은 이를 닻 내림 효과 anchoring 라 부른다. 우리는 생생한 존 F. 케네디의 사진을 떠올렸기 때문에 그의 원래 나이를 가늠하기가 어려웠던 것이다.

하지만 우리의 뇌는 오류를 발견할 때 논리적으로 작용한다. 우리는 케네디가 암살당할 당시 어디에 혹은 몇 살 때 있었는지 기억하려고 하거나 아니면 미국 역사를 다시 되짚어 보며 날짜를 생각해 내려고 했을 것이다. 그래서 그의 실제 나이가 우리가 직감으로 추측한 나이보다 훨씬 많다는 것을 깨달을 수 있었던 것이다. 이를 우리는 '닻내림과 조정 anchoring and adjustment' 이라고 부른다. 즉 직감을 담당하는 뇌가 이미지, 날짜, 가격 등을 떠올리면 논리를 담당하는 부분이 어떤 오류가 없는지 살펴보며 우리가 내린 가정을 수정하는 것이다.

RISK TAKER'S TIP

영업 사원들은 물건의 가치를 높이기 위해 항상 닻 내림과 조정 원리를 사용한다. 예를 들어, 당신이 집을 보러 다닐 때, 공인 중개사는 항상 당신이 생각하는 가격의 범위보다 높은 집을 먼저 보여준다. "그냥 어떤 집이 있는지 보기만 하세요."라고 하면서 말이다. 그러고 나면 당신의 뇌는 그 가격을 기억하고 있기 때문에, 당신이 아무리 가격 한도를 정해 놓았다 할지라도 당신의 뇌는 처음 기억하고 있던 집을 사려고 하게 될 것이다.

이 방법은 영업 사원들이 고객 몰래 항상 사용하는 방법으로 매우 효

과가 높다. 당신은 소책자나 물건들을 뒤쪽에 쌓아 놓은 방에서 세미나를 들은 적이 있는가? 만약 그 곳에서 물건의 정가를 슬라이드나 유인물을 통해 몇 번 보여준 다음 할인가를 보여주었다면 이는 우연의 일치가 아니다. 당신도 이것이 수법이라는 것을 잘 알지만 당신의 뇌는 원래 가격을 지울 수 없다. 물론 그런 가격의 제품들이 모두 질이 낮다고 말하는 것은 아니다. 그저 그들이 심리 작용을 이용해 물건을 판다는 것을 알려주려는 것뿐이다. 이런 방법은 보통, 당장 구매 의사가 있는 소비자에게만 효과가 있다. 왜냐하면 당신의 뇌가 논리적으로 생각하기 시작하면 물건을 사지 않아도 될 이유를 찾아내기 때문이다. 영업사원들도 이를 잘 알기 때문에 "지금 당장 구입하세요."라고 말함으로써 논리적으로 생각할 시간을 주지 않는 것이다.

그러나 미리 경계한다고 해서 항상 조심할 수 있는 것은 아니다. 특히 돈과 관련된 문제는 더욱 그렇다. 말콤 글래드웰Malcolm Gladwell 이 쓴 책 《블링크 Blink》 에서 그는 때때로 빨리 내린 결정(눈 깜짝 할 사이에)이 신중하게 내린 결정만큼 좋을 수 있다고 했다. 그러나 월 스트리트 저널의 투자 전문 칼럼니스트와 《머니 앤드 브레인 Your money & your brain》 의 저자 제이슨 츠바이크Jason Zweig 는 이에 반박한다. 츠바이크는 "모든 것을 눈 깜짝할 사이에 결정을 한다면, 당신의 투자 결과는 최악일 것이다."라고 말했다. 그는 또 "돈과 관련된 최고의 결정은 직감과 논리, 감성과 이성을 적절히 사용하는 것이다."라고 덧붙였다.

돈 문제를 해결하려고 할 때 너무 서두르면, 직감만 믿고 투자 한 결과처럼 낭패를 볼 수 있다. 그러므로 직감을 믿되 항상 상황을 잘 분석하고 여러 요인들을 충분히 고려한 후에 결정을 내려야 한다. 특히 현금과 관련된 문제를 해결할 때는 너무 서두르면 안 된다.

당신의 돈과 삶

지금까지 우리는 돈에 대한 사고방식을 살펴보았다. 이제 당신의 소비 습관을 바르게 고치기 위해 다음 연습문제를 실행해 보라. 여전히 고정관념에 사로 잡혀 변화를 두려워 할 수도 있지만 그래도 끝까지 포기하지 말고 도전해보자. 앞서 언급했던 것처럼, 우리는 당신의 돈 쓰는 패턴을 내적 요인과 외적 요인으로 나눠 살펴볼 것이다. 이는 당신의 신념과 행동을 바꾸는데 큰 도움이 될 것이다.

이제 당신은 자신이 미래에 어느 정도의 재산을 원하는지 잘 알고 있고, 그에 맞는 새로운 비전을 만들어 가는 중일 것이다. 비전을 세울 때에는 반드시 자신이 즐거워하는 것들에 집중해야 한다는 점을 잊지 말아야 한다. 돈으로 물건을 살 수 있고 또 안락한 생활도 할 수 있지만 그렇다고 행복까지 살 수 있는 것은 아니니까 말이다.

2006년도 연구에 따르면 짐바브웨와 브룬디가 지구에서 가장 행복지수가 낮은 국가로 선정되었다. 빈곤 지수, 유아 사망률, 문맹률, 턱없이 부족한 의료시설을 보면 이해가 되는 결과이긴 하다. 그러나 다음 연구 결과에서도 볼 수 있듯이, 가난의 문제가 조금 극복되고 국민들의 기본적 요구들이 조금만 채워져도 국민의 행복지수는 그들의 부와 크게 연관이 없다는 것을 알 수 있다. 오히려 그들의 목적의식, 공동체의 일원으로서의 삶, 신념의 실현 등이 행복에 더욱 중요한 영향을 미친다. 세계에서 잘 사는 나라에 속하는 프랑스의 행복 지수는 훨씬 못사는 멕시코 국민들보다 낮다는 사실만 봐도 잘 알 수 있다.

돈으로부터 자유로워진다는 것은 만약의 사태에 대한 걱정으로부터 가슴과 마음을 자유롭게 하는 것이다

– 수즈 오만

지구에서 가장 행복한 나라(디즈니랜드는 아니다)가 궁금하다면 영국 레스터 대학의 연구 결과를 보자. 이 대학은 전 세계 8만 명을 대상으로 복지와 관련해서 그들이 느끼는 주관적인 행복 지수에 대해 설문조사를 한 적이 있다. 연구 결과, 덴마크 국민들이 가장 건강하며 의료시설 접근성 또한 가장 높았다. 덴마크 사람들과 설문조사 결과와 관련해 60분 정도 인터뷰를 진행했는데, 그들의 행복 지수가 높은 진짜 이유는 그들의 기대치가 적절하며 또 매우 현실적이었기 때문이라는 결과가 나왔다.

이는 당신의 돈 쓰는 습관을 바꾸는데 좋은 교훈이 될 수 있다. 즉 적절한 기대치를 정하는 것이다. 돈쓰는 습관을 바꾸지 않을 거라면 최소한 인생이 어떻게 변할 지 현실적으로 생각해 보자. 또 평소 습관대로 돈을 써도 언젠가 큰 행운이 찾아 올 것이라는 생각도 버려야 한다. 다이어트를 하는 사람들은 자신들이 살만 뺀다면 그들에게 닥친 다른 어려운 문제도 함께 해결 될 것이라는 믿음으로 살을 빼려고 노력한다. 이와 같

이, 소비 습관을 고치려는 사람들도 돈 쓰는 습관만 바꾼다면 현재의 많은 어려움을 극복할 수 있다는 믿음을 가지고 꾸준히 노력해야 한다.

〈돈 관리하기〉

돈으로 행복을 살 수 없다고는 하지만, 돈을 잘 조절해서 쓰는 방법만 안다면 스트레스를 풀 수 있고 또 성취감을 느끼며 자존감도 높일 수 있다. 자, 이제 돈의 대한 자신의 사고방식을 생각해 보자. 과거 돈에 관련된 기억들이 지금 현재 당신의 삶에 어떻게 영향을 미치고 있고, 또 당신의 고정관념으로 인해 어떤 소비 패턴을 갖고 있는가? 당신의 소비 습관을 더욱 자세히 들여다보면서 외부적인 요인들에 대해서도 생각해 보자.

오늘부터 모든 영수증(껌 한통부터 새로 구입한 차까지)을 따로 모아 상자나 파일에 모아두도록 한다. 또 작은 노트(줄 쳐진 공책이 비싸지도 않고 갖고 다니기도 편하다)를 갖고 다니면서, 어떤 물건을 구입할 때(신문 같은) 영수증을 받을 수 없으면 바로 노트에 적는다.

3주 동안 하루도 빼먹지 않고 그날 하루 썼던 지출 내용을 확인한다. 날짜, 구입한 물건, 가격, 그리고 나중에 기억하고 싶은 메모 등도 적도록 한다. 다음 예를 보자.

〈첫 번째 주: 지출 내용 확인하기〉

1월 25일 지출내역

신문 $2.50

사진 액자 $36.27 (엄마 선물)

웬디랑 점심 $12.93

아이들과 영화보기 $32.00(온라인으로 주문, 수수료 포함)

전화비 $103.14

이 모든 항목들을 오른 쪽 페이지에 적고 왼쪽 페이지는 남겨둔다. 나중에 실제로 쓴 돈의 내역을 보면 자신이 평소 생각하던 것보다 너무 많아 눈이 휘둥그레질 수도 있다(가끔 무섭기도 하다). 매일 지출 내역을 확인할 때마다 다음과 같은 질문을 스스로에게 던져보자. "이 지출이 내게 정말로 필요하고 내가 원해서 쓴 것인가?" 또는 "이 지출은 나의 의무사항인가?" 이 질문에 대해 구체적으로 이야기 해보자. 예를 들어 전화비는 반드시 내야만 하는 것이다. 따라서 이는 의무사항에 속한다. 하지만 신문은 당신이 원해서 산 것이다. 그렇다면 다음과 같은 질문을 하겠다. 당신이 모든 뉴스를 알고 있기를 원하는가? 그렇다면 온라인 신문, 라디오, TV를 통해서 뉴스 정보를 얻을 수 있지는 않은가? 심지어 지역 도서관에서도 뉴스를 볼 수 있다. 또한 점심 식사는 당연히 원하는 것에 속한다. 하지만 이때도 반드시 먹어야 하는 것이긴 하지만 외식을 꼭 해야 하는 것은 아니다.

아이들에게 돈을 쓸 때도 같은 원리를 적용할 수 있다. 아이들과 영화를 보는 것은 의무사항이 아니다. 또한 온라인으로 수수료까지 지불해 가면서 티켓을 살 필요는 없다. 그러나 아이들과 영화를 보러 가기를 원하고 또 그럴 형편이 충분히 된다면, 아이들과 함께 여가시간을 보내도 좋다. 이 예는 단지 의무사항과 원하는 것들 사이의 차이점을 보여주기 위한 것임을 기억해두자. 잘못된 소비 습관으로 힘든 시기를 보내는 이들을 위해서 말이다.

〈둘째 주: 자신의 가치를 판단하라〉

둘째 주에도 마찬가지로 당신의 지출 내용을 계속 확인하면서 수입도 함께 살펴볼 것이다. 왼쪽에 남겨 두었던 공간에 하루 단위로 들어오는 수입을 기록한다. 오른 쪽 페이지에는 그대로 지출 내용을 쓰면서 말이다. 만약 한 달에 두 번 정도 돈이 들어온다면 이번 주나 다음 주에 한 번만 기록하라. 월급을 잘 확인하고 어떤 형태의 수입이라도 모두 기록한다. 가령 이자라던가 물품을 환불하고 받은 돈이 라든가, 혹은 여동생이 준 선물 등 모든 수입 내역을 적는다. 그러면 당신은 수입과 지출 사이의 정확한 상관관계를 파악할 수 있다. 이는 미래에 건강하고 잘 살기 위해 필요한 매우 중요한 습관이다.

〈셋째 주: 자신이 베풀었던 만큼 상대에게도 요청해 보기〉

셋째 주에는 누군가 당신에게 빚진 돈이 없는지 생각해 보자. 만약 고객에게 송장을 보내야 하는 데 아직 못 보냈다면 지금 바로 보내도록 하라. 친구와 저녁을 먹고 각자 계산하기로 했다면 이번에는 친구에게 사달라고 이야기해보라. 고객이 아직 돈을 다 지불하지 않았다면 서둘러 달라고 이야기 해보자. 이는 세상을 향해 신호를 보내는 것이다. 즉 당신은 더 이상 자신을 과소평가 하지 않을 것이며, 무작정 베푸는 사람이 되지 않을 것이며, 또 계산할 필요가 없을 때는 돈을 지불하지 않을 것이라는 의지를 보여주는 것이다. 그러나 이때는 신중해야 한다. 자칫하면 의지의 시계추가 너무 한쪽으로만 치우칠 수도 있으니까 말이다. 그러면 너무 공격적으로 보이니(이런 일이 일어나기도 한다) 침착하게 행동하라.

반대로 이 의지의 시계추를 전혀 움직이지 않아 사람들에게 다가가지 못하고 있다면, 역시 변화가 필요하다. 예를 들어 당신이 허망한 꿈만 좇다 보니 너무 바빠 자신의 일에 책임을 다하지 못했다면 이제 그만 멈추도록 하자. 물론 포부와 꿈을 갖는 것이 문제라는 뜻은 아니다. 다만 당신의 이런 행동으로 인해 누군가가 돈 문제로 힘들어할 수도 있다는 것을 명심하자.

이제 당신이 다른 사람에게 원하는 만큼 당신도 다른 이들에게 베풀 차례이다. 또 신용카드와 수표를 당신의 능력 밖으로 쓰고 있다면 그것도 자제해야 한다.

이처럼 3주라는 시간 동안 돈의 지출과 수입을 잘 관찰하고 당신에게 빚진 사람들이 있다면 그 빚을 갚아달라고 요구하라. 더 이상 다른 빚은 지지 말며 잘못된 습관들도 이제 그만 고쳐야 한다. 이 방법들은 빙산의 일각일 수도 있지만, 철저하게 연습을 하다보면 당신만의 소비 패턴을 이해하는데 큰 도움이 될 것이다. 이렇게 실천하다 보면 어느새 스트레스도 풀리고, 자신이 세운 계획들을 하나씩 이뤄 나가면서 용기도 얻을 수 있을 것이다. 늘 그렇듯, 문제점 직시, 임무의 단순화, 계획 실행과정을 기억하라. 그리고 당신의 더 나은 미래와 재산을 위해 비전을 넓혀 보자.

성공적인 재정 관리를 위한 단계를 다시 정리해 보자.

첫째 주: 지출 내용 확인하기

둘째 주: 소비 내용의 가치를 생각해 보기

셋째 주: 자신이 베풀었던 만큼 상대에게도 요청해 보기

R i s k R e i n f o r c e m e n t

이 책에서 다룬 내용만으로도 충분하지만, 더 많은 도움이 필요하다면 외부에서 찾아보도록 하라. 지역교회 및 센터에서 저렴한 비용에 질 높은 상담을 받아볼 수도 있다. 채권자 혹은 돈을 빌려준 친구를 더 이상 피하지 않아도 될 때 당신은 큰 안도의 숨을 내쉴 수 있다!

건강한 삶을 사는데 있어서
가장 필요한 위대한 힘은
우리 안에 자연적으로 치유되는 능력이다.

— 히포크라테스 —

CHAPTER 10

건강한 삶 되찾기

냅시 테텐스Nancy Tetnes는 미시건 주 마일란Milan에 있는 클레이턴 시몬스Clayton Symons 초등학교의 교장이다. 마일란이라는 이름은 이탈리아의 패션 수도인 밀란으로 읽는 경우가 있는데, 밀란이 아니라 마일란이라고 읽는다. 마일란은 미시건 주 남동부에 있는 작은 마을로 주민들끼리 매우 가까운 관계를 유지하고 있어서 이 곳 주민들이라면 모두 낸시를 잘 알고 있다.

그러나 최근에 낸시를 본 적이 있다면 정말 낸시가 맞는지 다시 한 번 쳐다봐야 했을 것이다. 얼마 전 지역학교위원회의 한 회원이 마트에서 낸시를 만난 적이 있는데, 그도 처음에는 낸시를 몰라봤다. 낸시는 평생 동안 살을 빼기 위해 열심히 노력해 왔는데, 최근에 드디어 56.5킬로그램 정도를 빼고 계속 살을 빼고 있는 중이다. 낸시는 살을 빼면 뺄수록 더욱 힘이 났고, 삶의 질도 높아져 갔다. 그녀에게 무슨 일이 일어난 것일까? 그녀는 바로 자신에게 닥친 어려움을 스스로 극복했던 것이다.

건강한 삶을 살기 위해서는 특정 질병 문제만 해결하려고 하기보다 건강에 좋지 않은 습관과 태도를 전반적으로 바꾸는 것이 훨씬 도움이 된다. 그러다 보면 그동안 건강하지 못했던 삶의 방식을 완전히 바꿀 수 있고, 또 현재 자신의 어려움을 극복하는 데 있어서 아주 큰 도움이 될 것이다.

이번 장에서 우리는 당신의 건강을 향상시킬 수 있는 방법을 알아 볼 것이다. 그러기 위해서는 아래의 습관들을 고쳐야 한다.

- 먹는 방식
- 운동 프로그램
- 수면 습관
- 정기적인 건강 검진

제9장에서 우리는 고정관념을 깨뜨림으로써 재정 문제를 해결하는 방법을 배웠다. 이번 장에서는 당신의 건강을 해치는 여러 습관들, 즉 과식, 운동 및 수면 부족과 같은 나쁜 습관들이 우리의 건강을 어떻게 악화시키는지 살펴볼 것이다. 뿐만 아니라 비만의 원인에 대해서도 알아볼 것이다. 이는 매우 중요한 문제가 아닐 수 없다. 오늘날 진화 생물학 및 유전자 프로그래밍genetic programming 과 함께 세계적인 근심거리로 떠오르고 있기 때문이다.

또한 우리는 때때로 수면 부족으로 인해 건강에 위협을 받음에도 불구하고, 수면의 중요성을 과소평가 하는 경향이 있다. 따라서 충분한 수면이 건강한 삶에 어떤 중요한 역할을 하는지에 대해서도 알아볼 것이다. 마지막으로, 가장 중요한 건강관리 방법에 대해서 이야기 해 볼 것이다. 당신이 건강하게 살 수 있는 여러 방법들을 미리 알고 실천만 한다면 질병을 예방할 수 있다. 또 나중에 어떤 질병에 걸릴지라도 치료되는 속도도 훨씬 빠를 것이다. 자, 어떤가? 벌써부터 기분이 좋아지는 것 같지 않은가?

건강하기를 바라는 사람은 희망이 있는 사람이다. 그리고 이 희망이 있는 사람은 모든 것을 가진 것과 같다.

– 아랍 속담

체중 감량

나는 온라인 커뮤니티인 myLifetime.com에서 활동하고 있는 한 여성 그룹을 대상으로 상담을 한 적이 있다. 이 모임은 전국에서 각자의 도전 과제를 달성하기 위한 사람들이 함께 모여 활동하는 커뮤니티이다. 나는 그곳에서 낸시를 처음 만났다. 참가자들은 모두 자신들에게 닥친 현재의 어려움을 극복하여 달성하고 싶은 목표가 있었다. 그들의 목표는 다이어트, 체력 단련, 배우자 찾기, 경력 쌓기 등 다양했다. 상담을 하면서 나는 그곳에 모인 모든 사람들이 자신들의 목표를 꼭 달성하기를 간절히 바랐다. 그 중에서도 특히 낸시의 목표가 내게 더 특별하게 다가왔다. 왜냐하면 그녀는 지역 어린 아이들에게 큰 영향을 미칠 수 있는 사람이었기 때문이다. 어린 아이들은 지금 막 평생의 건강을 지킬 수 있는 혹은 망칠 수도 있는 습관을 만들어 가는 과정에 있다. 그러므로 낸시가 체중 감량에 성공한다면, 이는 아이들에게 훌륭한 본보기가 될 수 있을 것이라고 생각했다. 나는 낸시의 훌륭한 다이어트 성공 후기를 들려주고자 한다. 그러나 먼저, 세계적으로 심각한 문제로 대두되고 있는 비만에 대해 이야기 해보도록 하자.

세계적으로 비만이 전염병처럼 퍼지고 있다는 말은 전혀 과장이 아니다. 현재 16억 명 이상의 사람들이 과체중 혹은 비만으로 살아가고 있다. 비단 미국 혹은 서양 사람들뿐만 아니라, 전 세계 사람들이 비만을 겪고 있다. 비만 문제는 최근 영양실조 문제가 심각한 나라에서도 걱정거리로 떠오르기 시작했다.(기억하라. 당신은 과체중이면서도 영양실조에 걸릴 수 있다. 비만과 기아가 동시에 문제 되기도 한다.)

물론 기아의 문제가 별거 아니라는 뜻은 아니다. 하지만 먹을 것이 없어 굶주리는 8억 명의 사람과 10억이 훨씬 넘는 비만인 사람들의 수를 비교해 보면, 이제는 국제적 식량 위기의 문제 보다 비만 문제가 더 심각하다는 것을 알 수 있다. 사실 기아 문제 해결이 시급한 국가들을 보면 대부분 굶주림의 문제보다 비만의 문제가 더 시급하다. 이는 단지 강대국뿐만 아니라, 이집트, 멕시코, 남아프리카 등 잘 못사는 국가에서도 마찬가지다. 예를 들어 중국은 인구의 3분의 1이 비만이다. 멕시코는 15년 전만 하더라도 거의 비만이 없었는데 지금은 여성의 71%가, 남성의 66%가 과체중이다.

《세계는 뚱뚱하다 The world is Fat》의 저자 배리 팝킨Barry Popkin

박사는 그의 책에서 "기하급수적으로 증가하고 있는 오비소겐(obesogenic, 비만을 발생시키는 환경 호르몬) 환경"과 함께 비만의 여러 요인에 대해 설명했다. 그는 첫 번째 증거로 미국인들의 위험한 식습관을 지적했다. 비만을 일으키는 첫 번째 요인은 바로 생물학적 질병 소인biological predisposition이다. 생물학적 질병 소인이란 우리의 몸이 기근을 대비해 지방을 축적함으로써 우리 자신을 보호하려는 것을 말한다. 이는 마치 우리의 뇌가 위험은 피하고 혜택은 얻으려고 하는 경향과 같다. 실제로 고대에 계절마다 기근을 겪었던 인류를 생각해 보면, 지방을 몸속에 저장하려는 우리 몸의 습성이 이해가 되기는 한다. 그러나 현대 시대를 살아가는 우리에게 있어 이런 습성은 이익보다는 피해를 더 많이 안겨주는 것 같다.

덧붙여 설명하자면, 과거에 어부, 농부, 사냥꾼으로 살면서 육체적 노동을 많이 하던 사람들이 이제는 트랙터나 고기를 잡는데 사용하는 여러 기계의 발명 덕분에 더 이상 예전처럼 힘들게 노동을 하지 않게 되었다. 그러니 오늘날 왜 그토록 많은 헬스장이 생길 수밖에 없는지 충분히 이해가 간다. 이런 식으로 점점 노동의 기회가 없어져 사람들이 점점 뚱뚱해지면, 훗날 헬스 트레이너가 없는 세상은 상상도 하지 못할 것이다.

이처럼 노동의 기회가 점점 사라지는 문제와 함께, 한 가지 심각한 요인은 바로 전 세계적으로 음식 공급의 방식이 변했다는 것이다. 30,40년 전과는 다르게 우리는 길거리, 마트, 편의점, 패스트푸드점 등에서 쉽게 음식을 구할 수 있게 되었다. 그러면서 우리의 식습관도 크게 변하게 된 것이다. 미국인이 평균 섭취하는 물의 양은 몇 년간 전혀 증가하지 않았지만, 탄산, 설탕이 들어간 주스, 스포츠 음료, 커피, 차 등 칼로리가 높은 음료수를 매일 0.6리터(22온스) 이상씩 섭취하고 있다. 아침에 주스 한잔을 마시는 것은 괜찮지만, 정오에 스타벅스(우유와 휘핑크림을 얹은), 그리고 오후에 200-500 칼로리짜리 탄산음료를 매일 마신다면, 1년이 지났을 때 거의 4.5킬로그램 정도 살이 찌게 된다. 다른 군것질 거리도 마찬가지다. 월마트와 같은 대형 마트가 세계 여러 곳에 생기면서, 많은 사람들이 지방, 설탕, 나트륨이 첨가된 간식들을 먹고 있다.

폽킨 박사는 설탕이 들어간 음료의 과다 섭취, 지방이 포함된 음식의 증가, 또 잘 움직이지 않는 생활 방식들 외에, 전 세계적으로 변하는 사람들의 습관도 비만의 또 다른 이유라고 말했다. 그는 중국을 예로 들어 설명했다. 중국 사람들은 과거에 주식인 국수를 먹었지만 지금은 가공 처리된 음식들을 마구잡이로 사들여 먹는다고 한다. 원래 수제 국수는 곡식 껍질로 만들어져 건강에 좋지만, 오늘날 먹는 국수는 가공처리가 되면서 많은 영양소가 파괴되고 있다. 더 심각한 문제는, 영양소만 파괴되는 것이 아니라 이것이 쉽게 지방으로 변한다는 것이다. 이는 미국의 밀가루 빵을 비롯한 여러 가공 처리된 음식에서도 마찬가지다. 특히 시골에 사는 가난한 사람들은 건강식품으로 대체할 다른 음식들을 쉽게 구할 수 없어 큰 어려움을 겪고 있다. 이 현상이 그저 일부 가정에서만 나타나는 현상이라면 다행이지만, 인구가 많은 중국이나 미국 같이 영향력이 큰 국가 전반에 걸쳐 나타나고 있으니, 국제적 비만의 위기가 여간 심각한 것이 아니다. 이와 같이 가공 처리된 제품은 우리의 건강한 식단을 파괴하고 있지만, 우리는 이 놀라운 맛에 열광하게 된다. 그러나 우리는 입을 즐겁게 해주는 이 맛만으로는 절대 건강해 질 수 없다. 우리의 몸이 원하는 것은 영양소이기 때문이다. 그러나 이 맛에 대한 열광이 뇌에 한 번 전달되어 버리면, 우리의 뇌는 계속해서 "프링글스가 먹고 싶다."고 말할 뿐이다.

미국처럼 중국도 식습관뿐만 아니라 삶의 습관이 완전히 변해가고 있다. 대부분의 사람들이 사무실이나 공장에서 육체노동을 할 뿐이다. 10년전 만 하더라도 자전거를 타거나 걸어서 출근하곤 했는데 지금은 많은 사람들이 대중교통을 이용한다. 이제는 중국 인구의 95% 이상이 TV를 갖고 있어 퇴근 후에는 텔레비전 앞에 앉아서 시간을 보낸다. 당신에게도 이런 모든 상황들이 익숙한가? 마지막으로 힘들게 육체노동을 했던 적이 언제인가? 마지막으로 여가 시간에 직접 요리를 하고, 집이나 정원에서 일하면서 보냈던 적이 언제인가?

중국, 멕시코 심지어 아프리카에서의 삶의 방식도 이제는 더 이상 미국과 다르지 않다. 우리는 과식하고 있으며, 노동은 적게 하고 또 여러 전자 기기 앞에서만 여가시간을 보낸다. 우리가 건강하지 못한 삶의 방식을 다른 나라에 전파했는지, 그 방식을 받아들인 위치에 있었는지는 중요하지 않다. 정말 중요한 문제는 우리의 건강한 습관을 나쁜 습관으로 바꾸기 시작했다는 것이다. 세계의 비만 위기를 걱정하기에 앞서 당신과 당신 가족에 초점을 맞춰 신경을 써야할 것이다. 자신에게 닥친 문제를 먼저 잘 해결하고 나서 주위 사람들을 걱정해도 늦지 않다.

RISK TAKER'S TIP

내 친구 한 명은 최근 오래된 집으로 이사를 갔는데 그의 접시들이 찬장에 다 들어가지 않는 것을 보고 놀랐다고 한다. 왜 그랬을까? 왜냐하면 우리의 먹는 양이-식사 때 쓰는 접시의 수-지난 20년 동안 계속해서 늘어났기 때문이다. 많이 마시고 많이 먹는 문화에서 우리 대부분은 적당한 양이 어느 정도인지 잘 모른다. 과일과 야채의 적절한 하루 섭취량은 사람의 주먹 크기 정도이다. 파스타의 적당량은 아이스크림 한 스푼 정도이며, 고기, 생선, 닭고기 등을 먹을 때는 손바닥 사이즈만큼만 먹어도 충분하다.

살이 찌는데 있어 식습관의 변화보다 더 심각한 요인이 있다면 이는 바로 당신의 친구이다. 뉴잉글랜드 의학 저널의 연구 결과에 따르면, 내과 의사들 및 사회 과학자들은 친구가 살이 찌는 주요 원인이라는 것에 매우 놀랐다고 한다. 하버드와 샌디에이고에 있는 캘리포니아 대학교의 연구진들은 만 2천 명이 넘는 사람들로부터 정보를 수집해 지난 30년간 심장에 관련된 연구를 했다.

연구진들은 친구와 가족들을 통해 비만이 마치 전염처럼 퍼져 나갈 수 있다는 것을 발견했다. 에이즈 바이러스나 다른 전염성 질병들이 이와 같은 방식으로 전염된다는 것은 이미 알고 있었지만, 비만이 사회 구성원을 통해 전염된다는 사실이 발견된 것은 처음이었다. 연구진들을 가장 놀라게 했던 것은 바로 옆집에 사는 이웃이든 수백 마일 떨어져 사는 친구든 상관없이 그 영향이 매우 크다는 것이었다. 자, 누가 당신에게 영향을 끼치고 있는지 생각해 보자.

이 연구에 의하면, 한 사람이 비만이 되었을 때, 그의 친구가 비만이 될 확률이 57%정도 된다고 한다. 형제 및 자매의 비만은 40%, 배우자는 37%이다. 흥미롭게도 여자 보다는 남자가 영향을 더 크게 받는다고 한다. 물론 여자가 날씬해야 한다는 생각에 훨씬 사로잡혀 있긴 하지만, 여자가 친구나 가족의 몸무게에 보다 덜 영향을 받는 것 같다.

《F.A.S.T. 다이어트: 가족과 함께하면 성공한다 The F.A.S.T. Diet: Families always succeed together》의 저자 토니 딘Tony Dean 은 이 연구 결과에 그리 놀라지 않았다. 토니와 그의 가족은 살이 찌면 함께 살을 빼기로 약속 했었다. 이후에 그들은 모두 합쳐 227킬로그램 정도를 감량했다. 그는 그의 메시지를 세상에 알리기 시작했고 멀리 호주까지 자신만의 체중감량 법에 대해 강연을 하기 시작했다.

토니는 다음과 같은 말을 했다. "우리 주변에는 잘못된 방법으로 다이어트를 하는 롤모델(친구, 가족, 직장 동료 등)이 너무 많습니다. 뿐만 아니라 시중에도 건강과 관련된 정보가 넘쳐나고 있지만, 우리는 아직도 건강해지기 위해서 무엇을 해야 하는지 잘 모르고 있습니다."

나는 많은 사람들이 여러 잘못된 정보들을 제대로 알 길 바라는 마음으로 토니와 라이프타임 챌린지Lifetime challenge 커뮤니티에서 만난 낸시를 내 라디오 프로그램에 초청했다. 나는 토니가 낸시와 그녀의 이웃 주민들의 다이어트를 돕고 싶다는 의지를 확인할 수 있었고, 그에게 직접 마일란을 방문해 주기를 부탁했다. 1년 후 그녀는 F.A.S.T.식 다이어트를 시작했다. F.A.S.T.다이어트는 건강한 식단, 적당한 음식 섭취량 및 매일의 운동량을 정해놓고 다이어트를 하는 방식이다. 낸시 말고도 다른 75명의 이웃주민들도 살을 빼기 위해 이 프로그램에 동참했다. 토니 덕분에, 마일란 주민들이 감량한 몸무게는 모두 합쳐 약 1톤 정도가 된다. 그렇게 마일란에 사는 주민들은 점점 날씬해져 갔다.

낸시는 '마지막으로 한 번만 더 다이어트에 시도해 보자.' 는 생각에서 라이프타임 챌린지 커뮤니티에 참여했다고 한다. 그래서 처음 세 달 정도 다이어트를 하고 나면 9킬로그램 정도야 뺄 수 있겠지만, 다시 요요현상으로 살이 찌고 말 것이라고 판단했다. 과거에 그랬던 것처럼 말이다. 그녀는 자신이 엄청난 살을 빼고 체중을 유지할 수 있을 거라는 것을 믿지 못했다. 그녀는 자신의 일터에서는 항상 자신감에 가득 차 있었지만, 체중 문제에 있어서는 달랐다. 그녀는 자신이 살이 찔 수밖에 없는 체질이라는 고정 관념에 빠져 있었던 것이다.

제7장에서 다룬 딘 오니쉬 박사의 프로그램에서 보았듯이, 나쁜 습관을 고칠 때는 부정적인 생각에 사로 잡혀 있기보다, 건강한 삶을 꿈꾸며 긍정적인 생각을 하는 것이 훨씬 더 많은 도움이 된다. 연구 결과에 근거한 믿음을 고수하며 당신이 변화할 수 없다고 말하는 의사는 동기를 부여하지 못한다. 또한 살을 빼지 않으면 죽게 될 거라며 겁을 주는 방법 또한 그다지 효과적이지 않다. 비만으로 인해 비참한 삶을 사는 것보다 더 나쁜 상황은 그 상태로 오랫동안 사는 것뿐이니 별로 효과가 없는 것이다.

낸시는 자신이 꿈꾸는 삶을 그려보기 시작했다. 또 자신이 학생들에게 어떤 롤 모델이 될 수 있을까 생각하면서 많은 용기를 얻었다. 그녀는 건강에 좋은 음식들을 챙겨 먹기 시작했고 학생들에게도 권유했다. 학생들이 그녀에게 와서 그들이 처음으로 야채를 먹은 것이나 영양가 있는 음식을 먹은 이야기를 해줄 때면 매우 뿌듯했다. 뿐만 아니라 낸시는 평생 지켜오던 습관을 바꿔야만 한다는 고통은 잊고, 여러 사람들과 새로운 비전을 함께 공유하는 기쁨에 초점을 맞추기 시작했다.

이제 당신도 잘 알겠지만, 비전 자체만으로는 소용이 없다. CSE단계에 맞춰 실천해야한다. 즉 비전을 선명하게 하고, 실행 계획을 간결하게 한 뒤 최선을 다해 실행해야 한다. 고통을 감수해야 한다는 생각 대신 즐거운 보상을 생각하다 보면, 낸시처럼 건강한 습관으로 한 발짝 더 크게 다가 갈 수 있을 것이다.

낸시처럼 45킬로그램 이상을 빼야 하는지 혹은 9킬로그램 정도만 빼도 되는지는 잊어버리고, 당신의 몸무게와 음식, 식단에 관한 고정관념을 살펴보자. 운동과 수면에 관한 문제는 조금 후에 다룰 것이다. 그러니 지금은 식습관에만 집중하도록 하자. 돈과 관련된 문제에서 우리가 부끄러움과 수치심을 느꼈다는 사실을 기억하는가. 이번에도 어떤 저항심이나 근심이 생겨도 놀라지 말고 심호흡을 크게 하라. 그러고 나서 다음 문장들을 살펴보고 자신이 평소 생각하던 바와 비슷한 것들이 없는지 확인해 보라.

- 우리 가족은 다 뚱뚱해.
- 건강한 음식을 먹으려면 돈이 너무 많이 들어.
- 내가 이정도 음식은 먹어도 되지 않나?
- 나는 모든 방법을 동원해 봤지만 결국 살을 뺄 수 없었어.
- 누가 영양 식단을 준비할 시간이 있겠는가?
- 9에서 13킬로그램 정도만 빼면 되는데 그게 무슨 큰일인가?
- 살이 찌는 건 어쩔 수 없고 담배라도 끊어야지.
- 나는 스트레스를 받으면 먹어야해.
- 사람은 내면이 더 중요해.
- 음식은 중요한 부분이야. 나는 그것을 포기하고 싶지 않아.
- 그냥 뚱뚱한 사람일뿐이야. 과거에도 그랬고 앞으로도 그럴 거야.
- 집에서 내가 좋아하는 음식을 잘 조절해서 먹을 수 있어.
- 나만 가족 중에서 아름다워질 수 없어.
- 뚱뚱하기 때문에 무서운 것들로부터 내 자신을 보호할 수 있어.

RISK TAKER'S Tools

〈고정 관념을 깨뜨리고, 체중 감량을 시도해 보라!〉

당신이 살이 찔 수밖에 없었던 개인적인 고정관념들에 집중해보자. 만약 위 항목 중에서 찾을 수 없었다면, 잠시 시간을 갖고 자신의 고정관념들을 적어보자. 적다 보면 많은 것을 발견 할 수 있고 또 어떻게 그 문제들을 해결 할 수 있을지 해결 방법도 떠오를 수 있다. 당신을 계속 수렁에 가두고 있는 신념이 무엇인지 알기만 한다면 더 쉽게 자신을 변화시킬 수 있는 방법을 찾을 수 있다. 물론 실천할 의지도 있어야 한다. 지금까지 느껴왔겠지만, 이 책은 당신에게 희망과 도구를 제공할 뿐이고 실천하는 것은 당신의 몫이다.

지금부터 자신에게 자꾸 부정적인 말들은 하지 말라. 몇 년 동안 당신의 머릿속에 떠도는 생각이라 해도, 생각 멈추기 테크닉을 사용하거나, 자신을 위한 위로파티를 가져 보는 것도 좋은 방법이다. 기분이 안 좋을 때는 종종 먹던 도너츠나 알프레도 파스타를 먹어도 좋다.

그렇다면 이제 고정관념을 없애는 방법을 찾아보자. 다음 도전 질문들을 읽어보자.

- 내가 생각한 바가 정확한가?
- 내가 가진 생각이 사실이라는 증거가 있는가?
- 이 생각이 내게 도움이 되는가?
- 내가 이 신념을 버리거나 다른 방식으로 생각하면 더 건강한 삶을 살 수 있을까?

예를 들어 당신이 "나는 해볼 건 다 해봤는데 아무 소용이 없었어요." 라는 신념을 갖고 있다고 가정해보자. 당신은 영양사와 상담해 보거나 체중 감량 도우미 프로그램에 참여하거나 혹은 의사와 상담해 보거나 직장이나 지역 병원에서 제공하는 건강 프로그램에 참여한 적이 있는가? 내가 무슨 말을 하고자 하는지 알겠는가? 물론 더 많은 방법들을 이야기해줄 수도 있지만, '해볼 만한 것은 다 해봤다.' 라는 생각을 지우지 않으면 아무리 좋은 방법을 말해 줘도 소용이 없을 것이다.

만약 '나는 영양가 있는 음식을 준비할 시간이 없어' 라는 생각을 하고 있다면, 정말 시간이 없었는지 그 증거들을 찾아보자. 당신이 정말 샤워나 이를 닦을 시간조차 없을 정도로 바빴는가? 그렇지 않다면, 당신은 더 중요한 것을 위해 충분히 시간을 투자할 수 있다. 아무리 당신이 바쁘더라도 (우리 대부분이 그러하듯) 생선을 굽고 야채를 삶는 것이 마트로 달려가 인스턴트 음식을 사거나 포장된 라자냐를 전자레인지에 데워 먹는 것 보다 시간이 덜 걸린다. 이제는 당신의 고정관념을 다음과 같이 바꿔야 할 때다. "이제 영양가 있는 음식을 만들 시간을 갖는 것도 중요하다. 일요일 아침에 음악을 들으면서 새로운 음식들을 만들어 봐야겠어. 그리고 일주일 내내 간편하게 먹을 수 있도록 냉동실에 얼려 놓아야지." 이제 무엇이 다른지 보이기 시작하는가?

많은 해결 방법이 있을 지라도, 아무 방법이나 선택하면 안 된다. 'V8 순간' 을 통해 나를 무너뜨리는 고정관념들을 바꿔야 한다. 다음은 최근에 큰 변화를 겪었던 사람들의 예이다.

■ 마리안은 성격이 밝고 재능 있는 그래픽 디자이너로 청소년 때부터 살을 빼려고 노력해 왔다. 그녀는 '나는 그냥 이렇게 뚱뚱한대로 살래. 내가 할 수 있는 것은 아무것도 없어.' 라는 고정관념을 갖고 있었다. 그녀는 스트레스를 받거나 우울할 때면 항상 음식을 먹으면서 기분을 풀었다. 그러던 어느 날 마리안은 샤워를 하다가 평소 끔찍하다고 여기던 자신의 몸을 살펴봤다. 그날은 그녀의 다이어트 프로젝트가 성공적으로 끝난 뒤였다. 그녀는 자신의 살찐 허벅지를 때리며 자책하는 대신, 자신의 몸이 아닌 것 같다는 생각을 했다. 그녀는 이렇게 말했다. "나는 원래

부터 뚱뚱한 사람이 아니라 그저 살이 찔 수도 있는 사람이란 것을 순간 깨달았어요. 이후 살을 빼고 나 자신을 변화시키는데 집중했죠. 그리고 그건 제가생각 했던 것 보다 훨씬 쉬운 일이었어요." 그녀의 깨달음은 '나는 원래 뚱뚱한 사람이야.' 라는 생각을 버리고, 바꾼 신념대로 실천하기에 충분한 자극제가 되었다. 그녀는 모든 인스턴트 음식을 쓰레기통에 버렸고 지역에 있는 다이어트 프로그램과 에어로빅 프로그램에 참여하기 시작했다. 물론 의지가 약해질 때도 있었지만, 새로운 식습관에서 즐거움을 찾았고 자신의 몸매에 대해 새로운 시각으로 바라보기 시작했다. 물론 그녀 자신에 대해서도 말이다.

■ 그레그는 올바른 식습관과 체중 감량을 위해 충분한 시간과 힘을 투자할 수 없다고 생각했다. 또한 그는 "지금이 바로 시작해야 할 때야." 라고 마음먹기 전까지 늘 미뤄 왔다. 그레그는 2형 당뇨병 진단을 받고 나서야 지금이 바로 다이어트를 시작할 적기라고 생각했다. 그가 삶의 태도와 습관을 바꾸기로 한 것은 질병 및 죽음에 대한 두려움 때문만은 아니었다. 그는 복도에서 아장아장 걸어 다니는 작고 귀여운 딸아이를 보며 건강이란 원할 때 지키는 것이 아니라는 생각을 했다.

■ 마일란의 한 초등학교 교장인 낸시는 F.A.S.T. 다이어트 프로그램에 참여하면서 다른 주민들에게 본이 되고 영감을 준다는 것이 가장 큰 동기부여가 되어 최고의 V8순간을 경험했다. 자신의 학생들에게 롤모델이 되고 친구와 이웃 주민이 살을 뺄 수 있도록 도와주다보니 그녀 자신도 건강한 삶의 습관을 만들어갈 수 있었다. 물론 아직도 살을 더 빼야 하긴 하지만 75명의 사람들이 토요일 아침마다 모여 몸무게를 함께

확인함으로써 지속적인 동기 부여가 되고 있었다. 또 동네 주민들도 함께 이 기쁨을 공유하고 있다.

매주 체중 측정을 하고, F.A.S.T. 다이어트 방법을 따르고 매일 조금씩 운동하면서 낸시는 그녀의 건강한 삶의 습관을 지킬 수 있는 단단한 하나의 체계를 세울 수 있었다. 행동 심리학자인 제라드 머센트에 따르면, 체계structure 는 살을 빼는데 있어서 매우 중요한 요소라고 한다. 노스캐롤라이나 더럼이라는 동네에는 거주 하면서 체중을 감량할 수 있는 센터가 있다. 스트럭쳐 하우스의 설립자이자 '스트럭쳐 하우스의 체중 감량 방법' 의 저자인 머센트 박사는 13년 이상 비만과 과체중으로 고생하는 사람들의 체중 감량을 매우 성공적으로 돕고 있다.

처음에 그는 심각하게 방치된 사람들부터 돕기 시작했다. 그는 만성적으로 많이 먹는 사람들은 음식을 먹을 때 균형을 잃어 버려 체계적으로 먹는 방법을 모른다는 것을 알아냈다. 그는 다음 세 가지 요소들이 체중을 감량하는데 있어 가장 큰 문제가 되는 것이라고 했다.

1. 습관. 머센트 박사는 우리 모두가 –뚱뚱하든 마른 사람이든 그 중간이든–습관의 동물이라고 말한다. 그래서 모든 사람들은 개인 특유의 식습관을 갖고 있다. 과체중인 사람들은 적절하지 않은 음식을 선택하거나, 좋지 않은 음식을 집에 두거나, 혹은 자신이 먹는 양을 잘 모르는 문제가 있다고 한다. 한 주 전에 자신이 먹을 양을 미리 적어두고 계획을 세우면 스트럭쳐 하우스의 사람들이 그랬던 것처럼 하루에 5000에서 7000 칼로리를 섭취하던 것이 자연스럽게 1500 칼로리 정도로 줄어든

다고 한다.

2. 지루함. 많은 사람들이 음식은 즐거움을 주는 것이라고 생각한다. 그들은 자신의 시간을 어떻게 보내야 하는지 잘 모른다. 그래서 특히 저녁이나 주말에 음식을 먹으며 시간을 때우는 것이다. 사람들이 자신에게 주어진 시간을 의미 있게 보낼 방법을 생각해 낸다면 지루함뿐만 아니라 과식도 방지할 수 있다.

3. 스트레스. 많은 사람들이 직장에서 안 좋은 일이 있을 때, 사랑하는 사람을 잃었을 때, 혹은 바쁜 생활로 인해 여러 압박을 받을 때 먹는 걸로 스트레스를 해소 한다. 하지만 이와 같이 먹는 이유가 단순히 스트레스 해소를 위한 것임을 이해한다면, 먹는 것 이외의 방법을 찾을 수 있다.

실천은 당신의 몫이다. 머센트 박사는 이렇게 말했다. "만약 누군가 타임스퀘어에서 양키 스타디움에 가는 방법을 물어 본다면, 어떤 기차를 타야 하는지를 말해 줄 겁니다. 하지만 그 기차를 타느냐는 당신에게 달렸죠. 당신이 기차를 타기만 한다면 양키 스타디움에 도착할 수 있습니다." 자, 함께 이 기차에 타보지 않겠는가?

가볍고, 바르게 먹기

마트 계산대 앞에서 잡지를 훑어본 적이 있는가? 그렇다면 다이어트에 관한 여러 상충되는 정보들을 본적이 있을 것이다. 하지만 우리 어머니들은 어떤 다이어트 잡지보다 확실한 정보를 갖고 계신다. 자연에서 얻은 음식을 먹어야 하고, 음식 재료는 최대한 가까운 곳에서 얻는 것이 좋다. 아침을 거르면 안 되고 소모되는 칼로리보다 더 많은 칼로리를 섭취하면 안 된다. 또한 생일날에는 케이크 한 조각 정도는 먹어도 괜찮다. 이런 말들은 자라면서 귀가 아프도록 들어왔을 것이다.

다음은 건강관리 전문가인 어머니들이 제공하는 올바른 식습관을 위한 조언이다.

■ 칼로리를 태우는 양과 섭취하는 양의 균형을 맞춰라. 하루 권장량은 나이, 키, 몸무게, 성별, 신체 활동량에 따라 다르다. 그러니 의사와 상담해서 적정량이 어느 정도인지 알아둔다.

■ 섭취하는 칼로리 양을 확인하기 위해 음식 다이어리를 써보자. 그러면 하루 동안 아무 생각 없이 먹는 간식이나 식사의 양이 생각보다 많아서 놀랄 것이다. 특히 절제가 안 되는 인스턴트 음식을 먹을 때 주의하라.(1달러만 더 내면 사이즈를 업그레이드 해준다고 해도 거절해야 한다.)

■ 다양한 영양소 군의 음식을 먹어야 한다. 특히 과일, 야채, 곡식, 지방이 적은 생선, 치킨 등을 골고루 먹어라. 음식의 색깔 수는 무지개 색깔 수와 같아야 한다. 보통 진한 색깔의 야채 일수록 영양소가 풍부하다. 그래서 적 상추나 시금치, 양상추를 많이 먹으면 좋다.

■ 섭취하는 설탕, 소금의 양을 제한하고 튀긴 음식은 가능한 한 피하도록 한다. 물론 특별한 경우를 제외하고 말이다. 저칼로리 및 나트륨이 적게 들어간 음식으로 대체해서 먹으라. 예를 들어 케첩이나 마요네즈를 먹기보다 머스타드를 먹는 것이 좋고, 일반 우유 보다는 무지방 우유를, 사워크림 대신에 무지방 요거트를 사용하면 좋다. 처음에 맛이 다소 이상하게 느껴지더라도 계속 먹다 보면 곧 적응 될 것이다.

■ 물을 많이 마시고 음료수, 주스, 그리고 설탕이 들어간 음료는 항상 최소 양만 섭취하도록 한다.(과일 주스를 많이 마시는 이유가 오렌지 주스 한 병이 오렌지 6개를 먹는 것과 같다는 생각 때문인가? 아무리 신선한 과일 주스라 하더라도 이미 영양소가 많이 파괴되어 있으니 차라리 오렌지 자체를 먹는 것이 낫다.) 하루에 6잔에서 8잔 정도의 물을 마시면 식욕을 억제해주고 몸의 수분도 보충해준다. 아침에 일어나서, 운동 전후에, 식사를 하거나 간식을 먹을 때 머그컵 하나 정도의 물을 마시는 습관을 들이면 좋다. 많은 곳에서 병에 담긴 물을 제공하는 것이 보통이지만, 수돗물도 나쁘지 않으니 필요하면 마셔도 된다. 나는 냉장고에 수돗물을 담은 큰 물병을 넣어두고 생각날 때마다 꺼내 마신다. 가끔 정원에서 키운 레몬을 따서 즙을 짜 넣기도 한다. 당신의 입맛이 자연 음식에 적응 되기만 한다면, 레몬 혹은 신선한 민트만으로도 얼마나 훌륭한 맛

이 나는지 알게 될 것이다.

■ 하루에 세 번 식사하고 간식은 두 번 먹도록 하라. 간식으로 과일과 야채를 매일 섭취하면 좋다. 식사를 거르면 나중에 허겁지겁 먹게 되므로 조심해야 한다.

■ 장을 볼 때는 미리 목록을 정리해서 가고 마트 끝에 있는 진열장을 위주로 장을 본다. 마트들은 보통 신선 제품, 우유, 생선, 고기 등은 바깥쪽에, 가공 처리된 음식이나 냉동식품은 중간에 진열하기 때문이다. 구체적으로 필요한 것이 있기 전까지는 가지 말고, 필요한 것만 산 뒤 바로 나온다.

■ 특별한 날을 정하라. 당신은 현실 세계에서 살고 있다. 그러니 당신이 초콜렛, 치즈, 파스타, 와인, 혹은 평생 좋아하던 음식을 모두 포기할 수 있다는 생각은 버려라. 대신에 특별한 날을 정해 자신이 먹고 싶은 것을 적정량 먹는다. 트뤼플(동그란 모양의 초콜릿 과자) 하나나 야채 피자 한 조각만 먹어도 사탕 한 박스나 파이 하나를 다 먹는 것만큼 만족스러울 것이다.

인생 그 자체가 파티이다.

– 줄리아 차일드

과체중에서 건강한 몸매로

지금까지 당신은 건강하게 먹는 습관에 대해 배웠다. (알고는 있었지만 미처 실천하지 못했던 사항일 수도 있다) 이제는 어떻게 실천할 수 있는지에 대해 알아보도록 하자.

나는 절대로 운동에 열광하는 사람이 아니었으며, 그런 사람이 되리라곤 생각조차 못했다. 나는 그저 기분 전환 삼아, 또 좋아하는 예쁜 옷들이 잘 맞았으면 하는 마음에서 운동을 시작했다. 나는 두 아이를 낳고 거의 13킬로그램 정도 살이 쪘다. 약 15년 동안 체중에 대한 끊임없는 스트레스로 괴로웠을 때, 살만 빼면 다시는 살을 찌우지 않으리라 맹세했던 적이 있었다. 나는 마침내 체중 감량에 성공할 수 있었는데, 이는 건강한 식습관과 꾸준한 운동 없이는 불가능했을 것이다.

낸시도 꾸준한 운동 덕분에 살을 뺄 수 있었다고 말했다. 그녀는 운동이나 스포츠를 즐긴 적이 없었기에, 자신이 운동을 얼마나 좋아하는지 알게 된 후 매우 기뻤다고 했다. 그녀는 매일 아침 5시 30분이면 체육관에 가서 심장 강화 운동기구로 운동을 하거나 에어로빅 클래스에 참여했다. 그리고 박자나 운동량이나 에너지에 있어 어떤 젊은 사람에게도 지지 않으려고 노력했다. 이런 작은 경쟁 및 주위 사람과의 친분 덕분에 그녀는 운동을 포기하지 않고 계속 할 수 있었다. 그녀는 심장에 좋은 킥복싱 같은 새로운 운동을 시도해 보았을 뿐 아니라 올해에는 하프 마라톤에도 참여하기로 했다.

당신이 낸시처럼 마라톤까지 할 열정이 없다 하더라도, 정기적인 운동만으로도 당신의 전반적인 건강상태를 호전시킬 수 있다. 당신의 문제는 무엇인가? 당신은 소파 혹은 컴퓨터에서 떨어질 줄 모르는가, 운동을 도중에 빨리 그만 두는가, 아니면 운동의 강도가 너무 낮아서 운동 효과가 없는 것은 아닌가? 당신의 고정관념(시간이 없다, 언제가 적기인지 모르겠다, 체육관에 갈 돈이 없다 등등)을 핑계로 대기 이전에 나는 정말 중요한 한 가지 질문을 던지고 싶다.

당신은 일주일에 5번 30분씩 심혈관 운동을 할 만큼 건강에 신경 쓰고 있는가?

만약 대답이 '예' 라면, 좋다. 그러나 대답이 '아니오' 라면 이 책을 처음부터 다시 읽어보라 진심으로 하는 소리다. 왜냐하면 당신은 아무것도 느끼고 있는 것이 없기 때문이다. 신중하게 집중해서 다시 읽다 보면 무언가 느껴지는 것이 있을 것이다.

내가 당신을 운동하게끔 만들어 줄 수는 없다. 그저 조언과 도움이 되는 방법들을 알려줄 뿐이다. 나머지는 당신에게 달렸다. 그러니 이제 선택을 하자. 첫 페이지로 돌아가서 다시 처음부터 읽고 올바른 선택을 하는 것이다. 부끄러워하지도, 죄책감을 느끼지도 말라. 후회하지도 말라. 그저 행동으로 옮기면 되는 것이다.

자, 이제 다음으로 넘어가보자. 다음 몇 가지 건강 관련 조언들을 보면 새롭게 운동을 시작하는데 도움이 될 것이다.

■ 자신이 정말로 좋아하는 운동을 고르자. 당신에게는 좋아하는 운

동을 고를 기회가 있다. 뛰는 것이 수영보다는 심혈관 운동에 더 좋다. 그러나 수영을 더 좋아한다면 수영장에 가는 것도 괜찮다. 후에 더 격렬한 운동으로 보충하면 된다.

■ 운동의 강도를 조금씩 높여가라. 30분 안에 한 블록을 돌던, 몇 킬로미터를 뛰던 간에 강도를 점차 늘려갈 계획을 세워라. 만약 비만이나 과체중 혹은 처음 운동을 하기 시작했다면 먼저 산보나 수중 에어로빅 같은 클래스에 참여해 보는 것이 훨씬 쉬울 것이다. 장시간 운동할 수 없다고 하더라도 포기하지 말라. 하루에 30분씩 일주일에 5번이면 충분하고 점차 운동량을 늘려 가면 된다. 무엇보다도 처음 시작이 중요하다.

■ 인터벌 트레이닝interval training 을 해보자. 비용이 전혀 들지 않으면서도 역도, 달리기, 수영에 적용할 수 있다. 필요한 것은 당신의 체력과 인내뿐이다.

■ 예를 들어, 20분 정도 런닝 머신에서 걸으면서 격하지 않게 유산소 운동을 하다가, 마지막 10분 동안 최고 속도로 달리는 것이다. 이것의 효과는 정말 크다.

■ 일정을 잘 지켜라. 대부분의 트레이너들은 아침에 운동하는 것이 가장 효과적이라고 한다. 아침에 신진대사가 활발하고 운동을 피하기 위한 핑계거리를 찾기가 쉽지 않기 때문이다. 그러므로 당신이 일어나는 시간이 새벽 5시이든 정오이든 간에 일어나자마자 이를 닦듯이 운동도 일상생활의 일부로 만들어라.

■ 함께 운동을 할 수 있는 파트너를 찾아라. 트레이너를 고용해도 좋고(내 경우 매우 효과가 있었다. 돈을 지불하면서 운동 하다 보니 꼬박꼬박 나갔다), 친구 혹은 가족, 이웃과 함께 해도 좋다. 대부분 동참해 줄 것이다. 무엇이든 당신에게 효과가 있을 만한 방법을 찾으면 된다.

■ 운동 목표량을 정해라. 달리는 거리 및 속도에 대한 목표를 세울 수도 있고 테니스나 요가 수업에도 이를 적용할 수 있다. 이 때 운동을 해야만 하는 이유를 스스로에게 각인시키고, 운동 파트너가 있다면 목표를 공유하고 운동을 제대로 하고 있는지 지켜봐 달라고 부탁한다.

RISK TAKER'S Tools

〈운동 시작하기〉

자, 이제 자신이 생각하는 운동 목표를 적어 볼 때이다. 장기간의 목표를 쓰라는 것이 아니다. 일단 3주 동안의 운동 프로그램을 생각해보자. 3주 동안은 무엇이든지 할 수 있을 것이다. 그렇지 않은가?

만약 하기 싫은 마음이 들거나 '나는 운동할 시간이 없어.' 라는 생각이 들기 시작한다면, 30분 일찍 자고 아침에 일찍 일어나 운동하도록 한다. 만약 돈이 걸림돌이 되어, '트레이너에게 배울 돈이 없어.' 라는 생각이 든다면 '이웃 주민이랑 산보부터 시작해야지.' 라는 생각으로 바꾼다. 혹은 도서관에서 건강 관련 비디오를 찾는 방법도 좋다. 그 다음 아래 나오는 내용들을 실천해보자.

1. 다음 3주 동안 일주일에 5번, 하루 30분씩 꾸준히 운동 할 수 있는

시간을 정한다. 운동 일정을 몇 번 고쳐도 상관없다. 우리의 목표는 운동할 수 있는 가장 좋은 시간을 골라 할 수 있는 만큼 지속시키는 것이다. 이렇게 정한 시간을 달력이나 PDA 혹은 메모판에 적어 놓자.

2. 걷기, 조깅, 달리기, 자전거 타기, 수영 등 자신의 주 운동 종목을 정하자. 만약 어떤 특정 운동 수업에 들어가야 더 재미있고 오래 할 것 같다는 생각이 들면 심장강화를 위한 킥복싱이나 에어로빅 및 스피닝(운동용 자전거타기)을 해보자. 운동을 할 때 5번 중 4번은 자신이 정한 운동을 하려고 노력하라.

3. 이제 부가적으로 할 운동 종목을 생각해보자. 위의 항목 중에서 고를 수도 있고 요가나 댄스, 테니스, 근력운동 혹은 땀나는 운동이라면 뭐든 좋다. 그러나 전에 운동을 해 본적이 없거나 운동 프로그램을 바꿀 때에는 먼저 의사와 상담하도록 한다. 특히 다친 적이 있거나 질병이 있을 경우엔 더욱 필요하다.

4. 자신이 얼마나 오래 운동을 지속할 지 결정하라. 다음 3주 동안 운동을 하고 난 이후에도 꾸준히 운동할 수 있도록 확인 해줄 수 있는 누군가를 정해 부탁한다. 배우자, 친구, 함께 운동하는 동료도 좋다. 자, 마지막으로 실천에 옮겨보자!

수면의 중요성

이제 우리는 건강해지기 위해 어떤 운동을 해야 하고, 어떻게 식습관을 바꿔야하는지 잘 알고 있다. 그렇다면 건강한 생활 방식의 필수 요소이나 종종 그 중요성이 과소평가되는 수면에 대해서 생각해 보도록 하자. 당신은 잠을 잘 못자면 그저 일할 때 조금 피곤할 뿐이라고 생각하는가. 그것은 큰 오산이다. 잠을 잘 못자면 삶의 질에 부정적인 영향을 미칠 뿐만 아니라, 비만이 될 확률이 높아지며 심각한 질병을 얻을 수도 있다.

지난 몇 년 동안, 과학자들은 잠에 관한 재미있는 연구결과를 내놓았다(아마 그들도 수면시간이 더 필요할지 모른다). 그 중 수면 부족에 관한 새로운 연구가 많이 있었다. 그동안 전문가들은 만성 불면증, 수면성 무호흡, 기민증과 같은 수면 장애를 겪는 사람들일 수록 병에 걸릴 확률이 높다고 주장해 왔다. 그런데 이런 원인들뿐만 아니라, 수면 부족도 건강에 큰 위험을 초래할 수 있다는 연구결과가 나온 것이다.

더 많은 연구가 필요하긴 하지만, 초기 연구 결과만으로 수면 부족이 우리의 생물학적 체계biological systems 를 무너뜨린다는 것을 알 수 있다. 하버드 의대의 산제이 파텔 박사는 82,000명을 대상으로 사망의 원인을 연구했다. 놀랍게도 지속적으로 수면시간이 6시간이하인 사람들의 사망 위험이 높다는 결과가 나왔다. 사망 위험의 증가? 그렇다. 수면 부족이 사망 위험 증가의 가장 큰 원인이었다.(운전이나 기계를 작동하다가 졸음으로 인해 사고가 난 것을 통계에 넣지 않았으니 얼마나 심각한지 알 것이다.)

사람이 투쟁 도주 반응(제 2장을 다시 확인하라)을 가지고 있다 하더라도, 수면이 절대적으로 부족한 사람들의 신체는 제 기능을 다하기 위해서 매우 예민한 상태가 되기 때문에 스트레스 호르몬 지수가 높아진다. 이 호르몬은 뇌출혈, 심장마비, 고혈압, 당뇨, 암의 원인이 된다.

또한 최근 연구 중, 수면 부족이 심지어 비만의 원인이 되기도 한다는 결과가 발표 되었다. 콜롬비아 대학의 한 연구진은 수면 부족과 비만의 관계를 조사했는데, 잠을 충분히 자지 못하는 사람은 식욕을 억제하는 호르몬을 생성하는데 문제가 있다고 한다. 이 결과를 보면, 사람이 아무리 배고프고 큰 위험에 처해있어도 저녁에는 잠을 자게 되어있다는 진화론의 주장이 맞는 것 같다. 많은 과학자들이 연구 결과는 수면의 중요성을 일부만 보여줄 뿐이라고 이야기 한다. 한 가지 분명한 것은 우리가 생각한 것보다 수면이 우리 건강에 미치는 영향이 훨씬 크다는 것이다.

수면 부족이 가벼운 문제가 아님에도 불구하고, 미국인의 10% 이상이 불면증 같은 만성 수면 장애로 고통을 겪고 있다. 수면 전문가들은 수면 위생sleep hygiene 을 향상시킴으로서 불면증을 고칠 수 있다고 한다. '수면 위생' 이란 잠을 잘 잘 수 있도록 도와주는 우리의 행동 패턴을 말한다. 이는 일정한 취침 시간뿐만 아니라, 하루 동안의 모든 행동을 포함한다. 다음은 우리가 깊이 잘 수 있도록 도와주는 여러 '수면 위생' 의 습관에 대한 설명이다.

■ 만약 당신이 과체중이라면, 먼저 살을 빼야 한다. 과도한 지방은 우리의 호흡을 방해해서 깊은 수면을 방해한다. 반대로 수면이 부족하면 배고픔이나 배부른 느낌을 받지 못하도록 하는 호르몬이 분비된다. 이제 식단을 조절하고 운동을 시작해야 한다는 사실은 분명하다.

■ 당신의 침실을 잠만 자는 공간으로 만들어라. 침대는 수면과 성관계의 목적으로만 사용하도록 하고 TV와 컴퓨터를 침실에 놓지 않도록 한다. 침실을 사무실로 사용하고 싶은 욕구도 참아야 한다.

■ 낮과 밤의 일정한 규칙을 만든다. 평일 뿐 아니라 주말에도 같은 시간에 자고 일어나는 습관을 기른다. 만약 90분 이상 차이가 나기 시작하면 수면 계획이 아무 소용이 없어진다는 것을 알아두자. 꾸준한 운동 계획을 세워서 실천하도록 하되 잠자기 세 시간 전에는 운동을 피해야 한다.

■ 스트레스 지수를 낮추도록 노력한다. 자기 전에는 스트레스가 심한 일이나 세금 지불, 또는 무서운 영상 등 우리를 근심에 빠뜨리는 어떤 활동도 하지 않도록 한다.

■ 만약 당신이 남자라면 파트너를 구하고 여자라면 귀마개를 준비하라. 남자는 침대에 함께 자는 사람이 있을 때 훨씬 깊이 잔다고 한다. 하지만 여자는 옆에 같이 자는 사람이 있는 경우, 대게 아이를 돌봐야 하거나 혹은 남자들의 코고는 소리 때문에 깊이 자지 못한다. 이럴 때는 귀마개를 하든지 코고는 사람을 병원에 보내 테스트를 받게 하라.

자신에게 맞는 치료법 찾기

바라건대, 지금까지 내 글을 읽은 독자들이 건강은 자신이 어떻게 조절하느냐에 따라 달렸다는 점을 확실하게 이해하고 있기를 바란다. 영양가 있는 음식을 먹고, 꾸준히 운동을 하고 충분한 수면을 취하면 건강하게 살 수 있다. 하지만 때때로 자신의 절제와는 무관하게 아플 수도 있다. 당신이 혹은 사랑하는 사람이 병에 걸리거나 몸이 쇠약해지면 어떻게 해야 하는지 알고 있는가?

브렌다 쉬플리는 코네티컷 주에 있는 브랜포드사 영업마케팅 부서의 임원이다. 그녀는 "자신에게 맞는 치료법을 찾고 그 방법을 지지해야 해요"라고 말했다. 브렌다는 병원에 간 적이 거의 없었다고 한다. 그랬던 그녀는 자신의 건강 상태에 대해 미처 몰랐던 점들을 알고 나서 큰 충격을 받았다. 다른 많은 사람들처럼, 그녀도 자신의 주치의가 모든 답을 알고 있는 줄 알았다. 최소한 그녀가 결정한 치료방법에 동의한 줄 알았다.

5년 전, 브렌다는 가슴에 혹 같은 것을 발견했다. 그녀는 원래 요가, 카약, 골프, 테니스 같은 운동을 했기 때문에 당연히 근육이 뭉친 정도로만 생각했다. 하지만 혹이 2주가 지나도 없어지지 않자 병원에 갔고, 결국 유방암 진단을 받았다. 그 후로 그녀의 인생에는 많은 변화가 있었다.

처음 그녀의 유방암 진단은 힘들고 긴 여정의 첫 단계에 불과했다. 그녀는 아무리 의사라도 모든 것을 다 알지는 못한다는 것을 깨달았다. 따라서 자신만의 치료법을 사용해야 한다고 생각했다. 그녀는 이런 자신의 의지를 지키기 위해 보험회사와 맞서야 했고 의사와의 견해를 좁히기 위해서 애써야만 했다.

"세상에는 확실하게 이야기 할 수 없는 것들이 매우 많습니다." 내과 의사이자 UCLA 데이비드 게펜 의대의 임상교수인 미첼 베커가 말했다. 그는 또 다음과 같이 덧붙였다. "의학 분야에 종사하지 않는 대부분의 사람들은 의학적인 문제에는 오직 한 가지 답만 있다고 믿지요. 그들은 병을 치료 하는데 다양한 치료방법이 있다는 것을 믿기 힘들어 합니다. 어떤 병의 진단을 받으면, 환자들은 각자에게 맞는 치료 방법을 찾으려고 노력해야만 해요."

브렌다는 유방암 여성 지원 단체에서 활동하는 다른 여성들처럼, 해마다 유방 촬영술을 받았다. 하지만 그때는 그녀의 유방 조직이 너무 밀집되어 있어서 암을 미처 발견하지 못했다. 브렌다가 혹을 발견했을 때는 이미 너무 늦어서 유방 보존술을 할 수가 없었고, 결국 유방 절제술을 해야만 했다.

브렌다의 주치의가 그녀의 유방 한 쪽은 매우 건강하다고 했지만 믿을 수 없었고 확실하게 하기 위해 다시 검사를 받기를 원했다. 그러나 그녀의 보험 회사가 검사 지원을 거부하자, 자기 스스로 검사 비용을 감당해야 했다. 검사 결과, 다른 유방에서도 암이 발견되었다. 그 후 보험 회사는 검사 비용을 보상해 주었다. 정말 놀라운 이야기가 아닌가?

베커는 다음과 같이 지적했다. "보험회사와 이익 분쟁이 있을 수 있습니다. 그들은 고객의 건강뿐만 아니라 회사의 이윤도 생각해야 되기 때문이죠. 이 때문에 가끔 환자가 꼭 필요한 치료를 놓치기도 합니다." 베커는 보험회사와의 장기간 분쟁이 득이 될지 아닐지는 잘 따져 봐야 한다고 했다. 몇몇의 경우, 분쟁 중에 얻은 과도한 스트레스로 인해 회복에 영향을 받을 수 있기 때문이다. 다시 한 번 말하지만, 치료는 개개인에게 맞는 방법을 선택해야 한다.

우리는 심각한 병에 걸리기 전에 어떻게 우리에게 맞는 치료법을 발견할 수 있을까?

1. 가족 중 믿을 만한 사람을 골라 1차 진료를 받을 수 있는 의사로 삼아라.

2. 유방조영상(유방암 검진용 x선 촬영), 내시경 검사, 콜레스테롤 검사 등 건강검진을 미리 받도록 한다.

3. 여성의 경우 40살 때부터 매 년 유방조영상 검사를 받아야 하고 6-12개월 단위로 자궁경부암 검사를 받아야 한다. 가능하면 디지털 혹은 초음파 유방 x선 영상을 받는 것이 좋다.

4. 여성의 경우 특히 유방암 같은 여성암 예방에 신경을 써야하긴 하지만, 사실 여성의 사망원인 1위는 심장질환이다. 여성과 남성의 증상이 다르니 잘 알아놓아야 한다.

5. 남성은 전립선 특이항원prostate specific antigen, PSA 검사를 받아야 하는데, 특히 가족 중 이 암에 걸렸던 사람이 있을 경우 의사와 상담해 봐야 한다.

6. 어떤 병을 진단받았다면, 여러 의학적 소견을 들어보고 어떤 치료가 가장 적절할지 결정한다.

브렌다는 결국 암을 고칠 수 있었고, 얼마 전 한 회사의 임원직에 지원해서 면접을 보았다. 그 회사는 아이러니하게도 의료 보험 분야의 회사였다. 그녀는 면접 때 자신의 치료과정에 대해 이야기하는 것이 좋을지, 하지 않는 것이 좋을지 갈등했다. 직업과 상관없는 이야기는 아닐지, 혹은 고용주들에게 최근에 생명을 위협하는 질병을 극복한 이야기를 해도 되는지 확신이 서진 않았지만, 브렌다는 과감해지기로 결정했다.

그녀는 CEO가 2년의 공백 기간에 대해서 묻기 전에 먼저 입을 열었다. 자신은 영업부에서 임원으로 오래 일했으며 최근에 암 투병을 하면서 의료 보험의 다른 이면을 직접 체험할 수 있었다고 설명했다. 브렌다는 직장 내에서 암 투병을 겪은 사람은 허약한 사람이라는 인식에 도전장을 내밀면서 두려움을 떨쳐냈다.

Risk Reinforcement

당신의 건강한 생활 방식을 상상해 보라. 건강하고 활기찬 자신의 모습을 생각해보는 것이다. 에너지가 넘친다는 것은 어떤 느낌일까? 옷장을 하나 더 구입한 느낌일까? 운동할 때, 춤 출 때, 사랑에 빠졌을 때와 같은 느낌일까? 그 다음 당신의 비전을 이룰 수 있는 직접적인 방법을 간단하게 정리해보자. 다이어트 계획을 세우고, 달력에 운동한 양을 기록하도록 한다. 마지막으로 계획을 실행 한다. 자신이 실천할 수 있는 것은 모두 해본다!

성공한 사람이 되려고 하지 말고,
가치 있는 사람이 되라!

— 앨버트 아인슈타인 —

CHAPTER 11

경력 만들기

전쟁 이야기를 말해주는 노인처럼 들릴지 모르겠지만, 나는 플로리다 해안가에서 자라면서 몇 번의 거대한 허리케인을 경험했다. 그러나 집이 반파되었던 경험, 어쩔 수 없이 방공호bomb shelter 에서 잘 수밖에 없었던 일, 또는 태풍의 눈 안에서 일어나는 섬뜩한 아름다움조차도 한 기업이 허리케인 카트리나의 희생자들을 위해 벌였던 구호활동의 이야기에 비하면 아무것도 아니다.

샌안토니오에 있는 랙스페이스 호스팅San Antonio-based Rackspace Hosting 은 웹호스팅 분야에서 세계적인 선두주자이다. '래커들Rackers, 직원들이 스스로를 일컫는 호칭' 은 '열성적 지원' 이라는 그들의 독특한 서비스 브랜드를 말로만 내세우지 않고 삶의 한 부분으로 여긴다. 카트리나 직후에 허리케인의 희생자들은 뉴올리언즈로 몰려들었다. 랙스페이스의 최고 경영자 그레이엄 웨스톤Graham Weston 은 시장에게 한 건물을 구호소로 사용할 것을 제안했다. 그곳은 그가 일시적으로 거주하기 위해 소유하고 있었던, 예전에는 몽고메리 워즈Montgomery Wards 백화점 건물이었다. 시장은 그 제안을 받아들이면서, 그에게 직접 그 건물을 관리해줄 것을 당부했다.

랙스페이스처럼 잘 조직된 회사 내에서 소문은 매우 빨리 돈다. 불과 몇 시간 만에 수많은 래커들이 그 오랫동안 비어있었던 백화점에 나타났고 2,500명의 사람들이 머물 수 있도록 그곳을 구호소로 만들어갔다. 어느 누구도 먼저 도움을 요청하지 않았지만, 래커들은 침대를 마련하고, 식당, 아이들이 놀 수 있는 공간, 그리고 세면장을 만드는 일에 자원하여 나섰다. 그들은 또한 자신들의 전공을 살려서, 난민들이 뉴스를 보고 친지들과 연락을 취할 수 있도록 했으며, 이 거대한 미국의 비극이 전국 곳곳에 알려질 수 있도록 케이블TV, 전화, 컴퓨터를 연계한 커뮤니케이션 센터를 세웠다.

래커들은 일상 업무를 계속하면서, 버스를 타고 도착한 새로운 난민들을 맞이하고, 음식을 제공하고, 아이들을 돌보고, 집을 잃고 공포에 질린 희생자들의 이야기를 들어주는 등의 일들도 동시에 감당했다. 한 래커는 모든 업무를 마치고 집으로 귀가할 준비를 하고 있었는데, 한 여인이 눈물을 흘리며 비통해 하자 발걸음을 되돌려 구호소에 남은 적도 있다고 했다. 그 래커는 집에 갈 생각은 애초에 잊어버리고 그녀의 침대 맞은편 모퉁이에 앉았다. 그리고는 그녀가 낯선 사람에게 자신의 심정을 모두 토해 낼 때까지 경청해 주었다.

또한 래커들은 보호소의 거주민들을 위해 자신들이 회사에서 사용하는 것처럼, 배지 시스템badge system을 만들었다. 그렇게 하여 거주민들이 매번 이름을 적거나 사회보장번호를 확인하는 불편함 없이 쉽게 보호소를 드나들 수 있도록 도왔다. 뿐만 아니라 랙스페이스의 명성 덕에, 보호소 거주자들은 배지만 있으면 급하게 현금이나 구호품이 필요할 때 은행이나 상점에서 쉽게 얻을 수 있었다.

래커들은 왜 그토록 자신들이 회사에 헌신하는 지 그 이유에 대해서 말할 때면, 몽고메리 워드 구호소에서 자원봉사를 했던 것을 언급한다. 그들은 그 일이 대단히 놀라운 것은 아니라고 한다. 그저 래커들이 사람들의 삶을 변화시키기 위한 수많은 방식 중 하나 일 뿐이라고 한다.

당신의 와우(WOW) 경력을 만드는데 있어서, 위 예가 시사하는 바는 무엇인가? 그레이엄 웨스톤은 이것을 한마디로 축약해서, 목적purpose이라고 이야기 한다. 이 장에서 우리는 회사에서든 혹은 사업가의 세계에서든, 당신의 실제 직업의 목적을 바탕으로 와우(WOW) 경력을 만들 수 있는 방법을 살펴 볼 것이다. 당신의 직업, 경력, 심지어 소명조차도 다른 이들에게 영감을 불어 넣어줄 수 있다. 따라서 우리는 몇몇 훌륭한 사업가들의 이야기를 통해, 그들이 튼실한 기업 문화를 만들 수 있었던 비밀이 무엇이었는지, 고객들과는 어떤 경험들을 했는지 함께 공유해 볼 것이다. 그들의 사업 범위는 신발 판매부터 리더십 컨설팅, 웹호스팅까지 다양하지만 그들의 목적은 매우 비슷하다. 바로 최고의 서비스를 제공해 세계에 도움이 되는 기업이 되는 것이다.

핵심 가치

사업과 직업의 핵심은 항상 타인에게 가치를 제공하는 것이다. 이 책을 읽으면서 당신은 이상한 점들을 여럿 발견했을 것이다. 자신이 성공한 위치에 있고 또 동기부여가 충분함에도 불구하고 어떤 어려운 문제 안에 갇혀 힘들어 하고 있다는 사실이다. 지금까지 당신의 재정, 건강, 인간관계에 대해 다루었는데, 이번 장에서는 당신의 직업을 살펴봄으로써, 당신의 경력이 다른 사람들뿐만 아니라 자신의 삶에 얼마나 도움이 되는지 알아보고자 한다.

토니 쉐이는 온라인 신발 판매 업체인 자포스Zappos.com의 CEO이다. 그는 자포스가 단순한 신발 사업이 아니라고 말한다. 그는 고객 서비스 사업을 하고 있으며, 그 서비스의 일련으로 신발을 파는 것이라고 했다.

그러나 그가 처음부터 이와 같은 생각을 갖고 사업을 시작한 것은 아니었다. 그는 어느 날 한 젊은 여성 사업가로부터 어떤 아이디어를 음성 메일로 받았다. 사실 그는 그 메시지를 지우려고 했었다. 온라인에서 신발을 판매하는 것이 그저 '인터넷을 좋아하는 한 아이의 터무니없는 생각'이라고 여겼기 때문이다. 그때까지만 해도 신발은 400억 달러 규모의 산업이었으며 신발 판매의 5%는 카탈로그를 통해 배달되는 방식으로 이뤄졌었다. 그러나 10년이 지나고 총 판매율이 10억 달러로 떨어진 지금 그는 생각을 바꿨다.

나는 토니에게 자포스가 그토록 빠른 시간 안에 성공할 수 있었던 이유가 무엇인지 물은 적이 있다. (여담이지만, 토니가 24살 때 자신의 첫 회사를 마이크로소프트사에 2억6천5백만 달러에 매각한 것을 보면, 그는 분명 성공에 관해 잘 알고 있는 사람이다.) 토니는 자신과 자신의 팀이 항상 "문화를 올바르게 되돌려 놓자."라는 생각을 갖고 일을 해왔다고 했다. 그들은 자신들이 올바른 기업 문화를 창출하면, 다른 모든 것들도 잘 될 것이라고 확신했다.

그 '다른 모든 것들' 에는 자포스 직원들 스스로가 '서비스를 통한 와우(WOW) 배달' 이라 부르는 것을 만들어낸 것도 포함된다. 그러나 와우 서비스를 제공하기 위해서는 전략적인 고용관행, 최고의 트레이닝 시스템 및 핵심가치들의 기초를 포함한 여러 노력들이 필요하다.

모든 좋은 기업은 인간적이다. 그러나 최고의 기업은 매우 인간적이다.

– 마크 큐반

토니의 말에 의하면, 실적, 실력, 태도와는 상관이 없는 '기업의 핵심가치 요소 리스트' 가 자포스 문화와 사업에 있어서 매우 중요한 역할을 했다고 한다. 대부분의 경우 기업의 가치선언문은 벽에 걸기 위해 만드는 입에 발린 말이다. 그러나 토니와 그의 동료는 자포스의 가치를 단순하면서도 유용하고 실제적인 것으로 만들기로 결정했다. 다음은 자포스의 핵심가치 요소들이다.

〈Zappos.com의 10가지 핵심 가치〉

1. 서비스를 통해 와우 배달하기
2. 변화를 받아들이고 실제로 변화하라.
3. 조금은 독특하게 재미를 창출하라.
4. 모험심, 창의력, 열린 마음을 가져라.
5. 성장과 배움을 추구하라.
6. 의사소통을 통해 솔직하고 열린 관계를 형성하라.
7. 긍정적이고 가족 같은 팀을 만들어라.
8. 적은 인원으로 많은 일을 하라.
9. 열정을 갖고 결단력을 지녀라.
10. 겸손해져라.

위의 리스트 중 가장 흥미로운 것은, 회사 내 쓸데없는 농담들이 없을 뿐만 아니라 기본적인 것이 얼마나 중요한지를 보여주고 있다는 것이다. 이 새로운 가치들은 조직 내의 판매를 담당하는 사람부터 신입사원을 뽑는 사람들에게까지 서서히 스며든다.

예를 하나 들어보자. 한 지원자가 면접을 보려고 할 때, 인사담당부서의 사람들은 지원자가 능력이 되는지 혹은 기업 문화에 잘 어울릴지 리스트의 항목 하나하나를 고려한다. 아무리 지원자가 재능이 있어 보이고 돈과 관련해 깨끗한 사람처럼 느껴질 지라도, 같은 팀의 사람들에게 거만하다고 인식된다면 직업을 구할 수 없을 것이다.

> 사람을 고용할 때는 성격을 우선적으로 보라. 기술은 훈련시키면 된다.
>
> – 피터 슐츠

마찬가지로 자포스 직원들은 실적 평가서를 통해 평가받을 때 얼마나 기업의 핵심 가치를 잘 알고 있는지에 대해서도 평가 받는다. 그러나 이곳의 모든 직원들은 평가와는 상관없이 스스로 기업의 가치를 실현하려고 노력한다. 높은 기준을 고수하는 것이 쉬운 일은 아닐지라도, 모든 직원들은 그들의 핵심 가치 리스트가 다른 모든 것들을 측정하는데 시금석 역할을 한다는 사실을 잘 알고 있다.

직원연수 또한 이 회사의 기업 가치를 실현하는 또 하나의 방법이다. 새로 채용된 모든 직원들은 4주 동안 직원 연수를 받아야 하는데, 그 중 2주 동안은 콜센터에 가서 '고객 만족 팀' 과 함께 고객 전화 상담을 해야 한다. 첫 주 부터 연수 기간이 끝날 때까지, 만약 도중에 포기하고 싶으면 일한 시간만큼의 급료와 2000달러의 보너스를 받고 얼마든지 그만둘 수 있다. 그렇다. 보너스와 함께 그만두면 되는 것이다. 이것이 바로 장기간 일할 수 없는 사람들을 걸러내는 자포스의 독특한 방법이다. 그러나 놀랍게도, 2007년도에는 2-3%정도의 사람만 남았다. 토니는 그 남은 직원들의 숫자가 너무 적다고 생각했지만, 2008년도에는 그 보다 더 적은 사람들이 남았다. 토니는 오히려 자기 회사에 맞지 않는 사람들을 내보내는데 큰 투자를 하길 잘 했다고 생각했다. 이 방법 덕분에, 회사에 필요한 사람들 고객 서비스에 진심으로 헌신 할 수 있는 사람들만 남게 되었기 때문이다.

기업 가치 실현이 생각보다 쉽진 않았지만, 그래도 기업 문화와 더불어 다른 모든 것들이 자리를 잡아가고 있었다. 자포스는 상당히 독특한 정책으로 고객들에게 와우 서비스를 제공했다. 예를 들면, 상품 배송뿐만 아니라 교환 배송도 해주었다. 거기다 365일 주문이 가능했고 영업팀은 고객이 만족할 때까지 전화 통화를 하도록 교육받았다.

크리스마스를 배경으로 한 영화 《34번가의 기적》에서, 메이시Macy 백화점이 고객들을 경쟁사인 김블스Gimbels 백화점으로 보내는 것처럼, 자포스도 고객이 상품을 문의했는데 재고가 없을 경우에는 고객 만족 팀이 타사의 홈페이지를 통해 최대 3개까지 재고가 있는지 확인해 준다. 토니는 이것이 비단 판매의 문제를 넘어 장기간 지속되는 고객 관계의 문제라고 했다. 덕분에 자포스의 고객 중 75퍼센트 정도가 다시 자포스를 찾는다. 이것이 바로 핵심 가치에 한 걸음 다가갈 수 있는 방법이다. 물론 새 신발을 신고서 말이다!

위에서 본 것처럼 자포스사는 자신들의 핵심 가치를 매우 심각하면서도 재미있고 독특한 방법으로 실현해 나갔다(핵심가치 3번 항목을 보라). 만약 직접 체험해 보고 싶다면 자포스사의 수신자 부담 전화, 1-800-927-7671로 연락해보라. 다른 온라인 회사들과는 달리, 자포스는 늘 고객과의 전화 상담을 소중하게 여기기 때문에 홈페이지에 가면 전화번호를 쉽게 찾을 수 있다. 전화를 하면 기업가치 선언문의 1, 3, 9, 10번 항목을 바로 경험할 수 있다. 각 직원들은 자신들의 성향에 따라 가치를 실현한다. 기업가치가 바로 그들 자체의 가치가 될 수 있도록 장려받기 때문이다.

R I S K T A K E R ' S T I P

AOL의 '포용성과 다양성 부서inclusion and diversity' 대표인 티안 미첼 고든Tiane Mitchell Gordon은 일을 할 때 우리의 실제 성향이 일에 녹아들어가야 한다고 말했다. 그녀는 직장이 더 이상 모든 재료들을 한꺼번에 넣고 끓이는 냄비가 아니라고 했다. 오히려 여러 양념이 첨가 되었지만, 여전히 독특한 맛을 잃지 않는 검보(Gumbo, 농도가 진한 스튜 비슷한 요리)와 같은 것이라고 했다. 그러니 두려워 말고 자신의 일에 자신만의 양념을 첨가해 보자!

R I S K T A K E R ' S T o o l s

〈당신의 와우 경력을 위한 핵심 가치 만들기〉

토니는 어떤 회사라도 그 회사만의 기업 가치를 창출하기만 한다면, 특히 자포스사처럼 진심으로 그리고 구체적으로 한다면 많은 혜택을 얻을 수 있다고 생각한다. 이제 당신도 자신만의 가치 리스트를 만들어 봄으로써 그들의 성공을 따라해 보라. 물론 현재 당신이 일하는 회사에도 임무가 있고 가치가 있겠지만, 우리가 지금 찾고자 하는 바는 그것이 아니다. 당신의 분야에서 프로가 될 수 있는 당신만의 가치를 생각해봐야 할 것이다. 이는 비단 당신의 회사를 위해서 만이 아니라 당신의 와우 경력을 위한 것이다.

당신의 직장 생활을 잠시 돌아보라. 지금까지 일해 오면서 좋고 나빴던 시기들을 떠올려 보는 것이다. 이제 나쁜 시기들은 흘려보내고 좋았던 시기에만 집중을 해보자. 잠시 깊게 숨을 들이 마시고, 당신이 정말로 이루고 싶은 경력을 상상해 보자. 경력은 당신의 능력, 열정, 견고성, 기질, 성향을 일에 모두 쏟아 부을 때 만들어지는 것이다. 또한 균형 있는 인간관계, 당신이 잘 해낼 수 있는 프로젝트, 잘 적응할 수 있는 환경도 필요하다. 당신이 애완견 산책시키기 서비스를 제공하는지, 혹은 대기업의 사원인지는 중요하지 않다. 정말 중요한 것은 당신에게 무엇이 중요하냐이다.

당신의 가치 리스트를 적어보기 전에 다음의 가치 리스트를 보고 자신의 직업 가치와 비슷한 항목이 있는지 찾아보도록 하자. 혹시라도 자신이 경험하고 있는 가치가 하나도 발견 되지 않더라도 걱정하지 말라. 전반적으로 당신에게 중요한 가치가 무엇인지 생각해 보는 기회이니 말이다. 후에 당신은 이 가치들을 실현하며 일하고 있는지 판단해 볼 것이다. 그리고 당신에게 다른 경력을 쌓을 기회가 찾아오면 그 때 다른 가치들을 덧붙일 것인지 아니면 이 가치들을 그대로 사용할 것인지 정할 것이다.

- 진실하고 현실적이 되라. 또한 존중하는 태도를 가져라.
- 고객들에게 최대한의 가치를 제공하도록 노력하라.
- 동료가 배우고 성장할 수 있도록 도와라.
- 한 팀으로서 협력하고 의사소통하라.
- 도전적이고 혁신적인 태도를 가져라.
- 변화와 성장에 눈을 떠라.
- 견고한 관계를 구축하라.
- 창의적이고 지략적인 사람이 되라.

■ 항상 웃고 즐겁게 일하라.

■ 항상 친구, 가족, 주위 공동체를 생각하라.

그러고 보니 위에 적은 핵심 가치요소들은 나의 직업에 있어서 가장 중요한 것들이기도 하다. 이 요소들을 빌려서 사용해도 좋고 자신의 직업 가치의 토대를 사용해도 좋다. 이제 당신의 가치 리스트를 만들어 보자. 항목은 6~10개 정도가 적당하다. 당신 직업의 기본적인 특성을 모두 포괄하는 리스트를 만들되 너무 많이 만들면 나중에 집중할 수 없으니 주의하도록 한다.

하루 이틀 정도, 자신의 가치 리스트에 대해 곰곰이 생각해보라. 만약 당신의 팀에 믿을 만한 사람이 있다면 그에게 조언을 구해보자. 당신이 실현하고자 하는 가치들이 정말 실현될 수 있는 것들인가? 당신이 중요하게 여기는 것들을 담고 있는가? 당신이 일하는 분야의 특성을 포괄하는 것들인가?

당신의 장점, 능력, 열정을 보여주는 것들인가? 필요하다면 다시 리스트를 확인해 수정해 보자.

이제 핵심 가치 명단을 당신이 자주 볼 수 있는 곳에 자랑스럽게 붙여 놓아라. 이는 단지 당신의 벽을 장식하려고 하는 것이 아니다. 이것은 당신의 모든 선택들과 행동들을 끊임없이 상기시켜 주는 생생한 문서이다. 당신의 가치 리스트를 다시 볼 때마다, 실제 삶 속에서 명단에 있는 가치들과 직접적으로 연관이 있는 최근의 결정들과 사건들이 무엇인지 고찰해 보라.

가치의 괴리

지금까지 당신의 와우 경력을 위한 이상적인 핵심 가치들을 정의했으니, 이제 당신의 직장 생활을 살펴보면서 정말 그런 가치들을 실현하며 살고 있는지 생각해 보자. 만약 그렇게 살고 있다면 정말 대단한 일이다. 그렇다면 이제 더 많은 가치들을 불러일으키도록 당신의 초점을 직장과 다른 사람들의 삶으로 돌려보자.

만약 당신의 핵심 가치로 살아가지 못한다면, 당신의 일상적인 행동들과 그런 가치들에 의해 표현되는 진실한 목적 사이에 불일치가 있는지 생각해 보길 바란다. 나는 이 불일치를 '가치의 괴리The Values Gap' 라고 부른다. 이 괴리가 크면 클수록 당신은 어려움을 겪게 되고 좌절하며 너무 비참해서 털썩 주저 앉아버릴 것이다.

나는 가치의 괴리에 관해 잘 알고 있다. 할리우드의 엔터테인먼트 사업에서 고위급 간부로서 일하는 동안 무척 즐겁긴 했지만, '사람들이 배우고 성장하도록 돕자.' 는 나의 직업적 핵심 가치는 20년 후에야 회사 구조의 일부로 실현될 수 있었다. 이제 나는 회사 내 간부들을 지도함으로써 그들이 더 배우고 성장하도록 돕고 있다. 또 성공한 사업가들과 함께 일하면서 사업을 더 확장시킬 수 있도록 도우며 나의 직업적 가치를 실현하고 있다. 이는 내게 있어 더 없이 좋은 최고의 경험이다. 나의 경력을 쌓기 위해 어떤 방향으로 나아가야 할 지 알 수 있었던 이유는 내 핵심 가치들을 확실히 알고 있었기 때문이다.

마이티 벤처스Mighty Ventures의 창업자이자 CEO이며《오프로드를 달리는 여자Rules for Renegades》의 저자인 크리스틴은 사람들이 경력을 쌓고 회사를 설립하는 것을 돕고 있다. 그녀는 구글을 포함해 200개가 넘는 회사의 창업에 관여했고, 36개가 넘는 기업의 이사 또는 고문active advisor으로 일했으며, 백악관을 비롯하여 포춘지The Fortune가 선정한 1000대 기업 중 700개 기업에서 자문 역할을 했다. 크리스틴은 성공한 사람들의 공통분모는 열정이라고 말한다. 만약 자신의 일에 대한 열정이 없다면, 자신과 맞지 않는 일을 계속 하거나 원하지 않는 회사에 머물면서 힘든 시간을 보낼 수밖에 없을 것이다.

크리스틴은 위와 같은 문제를 겪지 않기 위해 "당신이 할 수 없을 것 같은 일에 부딪쳐 보라. 일상을 벗어나 더 위대한 목적을 찾아보고 당신의 영혼을 채울 수 있는 일들을 하라."고 조언한다. 영혼을 채운다는 뜻이 모호하게 다가온다면, 크리스틴은 행운 보다는 누군가를 돕는 일에 주목해 볼 것을 추천한다. 크리스틴은 " Volunteermatch.org에 방문해 지역의 비영리단체를 찾아 봉사활동을 하라."고 말한다.

크리스틴은 죽음을 앞둔 호스피스hospice 환자들과 중독자들을 위해 자원 봉사를 한 적이 있다고 한다. 그녀는 누군가를 도와줄 때 비로소 당신이 얼마나 큰 축복을 받았는지, 그리고 상대적으로 두려운 것들과 걱정거리들을 얼마나 적게 갖고 있는지 더욱 잘 알게 될 것이라고 말한다.

위대한 행동이라는 것은 없다. 위대한 사랑으로 행한 작은 행동들이 있을 뿐이다.

– 테레사 수녀

그리고 당신이 어떤 두려움에도 전혀 흔들림 없이 버틸 수 있다면, 목적을 찾을 수 있다는 뜻이다. 크리스틴은 직업을 가진 사람들이라면 모두 다음 세 가지 질문에 답할 수 있어야 한다고 말한다.

1. 내가 아주 잘하는 일은 무엇인가?
2. 내가 가장 좋아하는 일은 무엇인가?
3. 시장이 필요로 하는 일은 무엇인가?

일단 당신이 가장 잘하는 것과 세상을 위해 할 수 있는 것이 무엇인지 찾기만 한다면, 그 일을 실천할 수 있는지 없는지의 여부를 판단하기가 훨씬 쉬울 것이다. 찾을 수 없다면, 당신의 가치의 괴리를 좀 더 깊숙이 들여다봄으로써 찾아 볼 수 있을 것이다.

가치의 괴리를 좁히면 좁힐수록, 당신이 직업에서 원하는 목표를 훨씬 더 쉽게 찾을 수 있을 것이다. 흥미가 있거나 도전해보고 싶은 프로젝트에 참여하는 등 조금만 태도를 달리해도 가치의 괴리를 좁히는 것은 훨씬 수월해질 것이다. 승진 혹은 회사의 요직을 목표로 삼아보라. 어쩌면 자유근무시간제flex-time 로 일하는 방식을 바꾸는 것이 당신의 가치에 더욱 적합할지도 모른다. 가끔 당신의 회사나 사업이 당신의 가치와 맞지 않아 큰 괴리감을 느낄 때도 있다. 그러나 경제가 어려울 때는, 이런 결정을 내리기가 전혀 쉽지 않다. 그러므로 당신이 느낀 것들을 반드시 하룻밤 사이에 바꿔야 한다는 생각은 버리도록 하라. 우리는 당신의 현재 상황에만 집중하고자 하는 것이 아니라, 평생의 경력에 대해 생각해 보자는 것이다.

〈당신의 경력 속에서 가치의 괴리 좁혀보기〉

이제 당신이 추구하는 가치들과 실제 당신의 일이 얼마나 연관성이 있는지 살펴보자. 우선, 당신의 핵심 가치 목록을 다시 확인하고 가장 중요한 가치부터 순서대로 정리해 보자. 물론 모든 항목들이 중요하게 느껴질 것이다 그러나 곧 어떤 것이 더 중요하고 어떤 것이 덜 중요한지 알게 될 것이다. 다음에 정리된 가치 목록은 내 고객이자 금융 서비스 기업의 고위 판매 책임자인 제나Jana 의 것이다. 그녀는 늘 자신의 일에서 어려움을 느끼곤 했는데, 그녀의 가치 목록을 함께 살펴보도록 하자.

〈핵심 가치 목록〉

1. 큰 거래를 성사시키는 영업실적우수자가 되라.
2. 경쟁자보다 한 발 앞서고 더 많이 판매하라.
3. 전략적이고 창조적으로 사고하라.
4. 명성을 유지하라.
5. 즐겁게 직장생활을 하라.
6. 나에게 충성할 수 있는 사람들을 많이 만들라.
7. 존중과 진정성으로 팀을 이끌어라.
8. 잘못을 타인에게 떠넘기지 않음으로써 신뢰를 쌓아라.
9. 판매 후에도 고객들에게 좋은 서비스를 제공하라.
10. 계획한 바를 빠짐없이 시행하라.

나는 제나에게 핵심 가치들을 적게 하고, 중요한 순서대로 정렬 하게 한 다음, 각각의 가치가 그녀의 직업 속에서 얼마나 실현되고 있는지를

1부터 10까지 점수 매기도록 했다. 이때 잘 실현되고 있는 항목들을 10으로 표시하도록 했다. 다음은 제나가 다시 정리한 가치 목록이다.

직장에서 핵심 가치 실제 적용 정도

1. 큰 거래를 성사시키는 영업실적우수자가 되라. 6.5
2. 경쟁자보다 한 발 앞서고 더 많이 판매하라. 8
3. 전략적이고 창조적으로 사고하라. 8
4. 명성을 유지하라. 4.5
5. 즐겁게 직장생활을 하라. 3
6. 나에게 충성할 수 있는 사람들을 많이 만들어라. 5.5
7. 존중과 진정성으로 팀을 이끌어라. 9
8. 잘못을 타인에게 떠넘기지 않음으로써 신뢰를 쌓아라. 9
9. 판매 후에도 고객들에게 좋은 서비스를 제공하라. 8
10. 계획한 바를 빠짐없이 시행하라. 7.5

제나는 자신의 가치가 얼마나 실현되고 있는지 생각해 봄으로써, 일하면서 무엇 때문에 그토록 힘들었는지 원인을 찾을 수 있게 되었다. 사실은 경제가 좋지 않아, 예전만큼의 판매율을 올릴 수 없었던 것이 문제였다. 그럼에도 다른 경쟁사 보다 훨씬 앞서 가고 있었지만 말이다. 여느 때처럼, 그녀의 팀을 이끄는 능력은 자신감과 만족감을 주는 원천이었다. 하지만 그녀를 정말로 힘들게 했던 것은 그녀에게 명성을 가져다주던 판매율이 저조하다는 것과 그 때문에 일을 즐길 수 없는 것이었다.

제나는 최근에 굉장히 까다롭다고 생각하던 사장과 크게 다투었다.

그동안 사이가 괜찮았다고 생각했는데, 다시 가치 목록들에 점수를 매겨 보니 상사와의 문제가 여전히 그녀를 힘들게 하고 있음을 발견했다. 그녀가 평판과 관련된 항목에 준 점수를 보면 얼마나 근심하고 있는지를 알 수 있다. 싸움이 있기 전까지는 평판과 관련된 항목이 항상 첫 번째였기 때문이다. 이 일이 일어난 이후, 그녀는 극심한 스트레스를 받았고, 더 이상 일하는 것이 즐겁지 않았다. 이는 전에는 한 번도 경험해 보지 못한 상황이었다.

그럼에도 불구하고 제나는 자신이 좋아하던 일을 그만 두고 싶지 않았다. 따라서 그녀가 할 수 있는 일은 딱 두 가지 뿐이었다. 첫 번째는 사장과의 언쟁을 피하는 것이었다. 그녀는 이 문제를 심각하게 생각하지 않기로 결심했지만, 곧 자신의 평판에 대해 매우 우려가 되었다. 그래서 사장과 마음을 터놓고 이야기를 해 보기로 결심했다. 사장과의 솔직한 대화 후에, 그들은 더욱 가까워 질 수 있었다. 제나는 이 문제를 해결하지 않은 채 지내는 것 대신 가치의 괴리를 좁힐 수 있도록 노력하길 잘했다는 생각을 했다. 그러지 않았다면 그녀의 일도, 인간관계도 엉망이 되었을 수도 있었을 것이다.

자, 이제 당신의 핵심 가치들을 평가해보자. 점수가 5이하인 항목을 집중적으로 생각해 보도록 한다. 점수가 낮은 항목들의 원인은 무엇인가? 어떤 사건이 있었는가? 점수에 대한 전반적인 느낌은 어떠한가? 가치의 괴리가 좁혀지지 않는 이유는 무엇이며 좁힐 수 있는 방법에는 무엇이 있는가? 당신의 현재 직업을 유지하면서도 가능한 일인가? 아무 원인도 찾을 수 없다면, 당신이 계속 어려움에 처해 있을 수밖에 없는 이유는 무엇인가?

자신에게 적절한 해결방법 찾기

그레이엄 웨스톤은 고용주와 고용인 모두가 성공하기 위해서는, 직업적 목표와 올바른 기업 문화가 필수라고 했다. 자신과 맞는 회사를 찾기 위해 반드시 지금의 회사를 그만둘 필요는 없다. 단순히 맡은 직위를 바꾸거나, 혹은 랙스페이스 같은 회사에서 일하는 것만으로도 해결될 수 있다.

그레이엄은 랙스페이스 사가 14번째 사원으로 고용한 래리 리스 Larry Reys 를 예로 들었다. 래리는 9년 동안 부서를 18번 옮기고 25명이 넘는 상사의 밑에서 일을 했다. 그레이엄과 경영진들은 래리가 자신을 필요로 하는 곳이라면 언제든 부서를 이동해 일하는 모습을 보여줌으로써 '열성적 지원' 이라는 랙스페이스의 가치를 잘 구현했다고 말했다. 결국 래리가 회사에 도움이 될 뿐만 아니라 자신의 적성에도 맞으며 열정을 가지고 할 수 있는 일을 찾았을 때, 랙스페이스 사는 그가 성공할 수 있도록 길을 열어 주었다.

물론 자신의 타입을 잘 알고 있으면 자신의 적성에 어떤 회사, 혹은 어떤 분야가 잘 맞는지 쉽게 찾을 수 있다. 복잡한 인간의 성향을 지나치게 단순화 하는 위험이 있을 수도 있지만, 그래도 사람들의 성향을 몇 가지로 분류해 볼 수 있다. 아래에서 분류해 놓은 것을 보고 자신뿐만 아니라 직장의 중요한 사람들이 어떤 성향에 속하는지 생각해 보라.

감독

타고난 리더형인 감독은 프로젝트와 사람들을 관리하기 좋아한다. 이들은 꿈이 있고 결정을 내리는데 크게 어려워하지 않는다. 결정에 필요한 자료나 정보가 없어도 말이다. 또 이들은 요구하기를 좋아하며 때로는 독재자적인 모습을 보이기도 한다. 엄격한 기준을 갖고 다른 사람들을 비판할지라도, 자기 자신에 대한 기대감과 비교하면 아무것도 아니다.

협력하는 사람

'협력하는 사람' 이라는 단어에서도 알 수 있듯이, 이 유형에 속하는 사람들은 타인에게 도움을 주는 사람이다. 성실하고, 믿을 수 있고 매우 충실하며 다른 사람의 꿈을 실현시키는데 매우 도움이 되는 사람이다. 또 독립적으로도 일할 수 있지만 다른 사람들과 함께 일하는 것을 즐기며 매우 협조적이다. 다만, 리더의 자리를 맡기거나 마지막 결정권만 맡겨서는 안 된다. 감독과 협력하는 사람과 함께 팀을 이루면, 그들은 그 누구도 무너뜨릴 수 없는 아주 강한 콤비가 될 것이다.

위험을 즐기는 사람

위험을 즐기는 사람은 눈에 쉽게 띈다. 늘 어떤 행동의 중심이 되고 또 주목 받기를 좋아하기 때문이다. 이 유형 사람들의 대부분은 카리스마가 있고 창의적이긴 하지만 때때로 거슬리기도 하다. 이들은 늘 먼저 파티를 주도하지만, 몰입해서 일 하지 않거나 흥미를 잃어버리면 이내 다른 프로젝트로 옮겨 버린다. 시작했던 일이 끝나지 않았음에도 말이다.

분석가

분석가는 정보를 많이 모을수록 좋다고 생각하는 사람이다. 분석가들은 자료를 분석하고 종합하는데 탁월하지만, 결정을 할 때는 지나치게 퍼즐을 짜 맞추느라 시간이 너무 많이 소요한다. 분석가의 사려 깊은 생각은 성취만을 중요시 여기는 감독에게 있어 매우 큰 자산이 될 수 있으며, 위험을 즐기는 사람을 통제하는데도 도움이 된다. 거북이처럼 느린 분석가가 토끼처럼 빠른 이들(감독과 모험을 즐기는 사람)을 화나게만 하지 않는다면 말이다.

이제 당신의 성향과 동료 및 고객들의 성향을 파악할 수 있는 질문들에 답해보자.

- 당신을 가장 잘 묘사하는 성향은 무엇인가?
- 두 번째는 무엇인가? 세 번째, 네 번째까지 순위를 매겨보자.
- 상사나 직원, 배우자, 아이들 등 당신 주위의 중요한 사람들을 묘사해주는 성향이 무엇인지 알겠는가?
- 당신은 이제 왜 어떤 사람과는 잘 지내고, 또 어떤 사람과는 의견 충돌이 일어나는지 알겠는가?

이제 이렇게 다양한 사람들과 어떻게 의사소통을 해야 할지 생각해 보라. 또 자신의 성향을 조절하면 어떤 일을 함에 있어 효율성을 높일 수 있는지, 또 다른 사람들과 더 잘 어울릴 수 있을지도 고려해 보라.

그레이엄은 다른 사람들과 잘 맞는지 알아보기 위해서, 자신의 문제에 대해 상사와 직접적으로 이야기해 보라고 한다. 모든 문제를 갖고 나와 어떻게 처리하면 좋을 지 실천방법을 함께 생각해 보라는 것이다. 락스페이스와 그레이엄은 어쩌면 직장 내에 '시찰단' 같은 조직이 필요할지도 모른다고 말한다. 그런 조직이 직장에서 만족을 느끼지 못하는 사람들이 직장생활을 잘 할 수 있도록 도와 줄 수 있다는 것이다. 다른 부서, 팀, 혹은 새로운 상사와 이야기를 나눌 수 있는 기회에 대해 논의해 보면서 말이다. 그러나 어떤 사람들은 직장 내 시찰단에 자신의 문제를 다 말할 수 있는 용기가 없을 것이다. 만약 그렇다면 또 다른 유용한 해결방법이 있다. 다음 래리의 경우에서처럼 말이다.

지난 6년 동안, 래리는 락스페이스 대학교에서 열리는 신입 사원 오리엔테이션을 맡아 왔다. 래리는 "저는 제 소명을 찾았죠. 제 성격과 잘 맞았고 또 다른 사람들이 문화를 이해할 수 있도록 도와주고 싶은 제 열정과도 들어맞았어요."라고 말했다. 락스페이스에서 래리의 성공은 서로 윈윈할 수 있고, 자신과 가장 잘 맞는 직업을 찾는 방법을 알려주는 가장 좋은 예이다.

RISK TAKER'S Tools

〈직장 내에서 사적 만남(Walkabout) 형성하기〉

만약 직장 내에서 문제가 생기거나 일이 적성에 맞지 않는다는 생각이 든다면, 당신만의 사적 만남을 시작할 시기이다. 당신이 대기업에서 일하든 중소기업에서 일하든 혹은 자기 사업을 하든지 간에, 사적 만남은 이전에는 당신에게 잘 어울리는 것이라고 생각하지 못했던 여러 대안들을 살펴볼 기회를 부여할 것이다. 물론 어느 정도 위험을 감수해야 하지만 말이다.

만약 당신에게 해결해야 할 근심거리가 있거나, 혹은 당신의 과제를 다룰 수 있을만한 크기로 세분화하기를 원한다면 제6장으로 가서 당신의 '도전 순위 리스트'를 읽어 보라. 이는 당신에게 자신감을 불어넣을 것이다. 따라서 다른 직업을 직접 알아볼 때, 주변 지인들에게 일자리를 부탁할 때 도움이 될 것이다. 다음은 당신이 직장 내에서의 사적인 만남을 가질 수 있는 방법들이다.

시나리오 1 – 현 직장 내에서의 사적 만남

당신이 현재 직장 내에서 하고 있는 일이 당신의 기술과 기질 그리고 목적과 맞지 않지만 이 직장을 떠나고 싶지는 않다면 어떻게 할까, 래리 리스가 했던 것처럼 직속 상사에게 가서 당신이 맡고 있는 일이 잘 맞지 않아 고민하고 있다고 상담해 보라. 그렇다고 고민의 원인이 상사에게 있는 것처럼 이야기하면 안 된다. 상사에게 당신이 할 수 있는 다른 일은 없는지 요청해보면서 상사를 당신 편으로 만든다. 당신이 현재 일에 만족하지 못하는 것과 같이 그들도 역시 그럴 수 있기 때문에 가능성은 얼마든지 있다.

그러나 모든 회사가 락스페이스처럼 상사가 부하직원이 발전하고 변하는 것을 도와주는 문화를 가지고 있는 것은 아니다. 어떤 조직에서는 당신이 불평만 하는 사람, 혹은 골칫덩어리로 각인 될 수 있으므로 조직의 문화를 잘 고려해서 행동에 옮겨야 한다. 그러나 만약 다른 어떤 해결

방법이 보이지 않는다면 마지막 수단으로서 해볼 가치는 있다. 대부분의 회사에는 계속해서 새로운 업무들이 생기기 때문에 당신이 맡아서 할 일은 없는지, 타 부서로의 이동이 가능한지 잘 찾아보도록 한다.

시나리오 2 – 현 직장 밖에서의 사적 만남

만약 당신의 회사와 맞지 않아 문제를 겪고 있다면, 다른 타 회사를 찾아보도록 하자. 당신이 일하고자 하는 분야의 취업률이 어떤지 잘 확인해 보고 당신의 시장성과 재정 상태도 어떠한지 생각해 봐야 한다. 또 당신의 상사와 이런 정보를 공유할 것인지 아니면 혼자 진행할 것인지도 결정해야 한다. 물론 다른 직장을 구하는 것이 윤리적으로 문제가 안 되거나 계약상 위반이 아닌 경우에만 결정할 수 있다. 그러나 당신의 상사가 당신보다 더 많은 정보를 가지고 있을 가능성이 크고 또 추천해 줄 수도 있으니, 상사와 좋은 관계를 유지하고 있다면 물어보는 것도 좋은 방법이다.

경력직에 관한 정보와 통찰력을 얻기 위해, 당신과 같은 분야에서 일하고 있는 사람들과 정보교환을 위한 면접 일정을 잡고 사적 만남을 시작해 보자. 그들 모두가 구체적인 직업에 대한 정보를 줄 수 있는 것은 아니다. 다만 그들이 더 많은 정보를 가지고 있는 사람들을 소개해 줄 수 있다는 것을 기억하라. 지금까지 일하면서 적극적으로 인맥을 구축해 왔다면, 이와 같은 의미 있는 만남을 가지는데 큰 어려움은 없을 것이다. 그러나 인맥이 넓지 않다면, 지금부터 당신의 인맥을 넓혀야 할 때이다. 일단 몇몇 영향력 있는 사람들을 만나기 시작하면 당신의 신용을 쌓는데 아주 큰 도움이 될 것이다. 그들에게 집중하고 예의 바르게 대하며 약속

시간도 잘 맞추고 감사할 줄 아는 모습을 보이는 것이 중요하다는 것을 잊지 말자. 또 도움을 받았다면 언제든, 어떤 식으로든, 그들의 인맥 누구에게라도 꼭 보답하라.

시나리오 3 – 경력을 위한 사적 만남

어떤 사람들은 자신들의 진로를 바꿀 준비가 되면 바로 본론으로 들어간다. 당신도 이런 사람이라면 시나리오 2번에 나온 내용대로 실천하되 여러 분야의 사람들과 만나도록 하자. 물론 당신의 적성에 안 맞고, 열정을 다할 수 없는 일을 찾는데 시간을 낭비하지 않아도 되지만, 그래도 가능성을 열어두고 찾다보면 당신에게 잘 맞는 일을 의외로 많이 찾을 수도 있다. 자신의 진로탐색에 얼마나 많이 시간을 할애할 수 있는지 결정하고 "나는 이 일을 해낼 자격이 없어" 혹은 "누가 날 고용하려 하겠어?"와 같은 고정관념은 버리자. 그저 앞으로 나가 찾아보고, 물어보고, 배우라. 그리고 감사하라. 그러다 보면 언제 다른 진로로 바꿔야 하는지 알게 될 것이다.

목적의식을 갖고 생각하기

6단원에서 판사가 된 변호사를 기억하는가? 그녀는 먼저 회사 안에서 사적 만남의 방법을 사용하고, 그다음 법조계까지 확장해 사용했다. 그러고 나서 그녀는 판사 지위에 집중하기로 결정했다. 그녀가 결정하고 나서도 실제 기회를 잡는 데는 1년이 넘게 걸렸다. 그녀는 자신의 핵심 가치 실현이라는 과제를 이미 실행했기 때문에, 현재 회사가 추구하는 가치와 자신이 추구하는 가치의 괴리가 너무 커서 좁힐 수 없다는 사실을 깨달았다. 그녀는 멈추지 않고 조금씩 일하는 분야에서 사적 만남을 진행했고, 마침내 자신이 원하는 직업을 얻었을 뿐 아니라 많은 조력자들을 사귈 수 있었다. 그녀가 가능성이라는 벤치에 앉았을 때, 그녀는 준비가 되어 있었던 것이다. 그녀가 해야 했던 것은 약간의 리서치와 멀리 앞을 내다보는 시야를 갖는 것뿐이었다.

리더쉽 컨설턴트이자 '인생의 골든 티켓'의 저자 브렌든 버처드 Brendon Burchard 는 진로와 관련해서 가장 중요한 것은 자신의 관점이라고 했다. 그는 이런 신념을 베스트셀러가 된 자신의 책에서 자세하게 설명하고 있을 뿐 아니라, 긍정적 시각을 가지고 사는 것이 자신의 목표를 이루는데 있어서 얼마나 중요한지를 대학생들부터 사업가들에게까지 가르치고 있다.

여기 한 가지 예가 있다. 브렌든은 최근에 우리의 경기 침체를 한탄하는 사람들을 대상으로 세미나를 한 적이 있다. 그는 그날 모인 사람들의 성향을 파악하고 나서 깜짝 손님을 데리고 왔는데, 바로 우간다에서 자란 한 10대 소년이었다. 그 소년에게 경제는 전혀 다른 세상의 이야기이며, 그는 깨끗한 물, 음식, 교육은 상상도 할 수 없는 곳에서 자라났다.

엎친 데 덮친 격으로, 어느 날 갑자기 테러리스트들이 그가 살고 있는 마을을 습격했고, 그의 어머니는 그가 보는 눈앞에서 총에 맞아 죽었다. 그와 그의 형제는 도망쳤고 결국 남아프리카에 도착했는데, 그 곳에서 그들은 상상하지도 못했던 삶을 살게 되었다. 그 곳에서 이 어린 남자 아이는 세상이 그들에게 얼마나 많은 것을 제공해 주는 곳인지 직접 경험하면서 그의 가치관을 바로 바꿀 수 있었다. 그는 그동안 받지 못한 것들에 대해 억울해 하기보다는 다른 사람들에게 베푸는 사람이 되자는 목적을 갖게 되었다. 그는 자신의 확고한 목적을 가지고 다시 고향으로 돌아갔다. 그리고 물을 깨끗이 하고 교육의 장을 마련하여 가르치는데 자신의 모든 노력을 쏟아 부었다. 자신도 전에는 절대 가능하지 못할 것 같았던 일이었는데 말이다.

Risk Reinforcement

만약 당신이 인생에서 딱 한 가지 직업만 가질 수 있다면, 그것은 무엇이겠는가? 지금 막 당신이 당신의 직업 분야에서 공로를 인정받아 공로상을 받았다고 상상해보라. 그리고 당신의 업계 소식지나 지역 신문에 당신이 지금까지 성취한 모든 업적을 써본다고 생각하고 한 번 써보라. 이제 이 목적들을 이루려면 정확히 무엇을 해야 할 지 결정해보라.

인간이 가지는 위대함은
수많은 시작을 할 수 있다는 것이다.

— 랄프 왈도 에머슨 —

CHAPTER 12

수많은 시작

이 책의 마지막장까지 읽은 것을 축하한다! 나는 당신이 당신의 삶과 일에 존재하는 여러 어려움에서 빠져 나오기 위해 크게 한 발짝 움직였을 것이라고 자신한다. 우리는 지금까지 당신의 인간관계, 재정, 직업, 그리고 건강에 대한 모든 것을 살펴보았다. 이제 당신은 먹고 소비하는 것들이 기쁨이 될 수 있지만, 과식이나 과소비는 여러분의 삶을 망칠 수도 있다는 것을 깨달았을 것이다. 또 새 직업을 찾거나 건강관리를 시작하는 등의 힘든 도전들이 두렵다고 해서 자꾸 피하기만 하면, 긍정적으로 변할 수 있는 기회를 절대 잡을 수 없다는 것도 알 것이다.

이제 당신은 위험은 피하고 즐거움만 추구하려는 습성을 극복했을 것이다. 또한 더 많은 도전을 시도할 때 도움이 되는 여러 방법들까지 깨우쳤다. 게다가 두려움에 맞서는 여러 테크닉을 배움으로써, 어떻게 즉각적으로 부정적인 반응을 보이지 않고 도전 순위 리스트escalating risk hierarchy를 세울 수 있는지도 알고 있다.

나는 당신이 마음을 편안하게 먹고, 위험을 감수하고, 도전 과정을 잘 견뎌내어, 스트레스를 조절하면서 당신의 비전을 위해 열심히 노력하고 있기를 소망한다. 당신은 어려움을 극복하는데 가장 안전한 전략, 즉 문제 직시, 임무의 단순화, 계획 실행 방법을 완전히 파악했다. 이제는 스스로 잘 조절하면서 실천에 옮겨 볼 차례이다. 그리고 한 과정이 끝나면 다른 과정을 다시 시작하면 된다.

에머슨의 말을 다른 말로 바꿔보면, 끊임없는 어려움으로부터 잠재적인 성공으로 가는 여정은 시작의 연속이라고 할 수 있다. 당신이 시간을 되돌릴 수 있는 방법을 알고 있어 자신이 원하는 시간으로 얼마든지 되돌아가 갈 수 있으면 좋겠지만, 그렇다고 해서 목적의식이 있는 삶을 만들 수는 없다. 진실은 당신이 현실의 어려움과 패배에도 불구하고 새롭고 멋진 인생을 만들어 나가기 위해 열심히 노력해야 한다는 것이다.

이번 장에서는 인생을 위해 어떤 노력을 해야 하며 그 노력을 어떻게 실천할 수 있을지 생각해 볼 것이며, 실제 삶에서 당신의 비전을 펼치기 위해 무엇을 준비해야 하는지 알아볼 것이다. 또한 우리는 당신의 비전을 실현시키는데 필요한 요소들은 무엇인지, 왜 우리는 끊임없이 도전을 해야만 하는지, 그리고 자신이 불가피하게 저질렀던 실수들을 어떻게 용서할 수 있는지에 대해서도 살펴볼 것이다.

새로운 출발

F.스콧 피츠제럴드F. Scott Fitzgerald 는 다음과 같이 말했다. "활력이란 견뎌내는 능력이 아니라, 새롭게 시작할 수 있는 능력이다." 이 말은 정말 맞는 말이다. 목표를 이루기 위해 어려운 상황 속에서 그저 견디기만 하면 자칫 당신을 다른 잘못된 방향으로 이끌어 갈 수도 있다. 그러나 자신의 잘못을 생각해보고 다시 새롭게 시작하다 보면 어느새 목표에 도달해 있을 것이다.

지금쯤 당신은 자신의 직업과 삶에 대한 뚜렷한 비전을 세웠을 것이다. 그럼에도 에머슨과 피츠제럴드는 우리가 제9장에서 배웠던 '메를린 효과' 를 사용해 새로운 출발을 해야 한다고 주장한다. 그렇다고 지금까지 노력해오던 모든 것들을 버리라는 것은 아니다. 오히려 그동안의 여러 긍정적인 변화들을 생각해보고 더 높은 목표를 세워 보길 바란다. 그 전에 먼저, 새로운 방법으로 아주 고질적이고 치명적인 문제에 접근해 문제를 해결하고 새롭게 출발할 수 있었던 한 사람의 이야기를 들려주고자 한다.

밸러리 커티스는 인류학자이며, 행동과학자 및 런던 위생 및 열대의학대학LSHTM · London School of Hygiene and Tropical Medicine 의 센터 소장이다. 그녀는 전 세계의 어린아이들이 더러운 손에 의한 세균감염으로 15초에 한 명 꼴로 죽고 있다는 것을 발견했다. 그들 중 절반은 비누로 미리 손만 씻었더라면 목숨을 구할 수 있었다. 그래서 그녀는 이 아이들을 위해 자기가 할 수 있는 일을 찾아 실천해 옮겼다. 그녀의 목표는 아프리카 가나의 국민들에게 손 씻기의 중요성을 깨우쳐 주는 것이었다. 가나 국민들 모두 집에 비누가 있음에도 불구하고 인구의 단 4퍼센트만이 화장실을 다녀온 후 손을 씻고 있었다.

국가 차원에서도 손 씻기를 장려하기 위해 건강 캠페인을 펼쳤지만, 아무 소용이 없었다. 세균에 관한 교육도 소귀에 경 읽기였다. 아이 엄마들에게 손을 씻는 것만으로도 설사를 예방할 수 있다는 것을 가르쳤지만 사실상 무의미했다. 그들에게 설사는 별 것 아닌 병에 불과했기 때문이었다. 그래서 커티스 박사는 새로운 방법을 사용하기 시작했다. 바로, 비누 회사로 직접 찾아간 것이다.

지난 수십 년 동안 세정제 회사들은 소비자들의 손 씻기, 이 닦기, 치실 사용 등을 습관화하는데 큰 공헌을 해왔다. 커티스 박사는 프록터 앤드 갬블Procter & Gamble, 콜게이트 파몰리브Colgate-Palmolive 와 유니레버Ubilever 사로부터 사람들을 모아 팀을 구성했고, 가나에 손 씻기 문화를 정착시킬 수 있는지 시험해 보기로 했다. 많은 연구 끝에, 비누 회사 연구원들은 가나 국민들이 식용유를 쓰거나 여행할 때와 같이 정말로 손이 더럽다고 느껴질 때만 손을 씻는 습관이 있다는 것을 알아냈다. 하지만 그들은 현대 배관 시설이 더럽다고 생각하지는 않았다. 왜냐하면 자신들이 자라면서 봐왔던 재래식 화장실 보다 훨씬 좋았기 때문이었다.

가나 사람들의 손 씻는 개념을 이해한 뒤, 연구팀은 새로운 건강 캠페인을 생각해 냈고 광고를 제작하기에 이르렀다. 광고는 화장실을 다녀

온 사람들의 손이 보라색으로 변해, 그들이 만지는 모든 것이 오염되는 내용이었다. 비누에 관한 내용은 비중이 매우 적었다. 그들은 비누를 팔기 보다는, 혐오감을 팔았던 것이다.

그 결과, 가나에서 비누와 손 소독제의 판매율이 매우 높아졌다. 커티스 박사는 그녀의 비전을 실현 불가능한 것으로 보고 아무 노력도 하지 않았을 수도 있었다. 그랬다면 많은 아이들이 고통 속에서 괴로워했을 것이다. 그러나 그녀는 청결 문제를 해결할 수 있는 큰 기업을 찾아가 많은 이들의 삶을 바꿀 수 있는 길을 찾았다. 그 길에서 그녀는 다시 새롭게 시작한 것이다.

RISK TAKER'S TIP

당신도 얼마든지 쉽게 새 출발을 할 수 있다. 부정적인 행동을 하게 만드는 여러 원인들만 없앤다면 말이다. 아니면 커티스 박사처럼, 긍정적인 행동을 유발하는 원인들을 찾아보자. 예를 들어 하루 종일 소파에 앉아 TV앞에서만 시간을 보낸다면, 당신은 그저 과자나 아이스크림만 먹게 될 뿐이다. 여기서 부정적 행동의 원인만 제거한다면, 당신도 새롭게 출발 할 수 있다. 매일 밤 집에서 텔레비전을 보기 보다는 어떤 수업에 참여하든지, 산책을 나간다든지, 독서 클럽에 참여하는 등 다양한 활동을 계획하면 새로운 삶을 만들어 나갈 수 있다.

〈1년 전 삶 되돌아보기〉

제1장에서 당신이 원하는 삶의 모습을 그려보라고 했던 것을 기억하는가? 자, 이제 '메를린 효과' 에서 얻은 교훈을 기반으로 새로운 비전을 그려보자. '메를린 효과' 가 잘 기억나지 않는 사람들을 위해 다시 한 번 설명하자면, 이는 하버드 비즈니스 대학의 한 연구팀이 만들어 낸 용어이다. 이 연구팀은 여러 기업들을 대상으로 연구를 했다. 이들은 특별한 계획을 세우지 않았지만, 미래의 비전을 세우고 그 비전을 추구하는 기업이 그렇지 않은 기업들보다 성공률이 훨씬 높다는 것을 발견했고, 이와 같은 기업들의 성공 요인을 바로 '메를린 효과' 라고 불렀다.

이제 1년 뒤의 삶을 상상해 보면서 메를린식 방법대로 당신의 비전을 펼쳐보자. 다음에 나온 질문들에 대답해 보면 많은 도움을 받을 수 있을 것이다.

■ 당신의 근무시간은 어떠한가? 같은 일을 하고 있는가, 아니면 새로운 일을 하고 있는가? 당신의 일에 만족하고 있는가? 어떤 프로젝트에서 어떤 사람들과 일하고 있으며 또 당신 달력에 적혀 있는 일정들은 어떠한가?

■ 가정에서는 어떤 일이 벌어지고 있는가? 당신의 인간관계는 질적으로 그리고 양적으로 어떠한가? 사랑하는 사람이 있는가? 아니면 독신으로서 행복한 삶을 살고 있는가? 당신의 가족들은 어떻게 지내고 있는

가? 당신에게 중요한 사람들을 위해 시간을 할애하고 있는가?

■ 당신의 건강은 어떠한가? 건강한가? 날씬한가, 뚱뚱한가? 의욕이 넘치는가, 아니면 늘 지쳐있는가? 영양 식단을 유지하면서 건강관리를 잘 하고 있는가? 운동도 많이 하고 잠도 많이 자는가? 건강 검진 및 치아 검사도 정기적으로 받고 있는가? 건강을 유지하기 위해 미리 신경 쓰고 있는가?

■ 당신의 재정 상태는 어떠한가? 과거의 돈과 관련된 걱정들을 다 떨쳐 내고 풍족한 삶을 살고 있는가? 아니면 여전히 돈 문제로 허덕이고 있는가? 당신의 재정 목표를 달성 할 수 있도록 도움을 주는 조력자가 있는가?

지금까지 당신의 사고를 돕는 몇 가지 질문들을 적어보았다. 이제 조금 더 어려운 과제가 있다. 다음 문단을 다 읽은 후 눈을 감고 심호흡을 한 후, 몇 분 동안 당신의 밝은 미래를 그려 보면서 생각에 잠겨보라. 당신은 어쩌면 멋진 사무실에 앉아있을 수도 있고 가족과 즐겁게 이야기를 나누며 저녁을 먹고 있을 수도 있다. 혹은 동네 테니스 코트에서 테니스를 치고 있을 수도 있다. 아니면 이 모든 것들을 다 하고 있을지도 모른다.

이 프로젝트를 계속 진행하면서 미래에 대한 생각을 중간에 멈추지 말라. 지금부터 정확히 1년 후의 미래 말이다. 다음 연습 문제를 풀어 보면서 과거 1년 동안 이루어낸 업적들을 적어보자. 최대한 마음속에 생생하게 그려보면서 답을 생각해 보자. 사랑하는 사람과 공유해 보고 싶거나 따로 PDF파일이 필요하다면 www.LibbyGill.com사이트를 방문하라. 도구Tools 란에 들어가 보면 '1년 후 자신의 삶 돌아보기Looking at Your Life One Year from Now' 를 다운로드 하면 된다. 자, 이제 시작해 보자.

오늘 날짜(지금으로부터 1년 후)는 ______________.

나는 지난 1년 동안 내게 닥친 여러 어려움들을 이겨내고 지금의 성공을 이루게 되어 너무 기쁘다. 내가 이루어낸 일들은 다음과 같다:

____

어려움에서 빠져나오고자 했던 노력들 덕분에 나의 진정한 삶의 목표를 달성할 수 있었다. (혹은 달성하려고 실천할 수 있었다.) 나의 삶의 목표는 다음과 같다:

____

지난 1년 동안 많은 것들을 이뤄 내면서 느꼈던 점:

____

지난 시간동안 나의 고정관념으로 인해 할 수 없었던 것들:

____

나는 다음과 같이 스스로에게 말하면서, 혹은 행동하면서 고정관념을 떨쳐내었다:

____

나는 지금까지 여러 조력자들(멘토, 조언자, 상담사, 동료 등)의 도움을 받아 어려운 시기를 극복할 수 있어 참 다행이라고 생각한다. 조력자들은 다음과 같다:

____

또한 나는 나를 제한하려는 사람들의 의견을 거부할 수 있었다. 그 사람들은 다음과 같다:

____

이번 해에 내가 스트레스를 잘 조절하고 모험공포증을 이겨낼 수 있었던 이유는 다음과 같다:

____

어려움을 극복하고 비전을 실현하기 위한 구체적인 도전내용은 다음과 같다:

____

지금까지 걸어온 길에서 중요했던 순간들:

____

스스로 어려운 시기를 잘 극복해 낸 나 자신이 매우 자랑스럽다. 왜냐하면:

____

내년 나의 새로운 비전들은 다음과 같다:

____

지금까지 이 책에 소개된 과정대로 따라오면서, 내 자신에 대해 발견한 가장 멋진 점은 다음과 같다:

____

이 내용을 잘 간직해 놓고 시간이 날 때마다 자주 보라. 아니면 노트에 잘 적어두었다가 내년 이맘때 쯤 다시 꺼내 보아도 좋다. 계획을 잘 세우고, 여러 장애물을 극복하면서 진정한 비전을 실현하며 살아가는 사람들은 항상 그들의 과거를 되돌아본다. 그러니 중간에 멈추지 말고 계속 도전하라. 새 출발을 하고 멋진 사람이 되어 보는 것이다!

성공을 위해 의무감을 부여하는 것 찾기

낸시 테덴스를 기억하는가? 마일란 초등학교의 교장이자 평생 비만 문제를 안고 살아오다 56.5 킬로그램 정도를 감량하는데 성공한 사람 말이다. 그녀가 체중 감량에 성공했던 이유 중 하나는 건강하게 먹고 꾸준히 운동을 해야만 하는 의무감이 있었기 때문이다.

먼저, 그녀는 mylife.com이라는 웹사이트에서 그녀와 함께 다이어트를 도전할 수 있는 사람들을 모아 스스로에게 꼭 성공해야만 하는 책임감을 부여했다. 또한 전문가를 찾아가 앞으로 해야 할 일들을 물어보고 또 믿을 수 있는 방법도 알아보았다. 그러고 나서 토니 딘의 F.A.S.T.라는 다이어트 프로그램을 통해 계속 전화나 이메일로 진행상황을 확인하면서, 그녀뿐만 아니라 그녀와 함께 하는 사람들은 더 큰 의무감을 갖게 되었다. F.A.S.T.의 체중감량 프로그램에 참여했던 75명의 사람들이 매주 낸시의 집에 모여 서로의 체중을 확인한 과정도 의무감을 부여하기에 충분했다. 참가자들은 다양한 보조 시스템과 대안을 통해 그들의 비전을 향한 노력을 멈추지 않았다. 물론 동네 주민들이 서로 중도 포기 하지 않도록 많이 도와주긴 했지만, 반드시 그런 사람들의 도움이 있어야만 성공할 수 있는 것은 아니다. 그저 당신의 삶의 방식에 맞는 방법을 찾으면 된다. 다음은 당신이 포기하지 않도록 스스로에게 의무감을 부여할 수 있는 여러 방법들을 소개하고 있다.

■ 믿을 수 있는 파트너 구하기. 당신이 비전을 향해 노력하고 여러 장애물을 극복하는데 있어서, 매일 혹은 주 단위로 전화를 해 당신이 잘하고 있는지 확인해 주는 조력자를 찾아라. 나는 기업의 생산성 향상을 위해 도와주는 일을 할 때면, 항상 사람들에게 어려움이 있을 때 도와줄 수 있는, 서로 신뢰할 수 있는 파트너를 찾으라고 한다. 이 방법은 꽤 효과가 좋았는데, 사람들은 그들 개인, 혹은 회사의 목표를 이룰 수 있도록 서로 많은 노력을 했다. 나는 이 사람들로부터 영업 목표를 달성했다거

나 혹은 동료들과 함께 스피닝 수업에 참여하기로 했다는 등의 이메일을 받을 때면 매우 기분이 좋다.

■ 자신한테 상을 주거나 벌칙을 정하기. 당신이 보상에 의해 동기부여가 잘 되는 사람이라면, 30일 동안 잘 이겨내면 자기 자신에게 특별한 선물을 하겠다는 약속을 하는 것도 좋은 방법이다. 새 옷을 사거나 마사지를 예약하거나 혹은 여행을 가도 좋다. 만약 목표에 도달하지 못하면 보상은 잠시 보류하고 다음 30일 이후를 기약한다. 또 반대로 벌칙에 의해 동기부여가 잘 된다면, 믿을 수 있는 친구에게 100달러를 맡기고 성공하지 못할 경우 친구에게 100달러를 주는 등의 방법도 꽤 효과가 있을 것이다.

■ 지속 가능한 시스템 만들기. 자기 자신에게 책임감을 부여하고 계속 반복해야 하는 과정을 만들어라. 나는 항상 내 컴퓨터 화면에 '해야 할 일' 목록을 띄워놓고 끝내야 되는 일들을 확인한다. 가장 우선적으로 해야 할 일은 목록 맨 위에 적어놓고, 목록을 확인하는 즉시 그 일을 끝낼 수 있도록 노력했다. 가끔 목록이 20페이지가 넘어가기도 하는데, 특히 이메일 문의에 바로 답장할 시간이 없을 때 그러하다. 일주일 전에 나는 해야 할 일들을 살펴보고 우선순위를 정한다음 하나씩 완성해간다. 나는 이렇게 간단한 시스템을 사용 하고, 끊임없이 바로 끝내야 한다는 압박을 주면서 스스로에게 책임감을 부여했다.

■ 실패할 경우를 미리 생각해 보라. 당신은 목표를 향해 달려가는 중에도 끊임없이 벽에 부딪힐 것이다. 그러나 이런 어려움들도 변화와

성장 과정의 일부이다. 그저 그 어려움들이 무엇인지 깨닫고–잠시 길을 돌아가는 것뿐이다. 탈선하지 않도록 노력 하라. 다음 장에 소개 되는 내용을 읽고, 자신이 실수를 저질렀을 때 어떻게 스스로를 용서할 수 있는지에 대해서도 알아보도록 하자.

■ 감독관을 만들라. 신뢰할 수 있는 파트너를 구하는 것처럼, 몇 사람을 선택해 당신의 실천을 잘 도와줄 수 있는 감독관 모임을 만들어라. 모임의 구조는 당신에게 맞는 것을 선택하면 된다. –주말마다 전화 통화를 하거나 웹사이트에서 모임을 갖거나 혹은 간단하게 통화할 수도 있다. 단 지나치게 많은 사람들을 감독관으로 만들어 복잡하게 만들지 않도록 한다. 자칫 잘못하면 일의 탄력을 잃어버릴 수도 있다.

■ 세상과 당신의 목표를 함께 공유해 보라. 나는 11킬로그램 정도를 감량하겠다고 결정한 적이 있다. 그때 주변에 있는 모든 사람들에게 이야기를 해서 더 많은 책임감을 가지고자 했다. 만약 당신이 더 특이한 방법을 사용하고 싶다면, 최근에 내 동료가 사용했던 방법을 써보라. 그는 세미나에서 강연을 하는 도중에, 그 곳에 모인 사람들에게 한 가지 약속을 했다. 만약 자신이 목표달성에 실패하면 다음 시간에 스피도(몸에 딱 붙는 남자 수영복)를 입고 강연을 하겠다고 한 것이다. 스피도를 입지 않기 위해서 그는 자신의 목표를 최대한 빠른 시간 내에 달성해야 했다.

■ 나의 모임에 참여해보라. 마음이 맞는 사람들과 함께 모임을 만들어 보는 것도 삶을 변화시킬 수 있는 좋은 방법이다. 그들은 당신이 목표에 도달할 수 있도록 책임감을 부여해 줄 뿐만 아니라, 여러 정보와 영

감을 주고, 성공했을 때는 축하를, 실패 했을 때는 다시 일어설 수 있도록 힘을 줄 것이다. www.LibbyGill.com사이트에 가서 책임자들의 모임accountability club 에서 여러 조력자들을 찾아보자. 다른 전문가들이 당신의 성공을 위해 열심히 도와 줄 것이며 나 또한 여러 조언을 해 줄 준비가 되어 있다.

자신의 실수 용서하기

당신은 다른 사람의 실수를 용서하는 것보다 자신의 실수를 용서하는 것이 더 힘들다는 것을 느껴본 적이 있는가? 당신은 아마 당신의 친구나 배우자가 약속을 동시에 잡거나 혹은 차에 기름을 넣지 않았다고 해서 크게 화낸 적은 없을 것이다. 하지만 만약 당신이 위에 두 가지 중 한 가지 잘못만 하더라도 스스로에게 얼마나 화를 낼 지는 말 하지 않아도 잘 알 것이다. 또한 자신이 상세한 내용들을 잘 기억하지 못하거나 어떤 것을 계획하는데 형편없다는 것을 느낄 때면, 당신 내면의 비판하는 목소리는 바로 폭발하고 말 것이다.

하지만 이제 우리는 다시 정의해 본 삶의 목표가 있지 않은가? 더 이상 이런 행동을 만끽할 여유가 없다. 만끽이라는 단어를 써서 놀랐는가? 잠시 시간을 가지고 생각해 보면 내가 어떤 의미에서 이런 말을 했는지 곧 이해가 될 것이다. 만약 당신이 다른 사람들이 잘못했을 때 기꺼이 용서할 뿐만 아니라 반드시 용서해야한다고 생각하는 반면 자신에게는 그런 태도를 가지지 못한다면, 당신은 이런 규칙을 적용할 수 없는 특별한 존재라고 생각하고 있는 것이 분명하다. 무엇이 문제인가? 자신을 다른 사람들과 똑같이 대할 수는 없는가? 당신이 다른 이들을 대하는 태도로 자신을 대우하기 시작한다면 더 이상 스스로를 못마땅해 하지 않아도 되며, 실수를 저질렀을 때에도 얼마든지 다시 시작할 수 있는 여유를 갖게 될 것이다.

지금 바로 생각을 전환하도록 하자. 살다보면 여러 실수를 하고, 곤란한 일을 겪기도 하며, 패배하는 일이 비일비재하기 때문이다. 심지어 정말 끔찍한 일들이 일어나기도 한다. 이런 일들을 겪을 때 당신에게는 해야 할 일이 더 많다. 더 이상 힘들어 하며 주저앉아 있을 시간이 없다. 물론 실수를 통해서 뭔가를 배울 수 있다는 것을 부인하는 것은 아니다. 실수를 통해 배우는 과정도 반드시 필요하다. 단, 교훈을 얻고 나서, 고칠 수 있는 것이 있다면 고치고, 사과를 해야 할 일이 있으면 사과를 하고, 또 자신도 용서할 줄 아는 것이 중요하다.

수많은 철학자들, 신학자들 그리고 시인들은 용서의 중요성에 대해 말해왔다. 이제 과학자들조차도 용서의 중요성에 대해 외치고 있다. 스탠포드 대학의 용서하기 프로젝트를 지휘했던 프레드릭 러스킨 박사는 '용서하기' 워크샵에서 용서에 관한 철학적 전통과 용서할 수 있는 방법에 대해 강연을 한 적이 있다. 러스킨 박사는 북아일랜드와 시에라리온의 폭력 희생자들과 911 세계무역센터 테러 사건의 희생자들을 대상으로 용서 치료법의 효과를 실험했다. 또한 그는 자신의 치료법에 대해 협동심, 의학, 건강, 그리고 종교와 함께 접근함으로써 큰 성공을 거두었다.

러스킨 박사의 연구 및 다른 전문가들의 연구 결과를 보면 용서는 심리적 뿐만 아니라 인간관계와 건강에 있어서 매우 큰 혜택을 가져다준다는 것을 알 수 있다. 상처와 무력함을 줄이고 분노를 자제함으로써 우리는 자신감을 얻고, 희망을 가질 수 있으며 우리의 삶도 낙관적으로 바라보게 될 것이다. 이제 함께 모임에 참여할 시간이 된 것 같지 않은가?

RISK TAKER'S Tools

〈용서하기 프로젝트〉

이제 자신을 용서할 수 있는 방법을 찾아 지난 실수는 잊어버리고 앞으로의 미래에 대해 생각해 보자. 물론 자신을 용서한다는 것 자체가 매우 어려울 수 있지만, 다음에 나오는 자기 자신 용서하기 테크닉을 따라하다 보면 아예 불가능한 것도 아니다.

■ 실수를 인정하라. 고의적으로 다른 사람에게 상처를 주었는가? 그렇다면 그 사람에게 자신의 실수에 대해 사과하라. 당신이 애초에 상처를 줄 의도로 그랬던 것이 아니라고 말하면 용서를 받을 수 있다. 그러고 나서 자책을 멈춘다. 상처 받은 사람이 당신을 용서했는데, 왜 당신은 스스로를 용서하지 못하는가? 만약 그들이 당신을 용서하지 않는다면, 그 사람과의 인간관계가 시사 하는바가 무엇이라고 생각하는가?

■ 교훈을 얻으라. 노력을 쏟아 부었던 프로젝트가 끝나고 나면 자신을 뒤돌아보는 시간을 갖도록 하라. 만약 자신이 아무런 실수도 저지르지 않았다면, 아마 자신에게 너무 관대한 기준을 적용한 것이다. 어떤

실수를 발견하였는가. 그렇다면 정말 훌륭한 교육 자료를 가진 것에 대해 감사하라. 당신은 행운아다!

■ 이제 그만 판단하는 것을 멈추라. 만약 당신이 끊임없이 사무실의 승인을 요청하거나 욕실 크기에 대해 매일 같이 고민한다면, 당신은 자기 자신을 너무 힘들게 하고 있는 것이다. 목표를 정하고 계획을 실행하라. 그리고 판단을 그만두라.

■ 당신이 무엇을 용서해야 하는지 구체적으로 생각해 보라. 당신의 모든 실수, 결점, 부족한 점에 대해 생각하다 보면 절대 자신을 용서할 수 없을 것이다. 자신의 어떤 점을 용서해야 하는지 세세하게 분석해보고 구체적인 것들을 찾아내라.

■ 테이프를 바꾸어 보라. 당신의 내면에서 망쳤던 일에 대해 곱씹는 것, 친구나 동료에게 끊임없이 자신의 잘못에 대해 이야기 하는 것을 멈추도록 하라. 당신의 머릿속에 각인된 부정적인 실수들은 지워버리고 변화할 수 있는 긍정적인 기회를 찾아보자.

■ 자신을 용서하는 절차를 만들도록 하라. 나는 아주 중요한 프로젝트를 맡았던 적이 있었는데, 다른 사람들과의 관계로 인해 매우 힘들었다. 그때 나는 스스로를 용서할 수 있는 절차를 만들었다. 나는 무너져버린 꿈을 상징하는 편지와 사진을 찾아 음악을 틀고 기도를 한 다음, 하나의 상징이었던 편지와 사진을 태워버렸다. 물론 내 인생이 하룻밤 안에 바뀐 것은 아니지만, 나 자신을 향한 연민을 갖고 새롭게 출발 할 수 있었다.

끝이 아닌 미래를 향한 전진

이제 우리의 여행은 끝을 향해 달려가고 있다. 이 책을 마무리하기 전에, 나는 정말 훌륭한 친구이자 동료인 신시아 리버만에 대해 이야기해볼까 한다. 우리는 엔터테인먼트 사업을 시작한 이래로 줄곧 친한 친구로 지내왔다. 하지만 최근에 한 사건으로 인해 나는 그녀와 정말 친했던 것일까 하고 생각한 적이 있었다. 신시아는 계속 두 가지 인생을 살아오고 있었다. 그녀는 낮에는 성공한 방송국 임원이자 두 아이의 엄마였고, 밤에는 학위를 따기 위해 대학에서 열심히 공부를 하는 학생이었다.

그녀가 노스리지에 있는 캘리포니아 주립대학을 졸업한다는 소식을 들었을 때, 나는 정말 놀랄 수 밖에 없었다. 먼저, 그 누구도 내게 그녀의 학위에 대해 거론한 적이 없었다. 물론 성공하기 위해 학력이 필수라는 말은 아니다. 내가 정말로 놀랐던 이유는 우리 대부분이 집에 가서 텔레비전 앞에서 푹 쉬는 동안 그녀는 30년이 넘는 기간 동안 야간대학교에 다녔다는 사실이다.

신시아가 이뤄낸 일들은 정말 대단하다. 그녀가 자신의 진짜 목표를 달성하기 위해 얼마나 많이 인내를 해 왔는지 보면 알 수 있을 것이다. 그녀의 가족은 초기에 재정적 문제로 자주 이사를 가야만 했다. 또 차사고로 인해 가장 친한 친구를 떠나보내고 자신은 얼마 동안 병원에 입원해 있어야만 했다. 이 차사고 이후로 받게 된 상처, 그리고 바쁜 직장생활과 집안일에도 불구하고, 그 어떤 것도 그녀의 목표를 향한 열정을 꺾지는 못했다. 신시아에게 있어서 졸업은 끝난 여정이 아니었다. 그저 자신의 삶을 만들어 나가는 과정의 일부에 불과했다. 한 번에 한 가지씩 말이다.

현재 그녀는 소니픽쳐스 사의 부사장이며, 두 아이들은 다 커서 어른이 되었다. 그녀는 자신의 비전을 실현시키기 위해 가장 중요한 것은 '과정을 즐기는 것' 이라고 했다. 또 "열정을 갖고 목표를 향해 전진해 나간다면, 30년이라는 시간이 걸린다 하더라도 그 30년 동안 즐겁게 살 수 있다"라고 덧붙였다.

이 모든 과정의 끝에 찾아오는 것은 -신시아의 경우, 졸업이 될 수 있다- 더 없는 기쁨과 행복이다. 아니면 학사모 같은 것일지도.

30년 이상을 대학에서 공부하면서 교육은 그녀 삶의 일부가 되었다. 그녀는 졸업 후, 바로 석사 과정을 밟아 사회학 및 미디어를 공부하고 있다. 그런 그녀를 보면 노벨 문학상을 받은 조지 엘리엇의 말을 인용한 그녀의 좌우명, "당신이 되어 있을지도 모르는 사람이 되는데 절대 늦은 법은 없다"라는 말이 충분히 이해가 간다.

당신의 모든 출발에 행운이 함께 하길 바란다!

리비 길 지음

리비 길(Libby Gill)은 엔터테인먼트 산업의 베테랑이다.

그녀는 유니버셜 스튜디오Universal Studios 의 상무이자, 소니 픽처스 엔터테인먼트Sony Pictures Entertainment 와 터너 방송사Turner Broadcasting 의 부사장으로 15년간 홍보와 기업 커뮤니케이션 분야를 이끌었다. 또한 그녀는 미국의 유명한 심리학자 필 박사가 진행하는 심리상담 토크쇼, 닥터 필 쇼Dr. Phil Show 를 론칭할 때 홍보와 브랜딩을 담당한 최고의 기획자이기도 했다.

그녀는 현재 국제적으로 인정받는 기업 코치이자 베스트 셀러 저자, 연설가로 활동하고 있다.

'다양한 매체를 통해서 자신의 성공 전략에 대해 공유해왔다.

권혜아 옮김

아주대학교 영어영문학과를 졸업하고 서울대학교 대학원 영어영문학과 석사과정을 수료했다.

현재 전문번역가로 활동 중이다.

옮긴 책은 『인생을 다시 시작하고 싶을 때 가장 먼저 해야 할 일들』,

『성공을 위한 날카로운 전략』, 『부의 진실』,『다빈치 코드의 남자』,『생각의 전환』(공역)이 있다.

어떻게 일어설 것인가

2016년 7월 20일 1판 1쇄 인쇄
2016년 7월 25일 1판 1쇄 발행

펴낸곳 | 파주 북스
펴낸이 | 하명호
지은이 | 리비 길
옮긴이 | 권혜아
주 소 | 경기도 고양시 일산서구 대화동 2058-9호
전화 | (031)906-3426
팩스 | (031)906-3427
e-Mail | dhbooks96@hanmail.net
출판등록 제2013-000177호
ISBN 979-11-86558-06-5 (03320)
값 13,000원

- **파주 북스**는 '마음 속 깊이 간직하고 싶은 책' 이라는 뜻입니다.
- 값은 뒷표지에 있습니다.
- 잘못 만들어진 책은 구입하신 서점에서 바꿔 드립니다.